기도
기도
기도

| 한명철 지음 |

Q 쿰란출판사

프롤로그

　우리 그리스도인들이 가장 많이 듣고 말하는 것 중의 하나는 바로 기도다. 하루도 기도와 동떨어진 삶을 살 수 없는 존재가 바로 우리인 것이다. 그런데 정작 "기도가 무엇입니까?"라고 물으면 선뜻 대답하지 못한다. 기도란 그만큼 설명하기 어려운 면이 있다.

　당신은 기도를 무엇이라고 여기는가? 당신이 오늘 아침 드린 기도와 어제 저녁 드린 기도에는 어떤 차이가 있는가? 어떤 기도에는 응답이 따르고, 어떤 기도에는 아무 응답이 없는 이유를 무엇이라고 설명할 수 있는가? 매일 매순간 기도할 수밖에 없는 것이 우리의 엄연한 현실이다. 우리는 현실 안에서 문제 상황을 극복하기 위하여 하나님께 기도드린다. 믿음 안에서 염려를 넘어 기도하지만 실제로 염려가 사라지지 않는 이유는 대체 무슨 까닭인가? 사방에 도사리고 있는 염려는 기도자가 맞닥뜨리는 현실이다.

　염려는 기도자가 기도의 시작과 끝에서 경계해야 할 적이다. 기도의 자리를 털고 일어서기까지 염려는 수시로 기도자의 빈틈을 노린다. 염려는 기도를 변질시키고 왜곡시킨다. 우리는 지금 바른 기도를 드리고 있는가? 하나님은 기도를 통해 우리와 소통하기를 원하신다. 주님은 제자들에게 기도를 가르치셨다. 기도는 우리의 필요 이전에 하나님과의 관계를 돈독하게 만든다. 하나님의 백성은 기도하는 만큼 성숙함을 경험하고, 하나님과의 친밀감을 더해 간다.

기도하지 않아도 우리의 심령이 평안함을 느끼는 것은 정상이 아니다. 기도하지 않는 성도는 불안하다. 기도하지 않고 출발한 하루의 걸음은 위태롭다. 기도함으로 영적 생명을 보존하도록 하신 것이 범죄한 인간 영혼을 위한 하나님의 배려이다.

　기도하지 않는다고 해서 하나님과 우리 사이의 부자 관계가 끊어지는 것은 아니다. 탕자가 아버지를 버리고 떠났어도 아버지는 아들을 포기하지 않았다. 친밀함의 끈이 끊어져 소원해져도 관계의 맥박은 여전히 뛴다. 아들이 아버지의 품을 떠나는 그날부터 아버지의 기다림은 시작되었다. 우리가 우리를 짓누르는 염려를 주님께 맡기지 않아도 하나님은 여전히 우리를 사랑하신다. 다만 기도하지 않으면 사귐의 밀도가 낮아진다. 그러므로 하나님과의 관계가 더욱 친밀해지기를 원한다면 기도가 관건이다.

　우리가 하나님께 나아갈 다른 방도는 없다. 말씀은 하나님께서 우리에게 먼저 다가오신 표식이다. 성경은 기도하지 않음으로 하나님과 서먹한 관계를 유지했던 인물들과, 기도함으로 깊은 친밀감 속에 거했던 인물들에 대해 말해주고 있다.

2014년 8월
캘리포니아 프리몬트에서
한명철 목사

차례

프롤로그 • 2

서언 : 염려 상황과 기도

기도와 염려의 방정식 • 10
그 무엇도 염려의 대상은 아니다 • 12
새와 백합화는 염려하지 않는다 • 14
염려의 4인방 • 16
염려에 대한 네 가지 반응 • 18
사람을 믿지 마라! • 26
하나님을 신뢰하라! • 28
기도가 대안이다 • 30

1장 무엇이 기도인가?

1. 관계가 기도다 • 36
   1) 포도나무와 가지 • 38
   2) 주님과 제자 • 42

2. 기도는 응답이다 • 46
   1) 큰일 • 48
   2) 비밀한 일 • 52

3. 응답은 약속이다 • 56
　1) 후하게 주신다 • 59
　2) 꾸짖지 않으신다 • 62

4. 약속은 명령이다 • 66
　1) 삼중적 명령과 약속 • 68
　2) 3단계 깊이의 기도 • 72

5. 명령은 준수해야 한다 • 76
　1) 하나님의 계명 • 79
　2) 코람 데오 • 82

2장 어떻게 기도하는가?

1. 믿음으로 • 90
　1) 의인의 기도 • 93
　2) 확신의 기도 • 99

2. 간절하게 • 106
　1) 엘리야 • 109
　2) 주님 • 115

3. 담대하게 • 122
　1) 솔로몬 • 125
　2) 벗 • 131

4. 끈질기게 • 138
　1) 파수꾼 • 140
　2) 과부 • 147

3장 나는 기도하던 사람인가?

1. 마음이 슬픈 여자 • 158
   1) 불임의 고통 • 160
   2) 마음의 고통 • 167

2. 통곡하는 여자 • 174
   1) 한나에게 심통 부리는 브닌나 • 176
   2) 주님께 심정을 통하는 한나 • 183

3. 기도하던 여자 • 190
   1) 통곡 기도 • 193
   2) 서원 기도 • 201
   3) 응답 기도 • 210

4. 찬송하는 여자 • 220
   1) 구원의 하나님 • 222
   2) 거룩한 하나님 • 226
   3) 지혜의 하나님 • 229
   4) 섭리의 하나님 • 233
   5) 창조의 하나님 • 236
   6) 승리의 하나님 • 239
   7) 능력의 하나님 • 243
   8) 심판의 하나님 • 246

4장 전략적인 기도인가?

1. 아군과 적군을 식별하라! • 254
   1) 중보자 성령과 그리스도 • 256
   2) 사탄과 각종 시험거리들 • 263

2. 우선순위를 꼭 기억하라! • 270
   1) 하나님의 나라와 의 • 272
   2) 하나님의 영광 • 279

3. 기도의 대가를 지불하라! • 286
   1) 얍복의 밤을 지나면
   브니엘의 아침이다 • 288
   2) 영혼을 말씀으로 채워야
   응답이 이른다 • 295

4. 탁월한 영성을 발휘하라! • 302
   1) 하늘과 땅을 진동시키는 기도 • 305
   2) 하나님을 감동시키는 기도 • 311

5. 중보의 능력을 함양하라! • 318
   1) 중보자에게 중보자가 붙는다 • 320
   2) 중보의 모본자들을 기억한다 • 327

에필로그 • 334

서언 : 염려 상황과 기도

그러므로 내가 너희에게 이르노니 목숨을 위하여 무엇을 먹을까 무엇을 마실까 몸을 위하여 무엇을 입을까 염려하지 말라 목숨이 음식보다 중하지 아니하며 몸이 의복보다 중하지 아니하냐 공중의 새를 보라 심지도 않고 거두지도 않고 창고에 모아들이지도 아니하되 너희 천부께서 기르시나니 너희는 이것들보다 귀하지 아니하냐 너희 중에 누가 염려함으로 그 키를 한 자나 더할 수 있느냐 또 너희가 어찌 의복을 위하여 염려하느냐 들의 백합화가 어떻게 자라는가 생각하여 보라 수고도 아니하고 길쌈도 아니하느니라 그러나 내가 너희에게 말하노니 솔로몬의 모든 영광으로도 입은 것이 이 꽃 하나만 같지 못하였느니라 오늘 있다가 내일 아궁이에 던지우는 들풀도 하나님이 이렇게 입히시거든 하물며 너희일까 보냐 믿음이 적은 자들아 그러므로 염려하여 이르기를 무엇을 먹을까 무엇을 마실까 무엇을 입을까 하지 말라 이는 다 이방인들이 구하는 것이라 너희 천부께서 이 모든 것이 너희에게 있어야 할 줄을 아시느니라 너희는 먼저 그의 나라와 그의 의를 구하라 그리하면 이 모든 것을 너희에게 더하시리라 그러므로 내일 일을 위하여 염려하지 말라 내일 일은 내일 염려할 것이요 한 날 괴로움은 그 날에 족하니라 (마 6:25-34)

기도와 염려의 방정식

기도 중심인 사람은 염려로부터 해방된다. 기도가 힘을 발휘한다. 모든 염려를 원심력의 힘으로 밀어내고 확신과 기도 응답의 능력을 구심력으로 끌어당긴다.

염려하면서 기도하거나 기도하는 데 염려가 된다면 그것은 기도에 염려가 섞였다는 반증이다. 염려가 섞인 기도는 하나님의 관점에서 볼 때 기도가 아니다. 모든 염려를 주님께 맡기고 한두 가지만 염려해도 그것은 우리의 기도를 불완전하게 만들기에 충분히 크고 위협적이다. 염려는 몽땅 내버려야 한다. 만약 스스로 처리할 수 없다면 주님께 온전히 맡겨야 한다. 적어도 기도하는 동안에는 염려에서 자유로워야 한다.

기도를 끝낸 우리에게 닥친 현실은 여전히 기도 이전에 우리가 직면했던 염려의 환경 그대로다. 염려를 맡기면 염려의 환경이 사라질 줄 알았는데 환경은 예전 그대로다. 그렇다면 기도에 무슨 유익이 있는가? 있다. 염려도 그대로 남아 있고 환경도 개선되지 않았으며 경우에 따라서는 이전보다 더 악화되기도 한다. 그래도 유익을 말할 수 있는 것은 '사람'이다. 염려 중심의 사람이 기도 중심의 사람으로 바뀐 것이다.

이 차이는 매우 크다. 염려 중심일 때는 십중팔구 염려에 짓눌린다. 염려를 중심으로 그의 존재와 모든 삶이 회전 운동을 한다. 염려에 발목이 잡혀 아예 삶의 전진이 어렵다. 그러나 기도 중심인 사람은 염려로부터 해방된다. 기도가 힘을 발휘한다. 모든 염려를 원심력의 힘으로 밀어내고, 확신과 기도 응답의 능력을 구심력으로 끌어당긴다. 이때 기도자는 염려 속에서 염려를 벗어난다. 무거운 짐을 내려놓고 삶을 일궈 나간다. 피곤하던 영혼이 굴레 벗은 망아지처럼 자유롭다.

혹시라도 기도를 마치기까지 염려의 그림자를 떨쳐내지 못하면 기도를 끝냄과 동시에 염려가 다시 고개를 쳐든다. 더 강하고 빳빳하게 고개를 내밀고 필살의 촉수를 내뻗는다. 이런 염려의 떨거지를 반드시 기도로 떨쳐내야 한다. 이것이 기도 중에 염려를 완전히 맡기고 죽여야 할 이유다. 염려를 완전히 주님께 맡기기까지 일어나지 않는 의지가 중요하다.

염려란 인간이 살면서 겪는 모든 문제를 총망라한 표현이다. 염려의 부피는 어마어마하고 그 무게 또한 무겁기 짝이 없다. 그것은 잠시도 쉴 틈을 주지 않고 우리의 영혼을 낚아채려 한다. 우리에게는 염려의 홍수에 시달리면서 누구에게나 염려를 나누려는 습성이 배어 있다. 염려를 재고 달아 무게와 크기에 따라 분류해서 가볍고 작은 것은 자신에게 돌리고, 무겁고 큰 것만 하나님께 맡기려 한다. 하지만 크고 작음을 나누는 것은 우리의 안목이다. 하나님께는 모두가 같다. 모두 맡기지 않으면 하나도 맡기지 않는 것과 같다.

염려의 경중을 따지자면 사람마다 기준치가 다를 것이다. 개인의 성격이나 문제 대처 능력의 강약에 따라 무게 중심이 이동하기 때문이다. 무조건 다 맡겨야 한다. 몽땅 맡겨야 한다. 맡기는 것을 우리는 신앙 또는 기도라고 말한다. 믿음이, 기도가, 믿음의 기도가 중요한 이유가 여기에 있다. 믿음의 기도로 염려는 무기력해진다.

그 무엇도 염려의 대상은 아니다

바른 기도로 정복되지 않는 염려는 없다. 홍해처럼 깊고, 여리고처럼 단단하고, 골리앗처럼 장대해도 믿음의 기도 한 방이면 끝장이다.

사도 바울은 염려를 넘어 풍성한 기도의 삶으로 우리 모두를 초청한다.

> "아무것도 염려하지 말고 오직 모든 일에 기도와 간구로 너희 구할 것을 감사함으로 하나님께 아뢰라 그리하면 모든 지각에 뛰어난 하나님의 평강이 그리스도 예수 안에서 너희 마음과 생각을 지키시리라"(빌 4:6-7).

이는 우리에게 아주 익숙한 말씀이다. 암송하여 자주 묵상하는 말씀이기도 하다. 참으로 놀라운 말씀이 아닌가? 우리가 염려하지 말아야 함은 주님의 강력한 명령이다. 준수하지 않으면 불순종의 죄에 빠진다. 우리가 염려하지 말아야 함에는 그 어떤 예외도 없다. 단 하나의 작은 염려까지 모두 버려야 한다. 하나님의 나라와 의를 구하기 위해서는 염려를 깡그리 주님께 맡겨 버려야 한다. 그렇지 않으면 우리 기도가 하나님께 이르지 못하고, 어떤 응답도 불가능하다. 염려는 하면 할수록 그 몸집만 더 불어나고 암세포처럼 급속히 퍼져나간다.

크고 작음의 구분 없이 염려는 성도의 분깃이 아니다. 기도하려면 염려를 버려야 한다. 염려를 털어내지 않으면 기도도 없다. 많은 경우에 기도를 하면서 실패하는 것은 이 염려와 결별하지 못하는 우리의 습관 때문이다. 염려에서 벗어나고 싶어하지만 끈적거리는 그 소굴에서 정작 벗어나지 못한다. 우리가 염려의 감옥에 스스로 갇혀 있는 한 우리는 기도로 주님께 한 발자국도 전진할 수 없다. 우리에게 던져진 염려의 공을 주님께 패스하는 것이 바로 기도다.

빌립보 교회 성도들은 염려 속에 있었으나 감옥에 갇힌 바울은 아무것도 염려하지 않았다. 성도는 "아무것도" 염려해서는 안 된다. "모든 일"을 기도로 하나님께 맡겨야 한다. 그 하나님은 "모든" 지각에 뛰어나시다. 만사를 뜻대로 주관하시는 하나님께서 우리의 마음과 생각 속에 일어나는 천변만화의 흐름을 정리 정돈하심으로 우리 존재와 삶의 그루터기를 안전케 하신다.

우리가 아무것도 염려할 필요가 없는 근거는 하나님의 약속 때문이다. 하나님의 약속은 어떤 상황에서도 변치 않는다. 하나님의 평강이 임하면 염려는 즉시 기운을 잃는다. 우리가 염려에서 멀어져야 하는 이유는 염려의 삶을 경계하신 주님의 말씀 까닭이다. 말씀은 위대하다. 염려에 붙잡힌 영혼은 말씀의 능력을 접할 수 없고, 말씀도 그런 영혼에 깃들 수가 없다. 염려의 상황은 우리의 것이지만, 염려의 몫은 우리의 것이 아니다.

염려는 하면 할수록 덩치를 키운다. 한 티끌의 염려에 자극을 가하면 연쇄 반응을 일으켜 금세 부풀어 오른다. 기도는 염려 퇴치에 효과 만점이다. 바른 기도로 정복되지 않는 염려는 없다. 홍해처럼 깊고, 여리고처럼 단단하고, 골리앗처럼 장대해도 믿음의 기도 한 방이면 끝장이다. 우리는 낙관 정신으로 염려를 다루지 않는다. 심리 요법도 의지하지 않는다. 성경적인 기도와 말씀의 확신만으로 염려를 축출한다.

새와 백합화는 염려하지 않는다

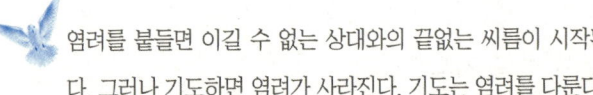
염려를 붙들면 이길 수 없는 상대와의 끝없는 씨름이 시작된다. 그러나 기도하면 염려가 사라진다. 기도는 염려를 다룬다.

기도는 문제 풀이용 공식이 아니다. 인간이 당면하는 문제는 언제나 예측 불허다. 모양도 가지각색이고, 내용도 천차만별이다. 크고 작은 인간의 문제는 수학 공식처럼 적용해서 풀 수 있는 것이 아니다. 경우에 따라 기도문은 필요하지만 문제 해결을 위해 정형화된 기도는 없다. 모든 문제마다 합당한 기도가 있다. 기도는 문제를 보기 전에 자신을 보게 한다. 인생에서 경험은 좋은 선생이다. 달거나 쓰디쓴 경험들은 자신이 문제를 푸는 존재가 아니라 정답을 적용하는 존재임을 알려준다. 사람이 당면한 문제에는 여러 정답이 주어지지 않았다. 정답은 하나라서 정답이다.

유일성과 불변성은 정답이신 주님의 품성과 일치한다. 정답을 정확히 적용하는 것이 기도다. 기도는 저절로 터득되지 않는다. 기도는 배워야 한다. 세례 요한은 자신의 제자들에게 기도를 가르쳤다. 주님의 제자들도 어느 날 주님께 기도를 가르쳐주실 것을 요청했다.

주님은 제자들의 요청에 따라 기도를 가르치신 후에 기도의 근간이며 기도의 모든 것이 되는 원칙에 대해 보충 설명하셨다. 기도는 우리의 욕심에서 기인된 마구잡이식 요청 같은 역류가 아니라, 하나님의 뜻에서 흘러나온 자연적인 흐름이어야 한다. 무작정 기도하는 것이 아니라 하나님의 나라와 의야말로 우리가 드리는 모든 기도의 핵심이 되어야 한다. 이 원칙을 결론짓기 전에 주님은 염려의 문제를 다루셨다.

　이를 위해 주님은 공중의 새와 들의 백합화를 예로 드셨다. 이 부분에서 주님은 '염려'라는 단어를 여섯 번이나 사용하셨다. 염려가 얼마나 절실한 인간의 현안인지 주님은 잘 알고 계셨다. 염려에 노출된 인간의 참혹한 현실은 주님 당시나 지금이나 별반 다르지 않다. 사람은 누구나 염려의 현실에 놓였다. 염려를 붙들면 이길 수 없는 상대와의 끝없는 씨름이 시작된다. 그러나 기도하면 염려가 사라진다. 기도는 염려를 다룬다.

　첫 사람의 범죄는 영혼 중심에서 육신 중심의 삶으로 인간의 삶을 변질시켰다. 하나님을 추구하던 삶의 중심은 육신의 기본적인 욕구를 충족시키기 위한 온갖 노력으로 대체되었다. 뜻대로 되지 않기에 인간은 염려하며 끊임없는 걱정과 근심에 사로잡히게 되었다. 사실 세상의 모든 염려는 의식주의 문제가 확대되거나 거기에서 파생된 것들이다. 주님은 이 문제가 가장 근본적임을 아셨기에 하늘과 땅을 대표하는 새와 백합화라는 두 피조물을 예로 들어 말씀하셨다.

　공중의 새나 들의 백합화는 염려하지 않는다. 그리고 기도하지도 않는다. 그럼에도 그들을 먹이시고 입히시는 것은 하나님께서 그렇게 지으셨기 때문이다. 성도는 염려하는 대신에 기도한다. 하나님이 우리를 그럴 목적으로 재창조하셨다. 죄가 세상에 가져온 것 중의 하나가 바로 염려다. 염려는 우리가 하나님을 떠나 있다는 증거다. 염려에는 영혼을 죽이는 독이 가득하다.

염려의 4인방

파멸의 전령인 4인방은 영혼의 사방에 포진을 해서 확신을 뿌리 뽑고, 희망을 제거하며, 말씀을 추방하고, 기도를 굶긴다.

아비가 제 뜻을 따르는 아들을 아끼는 것과 같이 사탄은 염려하는 성도를 아낀다. 염려는 사탄의 활동무대를 넓혀준다. 아무리 입으로 사탄을 물리쳐도 염려하는 순간 이미 사탄은 우리 영혼의 안방을 차지한다. 문제의 낚싯바늘에는 늘 염려의 미끼가 꿰어져 있다. 염려의 미끼를 덥석 무는 순간 영혼은 문제의 낚싯바늘에 걸려든다. 거기에 아가미가 꿰이면 염려 자체를 더욱 키워주므로 낙심된 영혼은 사탄의 영향력 아래 머물게 된다.

기도는 염려를 해결하기 위한 하나님의 방책이다. 우리는 기도하는가? 기도하라 하셨기에 기도한다. 기도를 하지만 염려의 껍질로 두껍게 싸여 있는 자신을 발견한다. 염려에서 기생되어 확신의 기도에 이르지 못하도록 끝까지 방해하는 첩자가 바로 의심이다. 염려와 의심은 사탄에게 수족과 같은 좌청룡 우백호다. 사탄은 염려로 성도가 쓰러지지 않을 때를 대비해서 몰래 의심의 씨앗을 마음 저변에 심어둔다.

염려의 상황을 접하면 대다수의 인간은 일단 염려에 붙들린다. 염려하면서 자신의 처지를 당당히 밝히고 합리화하기 위해 자신의 친구들을 불러들인다. 염려는 탄식, 걱정, 근심과 함께 4인방을 이룬다. 이렇게 4인방이 모이면 염려하는 사람의 영혼에 일대 혁명이 일어난다. 파멸의 전령인 4인방은 영혼의 사방에 포진을 해서 확신을 뿌리 뽑고, 희망을 제거하며, 말씀을 추방하고, 기도를 굶긴다. 삶의 모든 에너지를 염려에 집중시켜 염려의 증식과 팽창을 돕는다.

　사탄은 불안과 초조의 지원군을 파견하여 염려의 정당성을 재차 확인시킨다. 우울증과 공포감이 덮칠 준비를 하고 염려가 풍선처럼 부풀어 올라 터지기 직전 상태까지 이르기를 기다린다. 이것이 사탄이 기대하는 상황이다. 염려가 한계치에 도달하면 파멸의 뇌관을 터뜨린다. 영혼이 아수라장이 되고 삶이 붕괴되어 이윽고 한 인간이 생명의 근원 되신 하나님을 자발적으로 등진다.

　사람이 염려 앞에서 보는 것은 두 가지다. 염려의 현실과 그런 환경에 갇힌 자신의 모습이다. 염려의 현실은 칼날 같아서 예리하기 그지없다. 현실은 부정할 수 없기에 고통은 실질적이며 쉽게 빠져나올 수 없는 미로 같은 현실로 인해 장본인은 이내 탈진 상태에 빠진다. 염려는 바라보면 볼수록 사람의 기를 꺾고, 염려의 묵상이 잦아지면 몸속의 진기가 모두 빠져나간다. 그런 기막힌 환경에 바로 자신이 죄수처럼 갇혀 있기에 고통에 더한 절망감으로 인해 몸부림친다.

　염려는 내재된 존재적 불안에 불을 댕기는 성냥과 같다. 염려는 살며시 다가온 삶의 위기다. 성도는 이 위기 앞에서 두 가지 모습을 지나서 평소에 흐릿했던 주님을 본다. 염려를 죽이고 주님께 기도함으로 염려를 맡긴다. 기도는 염려를 나누고 죽여 없애지만 염려는 염려를 곱하여 덩치를 최대한 키운다. 염려의 현실에서 성도가 보일 수 있는 반응은 네 가지가 있다.

염려에 대한 네 가지 반응

 주님께서 존재와 삶의 초점이 되면 본질적으로 문제는 여지없이 삶의 변방으로 밀려난다.

(1) 염려하지 않고 기도하지 않는다.

염려에 무관심할 수 있음은 복이다. 염려를 하지 않으니 기도의 필요성을 느끼지 못하는 것 또한 당연하다. 염려하게 되면 아무리 기도를 부정하는 사람이라도 기도하게 된다. 기도를 모르는 사람이라면 염려가 동떨어진 상태에서 기도할 이유가 없다. 염려해야 할 상황에서 염려치 않는 것은 결코 쉬운 일이 아니다. 어쩌면 염려하지 않음은 현실 도피이거나 무책임한 처사다. 성격이 원래 낙관적이어서 그럴 수도 있다. 낙관적인 성격의 사람도 염려 상황이 극단에 이르면 염려하지 않을 수 없다. 극단의 환경에서도 염려하기를 거부한다면 그는 초인이거나 도의 경지에 이른 사람임에 틀림없다.

인간의 상황은 곧 염려의 상황이다. 성도는 초인이나 슈퍼맨이 아니다. 잠시라도 깨어 있지 않으면 염려에 사로잡힌다. 염려는 마치 거미줄처럼, 올가미처럼 거기에 걸려들 영혼을 호시탐탐 노린다.

성도는 평범한 삶을 살아가는 보통 인간이다. 보통 사람이면서 다른 사람들과 구별되는 것이 하나 있다면 그것은 바로 믿음이다. 하나님을 믿는 믿음이 그를 성도라 부를 수 있는 유일한 근거다. 신앙이 없다면 염려를 다룰 뾰족한 재주가 있을 리 만무하다. 믿음 밖에서 염려하지 않음은 믿음 안에서 염려하지 않음과 질적으로 다르다. 믿음 밖에서는 초극과 달관, 그 이상의 길은 없다. 애써 외면한다고 염려 상황이 호전되지도 않는다. 염려에 몸살을 앓다 만신창이가 되거나, 염려하지 않다가 견디지 못해 무너지면 단지 그것뿐이다. 모든 것은 제로의 상태로 돌아간다. 찔린 만큼 피를 흘리고, 아픈 만큼 비명을 지른다.

이렇게 믿음 밖에서의 사람들은 염려 상황에서 체념하지만 믿음 안에서의 성도는 염려를 짓밟고 넘어선다. 믿음 안에서 염려하지 않음은 믿음 밖에서 염려치 않는 것과 분명히 다르다. 염려하지 않는 이유부터 다르다.

믿음 안에서 성도는 우선 기도한다. 염려가 사라지지 않고 더욱 악화될 수 있어도 기도로 염려를 덮어버린다. 기도로 염려를 주님께 넘겨드렸기에 주님 안에서 평안과 기대감을 갖는다. 염려가 해결되거나 염려의 현실이 더욱 심각해져도 주님과의 관계나 친밀감에 나쁜 영향을 미치지 않는다. 해결이 되면 감사요, 더욱 악화되면 기도 속에서 더욱 주님께 초점을 맞춘다. 주님께서 존재와 삶의 초점이 되면 본질적으로 문제는 여지없이 삶의 변방으로 밀려난다.

한편, 기도가 깊어질수록 현실적으로 영성의 크기에 반비례하여 문제가 줄어들거나 염려가 소멸되는 것은 아니다. 이전에는 염려 상황이 현실이었지만 흐릿했던 것이 기도를 통해 영의

맑음으로 보니 참담한 현실이 더욱 선명해진다. 그래서 더 힘들 것 같은데, 오히려 무덤덤하다. 염려의 현실이 분명해진 것만큼 기도 역시 더더욱 실제적이 되고 영혼의 내구성도 견고해진다.

기도는 염려를 죽인다. 염려를 주님께 맡긴다 함은 내 의식 속에서 믿음으로 염려를 죽여 사망 선고를 내리는 것이다.

(2) 염려하면서 기도한다.

기도하면서 염려하는 것과 염려하면서 기도하는 것은 전혀 다르다. 기도하면서 염려하는 것은 문제의 수렁에 빠져드는 격이지만, 염려하면서 기도하는 것은 그 수렁으로부터 빠져나오는 것과 같다. 이런 사람에게는 일단 구원의 여지가 있다. 염려의 현장에서 무릎 꿇고 기도를 시작하면서 곧바로 염려로부터 벗어나는 사람은 흔치 않다. 기도하면 일단 염려의 크기가 더 이상 커지지 않는다. 기도의 뚜껑을 열면 영혼을 질식시키던 독기가 차츰 빠져나간다. 기도를 진행하면서 염려의 크기가 악성 종양이 줄어드는 것처럼 줄어들 수 있다.

기도를 온전히 드렸다면 기도를 끝내고 일어설 때 염려는 사라진다. 온전한 기도가 염려를 온전히 내쫓는다. 기도를 드리면서 염려가 지속된다면 기도에 문제가 있다. 기도가 끝났음에도 염려가 계속 붙어 있다면 기도로 염려를 맡기지 못한 증거다. 이때는 다시 엎드려 기도해야 한다.

기도할 때는 잊었는데 눈을 뜨고 현실을 대하자 염려가 여전하다면 기도 따로, 염려 따로 놀았다는 증거다. 염려도 현실이지만 기도야말로 확고부동한 현실이다. 기도의 현실이 항상 염려의 현실보다 우위에 있다. 기도가 끝나면 염려에서 반드시 놓여야 한다. 염려하면서 기도하거나 기도하면서 염려하는 것은 전혀 다른 차원의 문제다. 염려하면서 기도하는 것은 염려의 떨거지를 내치려는 의지다. 비록 염려로 시작된 기도라 해도 정상적인 기도의 과정을 거친다면 기도하는 동안 염려는 줄어들거나 사라져야 마땅하다.

기도하면서 염려하는 것은 전혀 기도가 아니다. 이것은 염려를 묵상하는 것이다. 기도를 빙자하여 염려를 기절시키는 것이다. 기절하면 다시 깨어난다. 빙자하는 기도로 염려를 기절시키지 말고 확신의 기도로 염려를 질식사시켜야 한다. 염려는 바퀴벌레처럼 생존력이 높다. 죽은 척하다가도 기회를 엿보고 일어선다.

기도는 염려를 죽인다. 죽일 것을 반드시 죽이는 기도의 상상력은 절대적이다. 염려를 주님께 맡긴다 함은 내 의식 속에서 믿음으로 염려를 죽여 사망 선고를 내리는 것이다. 이는 정신 집중이 아니며 심리 요법도 아니다. 믿음으로 자의식을 내려놓고 의지적으로 주님을 철저히 의지하는 것이다. 염려의 뿌리는 깊고 질겨서 주님께로 토양을 옮기기 전에는 내 영역을 벗어나지 않는다. 죄성으로부터 자유로울 수 없는 인간 영혼에게서 염려는 백 번 죽어도 백 번 다시 살지만, 무죄하신 주님께 맡겨진 염려는 단번에 완전히 죽어버린다.

주님께 맡겨져 죽어버린 염려는 아예 부활할 수 없다. 그러나 맡기기 전의 염려는 수천만 번을 죽어도 다시 회생한다. 도

마뱀의 꼬리 같고 히드라의 목과 같다. 염려와 함께 기도하면 염려는 약아서 죽은 체하지만, 기도가 멀어지면 이내 되살아난다. 염려를 주님께 맡기고 믿음으로 기도하면 염려는 죽는다.

 문제 해결의 여부와 관계없이 주님과의 친밀감을 북돋워 가는 것이 기도를 통해 얻을 수 있는 최고의 혜택이다.

(3) 염려하지 않고 기도한다.

이것은 체념이나 초극이 아니라 믿음 안에서 염려를 무시하는 것이다. 염려는 힐끗 쳐다볼 것도 못 된다. 아예 눈길도 주지 않고 여하한 꼬드김에도 대꾸하지 않는 것이 상책이다. 염려가 내 존재와 삶의 어느 영역에서도 그림자를 남기지 않도록 의식적으로 내던져야 한다. 염려하지 않으니 성도의 기도에도 염려의 흔적이 전혀 없다. 아무 걱정 없이 감사함으로 기도한다. 탄식 대신에 간구가 그 자리를 차지한다.

염려하지 않는 이유는 분명하다. 주님께 맡기라고 해서 맡겼기 때문이다. 맡긴 자는 결코 뒤돌아보지 않는다. 후회나 아쉬움이 남을 리 없다. 선하신 주님, 능력의 주님께서 어련히 알아서 처리하시겠나 하고 믿어 의심치 않는다. 실로 태평무사다. 속이 시원하고 마음이 평안하다. 바울이 빌립보 교회 성도들에게 초청했던 말씀의 진의를 알 것 같다. 하나님의 평강이 나의 마음과 생각을 통제한다.

염려하지 않는다고 해서 태평스럽게 가만히 앉아 지내는 것은 아니다. 능력의 주님께 모두 맡겼다 해서 감나무 밑에 누워 입을 벌리고 감이 떨어지기만을 기다리지는 않는다. 기도는 아룀만이 아니다. 적극적으로 구하고 찾고 두드림의 원리도 있다. 맡긴 자로서 구하고 찾고 두드리는 단계적 갈구의 모습이 드러나야 한다. 맡긴 자는 주님을 향한 믿음의 뿌리를 더욱 깊게 하면서 응답의 열매를 맺기까지 참고 기다려야 한다. 기약이 없는 기다림이 아니라, 기대감으로 하루하루를 보낸다. 주님의 손에 붙들려 동행하는 기쁨을 확인한다. 주님 품에 안겨 온기를 느낀다.

성도는 주님께 자신의 영혼을 맡김과 같이 염려도 맡긴다. 주님께 선악 간의 모든 것을 맡긴 자는 늘 주님의 품에서 멀지 않다. 주님의 온기를 느끼며 긍휼의 옷자락에 휘감겨 산다. 그것이 기도자가 은혜 안에서 누리는 복이다. 기도로 맡겼기에 평안의 성채에 머문다.

무엇보다 기도로 맡겼기에 마음에 평안을 얻는 것이 최상의 유익이다. 문제 해결의 여부와 관계없이 주님과의 친밀감을 북돋워 가는 것이 기도를 통해 얻을 수 있는 최고의 혜택이다. 기도의 최우선권을 주님과의 친밀한 사귐에 두기에 현안 해결을 위한 시도는 언제나 뒷전이다. 문제 해결을 위한 의도가 선두 다툼을 하지 않으니 기도 응답에 신경 쓸 이유도 없다. 해결되면 감사요, 미해결이면 기다리면서 하나님의 뜻을 헤아린다. 그야말로 달관의 경지가 따로 없다.

이런 삶을 사는 기도자가 우리 중에 과연 얼마나 될 것인가? 믿음 안에서 삶을 달관하는 경지가 그리 호락호락한 것만은 아니다. 끝없는 자기부정의 골짜기를 통과해야 하고, 계속 맡김의 삶을 일구어야 한다. 그럼에도 맡겨야 할 염려들이 삶의 주변에서 세력을 뻗친다. 그러기에 침투 능력이 탁월한 염려의 접근을 원천 봉쇄하고, 강력한 기도를 통해 경계에 만전을 기해야 한다.

 우리가 하나님께 고하지 않으면 관계도 서먹해지고 소통도 끊겨 불통의 벽만 쌓인다.

(4) 염려하지만 기도하지 않는다.

이는 최악의 상태다. 이것은 염려하지 않고 기도하지 않는 상태보다 더욱 나쁘다. 왜냐하면 이중적인 불순종의 죄에 해당하기 때문이다. 염려하는 것은 염려하지 말라는 주님의 말씀을 어기는 것이다. 또한 기도하지 않음은 기도하라는 주님의 명령을 거역하는 것이다. 그러므로 염려하면서 기도하지 않는 것은 악 중의 악이다. 구하지 않는 이유도 사람마다 제각각이다. 하나님은 좋은 아버지이시기 때문에 자식이 일일이 기도하지 않아도 알아서 다 주실 것이라고 말한다.

일면 맞는 말이다. 그렇게 챙겨주시는 부분이 분명히 있다. 다만 우리가 어린아이와 같을 때에 한해서다. 우리의 영적 상태가 발육이 제대로 되지 않아 미숙한 수준에 머무른다면, 스스로 보존할 수 없는 우리를 위하여 하나님이 기꺼이 필요한 것을 공급하신다. 문제는 우리의 영적 상태가 기도할 만큼 충분히 자랐을 때이다.

아버지의 자녀는 자란다. 어린아이를 돌보는 우리의 모습 그대로 하나님도 자신의 자녀들이 영적으로 성장하는 동안 필요한 모든 것을 공급하신다. 육신의 부모들보다 더 철저히 그리고 완벽하게 챙겨주신다. 유아기를 거쳐 청소년기를 지나면서 부모는 자신의 필요를 요청하는 자식을 기뻐한다. 요청하지 않을 경우 알아서 줄 수도 있지만, 몰라서 안 줄 수도 있다. 이 경우에 아버지의 관심은 무엇을 주거나 주지 않는 것이 아니라, 자식과의 원만한 소통에 있다.

하늘 아버지도 마찬가지다. 하나님은 자녀들의 기도 요청을 기뻐하신다. 하나님은 기도로 요청하지 않아도 주시지만 안 주기도 하신다. 그것은 하나님의 의지에 속한 문제다. 우리는 말씀과 은혜 안에서 영적 자양분을 받아먹고 자란 성도들로서 하나님 아버지께 필요한 것들을 스스로 구할 수 있고 마땅히 구해야 한다. 구하지 않으면 그것은 우리의 허물이 된다. 기도는 성숙의 표식이다.

기도가 소통이라면 아버지와의 친밀함을 위해 당연히 염려의 현실을 고할 수 있어야 한다. 염려하면서 기도하지 않는 것은 영성의 독립 선언이 아니다. 염려 상황을 돌파하실 수 있는 아버지께 염려 상황을 고하는 것은 지혜이며 신뢰성의 문제다. 아버지는 언제나 자녀와의 소통을 원하신다. 자식이 아버지를 사랑하고 신뢰하면 그와의 소통과 교감을 무엇보다 중요시한다. 우리가 하나님께 고하지 않으면 관계도 서먹해지고 소통도 끊겨 불통의 벽만 쌓인다. 아버지는 아들의 음성 듣기를 기뻐하시며, 아들은 아버지와의 소통을 즐거워한다.

염려하지 않아도 되는데 염려를 안고 씨름할 이유가 없다. 염려는 생기는 족족 주님께 맡겨버려야 한다. 왜냐하면 염려가 끝도 없이 우리의 삶을 향해 돌진해 오고 있기 때문이다. 안고 씨름하다간 문제를 파악하기도 전에 쌓이는 염려로 인해 질식하고 말 것이다. 주님께 맡기는 것만이 최선이다.

사람을 믿지 마라!

성경에서 하나님의 사람들이 보여준 영성은 매우 고전적이다. 오늘 우리에게는 이 고전적인 영성이 존재하지 않는다. 내가 다윗이 되고 예후가 되어도 요나단이나 여호나답은 나타나지 않는다.

사람을 의지하지 마라. 주님은 사람의 속을 아시므로 사람을 의지하지 않으셨다. 사람은 신뢰의 대상이 아니다. 얼마나 많은 경우에 우리는 사람을 신뢰했다가 낭패를 보곤 했던가? 나도 나 자신을 신뢰할 수 없는 처지인데 누구를 믿고 의지한단 말인가? 신뢰할 만한 하나님의 사람이라 여긴 인물들이 대중에게 더 아픈 상처를 남기는 것은 그들이 원래 그런 존재였기 때문이다. 그들 잘못이 아니라 우리 스스로 속았다. 성경이 규정하는 인간 존재를 액면 그대로 받아들이지 못하고 우리 스스로 인간에게 후한 점수를 주었다. 사람을 의지하는 만큼 하나님을 의지하고, 사람에게 공을 들이는 만큼 기도에 전념했다면 우리는 좀 더 일찍 평강에 이르는 길을 알았을 것이다.

사람을 믿지 말라는 말을 이상히 듣거나 오해하지 마라! 그것은 주님께서 들려주신 경고의 음성이다. 사람은 단지 그리스도 안에서 사랑과 긍휼의 대상일 뿐이다.

다윗에게 요나단이 있어도 우리에게는 요나단이 없고, 예후에게 여호나답이 있어도 우리에게는 여호나답이 없다. 성경에서 하나님의 사람들이 보여준 영성은 매우 고전적이다. 오늘 우리에게는 이 고전적인 영성이 존재하지 않는다. 내가 다윗이 되고 예후가 되어도, 요나단이나 여호나답은 나타나지 않는다. 마음과 마음을 합하고 뜻을 모으는 것이 구호나 다짐에서는 가능해도 현실에선 거의 불가능하다. 사랑을 외치고 일치를 고백해도 모두가 자기 잇속 챙기기에 급급하다. 상대의 영성을 이용하는 만큼 사랑하고 인정한다.

모두가 동일하신 하나님께 무릎을 꿇지 않고 자기 하나님께 무릎 꿇는다. 우리의 기도가 주님 앞에 열납되지 않는 것은 우리 속에 저마다의 바알들이 가득하기 때문이다. 이것은 참다운 기도자의 프로필일 수 없다. 아, 인간의 미련함이여! 얼마나 더 속고 속여야 우리는 자신의 참담함을 깨닫고 오열할 것인가?

사람을 의지하면 염려와 근심거리만 늘어난다. 가깝고 먼 관계는 사람의 감정을 자극하여 기뻐하고 분노하게 만들지만 이 세상에서 영원한 인간관계란 없다. 애정이나 우정 관계에서 우리는 지금 심한 기복을 경험하고 있지는 않는가? 영성의 격랑을 헤쳐나온 사람은 감정의 기복이 심하지 않다. 그들은 모두에게 친절하고 모두에게 엄정하다. 차고 뜨겁기가 얼음과 용광로 같지만 이는 결단코 인간 감정을 따르는 것이 아니다. 사람들이 말하는 불가근불가원(不可近不可遠)을 그들은 삶으로 실천한다. 모두를 향한 긍휼의 마음이 균일하지 않다면 긍휼의 그릇된 자신만이 괴로움을 당한다. 그것도 나의 긍휼이 아니라, 주님의 긍휼이라야 가능하다.

염려가 제거되어야 주님의 긍휼이 흘러가는 통로가 된다. 기도는 하나님을 향한 마음이다. 하나님을 향해 마음이 열리면 염려가 저절로 주님께 옮겨진다. 기도로 마음을 열라!

하나님을 신뢰하라!

하나님께 대한 절대 신뢰가 절절한 기도를 가능케 하고, 하나님의 성품에 대한 절대 긍정이 절세의 응답을 낳게 한다.

기도는 하나님을 신뢰하는 표식이다. 하나님을 신뢰하지 않고도 기도드릴 수 있는가? 없다. 만일 그렇다면 그 기도는 자신을 속이는 것이다. 믿지 않는 하나님께 기도드린다는 것이 가당키나 한 일인가? 신실했던 유다의 여호사밧은 암몬 자손과 모압 자손으로 이루어진 동맹군과의 싸움에서 찬송으로 나아가며 백성들을 위무했다.

"너희 하나님 여호와를 신뢰하라 그리하면 견고히 서리라 그 선지자를 신뢰하라 그리하면 형통하리라"(대하 20:20).

그들은 강적과의 싸움에서 창칼을 벼리지 않고 찬송으로 응전했다. 찬송이 시작되면서 피차 살육함으로 승패는 갈렸다. 찬송에 능력이 따르는 것은 그것이 곧 곡조 있는 기도이기 때문이다. 오늘 우리가 많은 찬양을 부르고 노래하지만 형통과 승리를 맛보지 못한다. 감동은 있지만, 변화가 뒤따르지 않는다. 우리의 찬송에 기교와 아름다움은 있지만, 기도의 노랫말이 사라졌기 때문이다.

사람들도 믿고 의지하면 도움을 구한다. 기도는 하나님의 일을 하나님의 방식대로 하도록 하나님께 길을 열어드리는 것이다. 내 삶을 내 의지로 주관하지 않고 하나님의 뜻대로 운행되도록 맡기는 것이 기도다. 기도는 가장 높은 단계의 신뢰다. 우리가 기도를 드리고, 기도 후에 응답을 기대하는 것은 기도를 듣고 응답하실 하나님께 대한 신뢰가 바탕이 되어 이루어진다. 하나님께 대한 절대 신뢰가 절절한 기도를 가능케 하고, 하나님의 성품에 대한 절대 긍정이 절세의 응답을 낳게 한다. 신뢰는 하나님과 우리를 이어주는 강력한 끈이다.

의심이 죽으면 견고하다. 우리가 하나님의 선지자를 신뢰할 수 있음은 하나님께 대한 절대적인 믿음이 있기에 가능한 것이다. 사람을 신뢰함보다 하나님을 신뢰함이 낫다면 하나님께 기도드리는 것이 최상이다.

신뢰는 응답의 창구를 일원화시킨다. 하나님만이 응답하신다. 하나님 이외의 그 누구도 우리에게 응답의 기쁨을 제공하지 못한다. 하나님은 자기를 찾는 자들에게 상을 주시는 분이다. 하나님은 믿음으로 나아가 심정을 통한 자를 그저 빈손으로 돌려보내지 않으신다. 하나님께 대한 신뢰는 응답에다 채널을 고정시키지 않는다. 기도자에게 응답의 여부는 그다지 중요하지 않다. 기도자의 마음은 하나님의 말씀에 있고, 그의 시선은 하나님께만 있다. 그래서 기도의 가파른 길목에서조차 그 마음이 하나님을 앙망하는 눈길로부터 흐트러지지 않는다. 믿음으로 하나님께 고했다는 사실 자체가 귀하다.

기도자의 영혼은 하나님 한 분만을 믿고 의지하며 바라본다. 이렇게 믿음의 견고한 터가 쌓이면 앎의 단계로 진입한다. '항상 내 말을 들으시는 줄 알면' 기도 응답은 따로 기대할 일이 아니다. 자연히 주어진다. 수원지에 물이 고이면 자연스럽게 아래로 흐른다.

기도가 대안이다

기도를 통해 우리는 삶과 사역에서 가치 중심의 이동을 경험한다. 즉 자아 중심의 운동량이 격감되면서 하나님 중심으로 모든 뜻과 소원이 수렴된다.

우리의 존재는 미약하고 상황은 만만치 않다. 평온할 때에 우리의 삶은 굳건하고 밝다. 그러나 갑자기 어둠이 들이닥치면 저마다 축적된 반응 능력에 따라 대처한다. 어둠이 길어지고 고통의 강도가 쇠사슬처럼 옭죄올 때 우리의 대응은 바닥을 드러낸다. 삶은 버겁기만 하고 존재의 한계를 느낀다. 믿음은 벼랑 끝에서 달랑거리고 난관은 끝 간 데를 모른다. 사람은 생각하는 만큼 강인하지 않다. 역경을 딛고 일어섰던 초인적인 능력도 환난의 파상 공격 앞에서는 여지없이 무너져내린다. 한 번 붕괴되어 나락의 어두운 고통을 겪은 영혼은 가벼운 추락에도 두려워 떤다.

인간은 그렇게 연약하고 소심하다. 위대한 믿음의 사람들이 추락을 경험하는 것도 한순간의 일이다. 그것은 그들의 믿음이 근본적으로 취약하거나 기도생활에 하자가 있어서라기보다 인간의 본질적 약함 때문이다. 넘어지고 드러누운 자리에서 대안은 역시 기도뿐이다.

기도하지 않으면 더 어렵고, 기도해도 여전히 어려울 수 있다. 같은 어려움에 처할 바에야 기도함으로 어려움을 통과하는 것이 백 번 낫다. 환경이 달라지지 않고 여건이 개선되지 않을지라도 기도하면 하나님을 새롭게 인식하는 영적 시각 교정술이 이루어진다. 꿈쩍 않는 주변 상황이나 어쩌지 못하는 자신이 아니라, 능력의 주 하나님을 바라볼 수 있게 만든다. 하나님은 선하시고 능하시다. 그분의 지혜와 생각은 우리와 완연히 다르다.

기도는 우리가 드리지만 응답의 시기와 정도와 구체적인 내용은 하나님이 최선의 방향으로 정하신다. 주님께 고정된 시선이 자신의 삶과 연관되어 이루어지는 일들을 약속 안에서 재해석하도록 만든다. 더욱 중요한 사실은 기도하면서 하나님의 품성을 배운다. 하나님의 신실하심을 깨닫기에 초조해하지 않는다. 그래서 조급함을 이기고 하나님의 정하신 때를 기다리는 법을 말만이 아닌 구체적인 삶으로 익힌다.

기도를 통해 우리는 삶과 사역에서 가치 중심의 이동을 경험한다. 자아 중심의 운동량이 격감되면서 하나님 중심으로 모든 뜻과 소원이 수렴된다. 기도는 기도자로 하여금 하나님의 영광의 깊이를 알아가게 만든다. 우리가 녹록지 않은 환경 속에서도 마냥 즐거워할 수 있는 것은, 약속을 기대하는 확신에서 비롯된 여유로움 때문이다.

어둠이 깊을수록 한 줄기 빛이 발하는 광도는 선명하다. 하나님의 임재는 고통의 중심에서 절감된다. 홍수의 높낮이가 대단할수록 파도 위에 좌정하신 주님의 위용은 더욱 빛난다. 욥은 고난당하기 이전보다 고난의 쓰나미를 통과하면서 하나님 이해의 높은 경지에 다다랐다. 그가 치른 대가는 엄청났지만, 그가 얻은 결과물에 비할 바가 못 되었다. 친구와의 설전과 하나님 앞에서의 하소연은 투정 섞인 읍소들로 일관되었지만, 하나님은 그의 모든 호흡을 기도로 받으셨다. 기도만이 유일한 대안이다.

1장 무엇이 기도인가?

지금은 너희가 근심하나 내가 다시 너희를 보리니 너희 마음이 기쁠 것이요 너희 기쁨을 빼앗을 자가 없느니라 그날에는 너희가 아무것도 내게 묻지 아니하리라 내가 진실로 진실로 너희에게 이르노니 너희가 무엇이든지 아버지께 구하는 것을 내 이름으로 주시리라 (요 16:22-24)

들어가는 말

문제에 몰입하다 보면 문제에 빠져 허우적대거나 오답의 갈림길 사이에서 헤매느라 정답이신 주님을 정작 놓쳐버리기 쉽다. 문제는 그냥 내버려두어도 문제, 풀려고 하면 꼬여서 문제, 이래저래 문제다.

기도는 염려의 대척점에 있다. 동쪽에 기도가 있다면 서쪽에 염려가 있다. 우측에 기도가 있다면, 좌측에는 염려가 있다. 삶은 단순해도 인생은 복잡하기 그지없다. 우리가 매일 맞이하는 환경은 단 한 번도 같은 얼굴빛으로 찾아오는 법이 없다. 어제와 오늘이 비슷하고 오늘과 내일이 크게 다르지 않아도 매번 다르고 매양 다르다. 다가오는 삶의 모습은 상황과 조건처럼 표정도 다르고, 환경과 처지만큼 걸친 옷도 다양하다.

염려 역시 팔색조다. 매번 다르다. 매일이 다르고 매 순간이 다르다. 인간이 겪는 삶의 경험은 특정한 환경에 대한 인간의 반응으로 이루어졌다. 환경은 사물과 사람과 사건을 총칭한 말이다. 달리 표현하자면, 자연과 관계와 일상이다. 하루에서 일생에 이르기까지 인간의 삶은 자연과 관계와 일상의 숱한 경험들로 빼곡히 들어차 있다. 일상만 해도 얼마나 복잡 미묘한지 모른다. 기도가 없다면 삶은 곧 미로다.

삶은 문제투성이다. 아무 문제 없다며 큰소리치는 사람일수록 내면에 문제를 한 아름씩 품고 있다. 문제는 숨기고 감출수록 고개를 내민다. 내면세계의 문제를 원만하게 밖으로 터치지 않으면 속에서부터 곪아터진다. 문제는 다름아닌 인간과 삶의 현실이다. 문제는 모든 살아 있는 이에게 붙어 있는 그림자와 같다. 우리는 주어진 문제와 씨름하며 해답을 얻으려 하고 들이닥친 문제를 푸느라 정신없다.

주님은 문제에 집중하거나 문제를 푸느라 골똘해서 정답으로 오신 주님을 잊어버릴까 봐 우리에게 연거푸 말씀하신다. 문제에 몰입하다 보면 문제에 빠져 허우적대거나 오답의 갈림길 사이에서 헤매느라 정답이신 주님을 정작 놓쳐버리기 쉽다. 문제는 그냥 내버려두어도 문제, 풀려고 하면 꼬여서 문제, 이래저래 문제다. 사람들은 답답해서 눈앞의 문제 해결을 위한 해답에 목을 매지만 겨우 해답을 찾아내도 미봉책에 불과하다.

무슨 말인가 하면 해답이란 특정 사람, 특정 사안에 대한 답이다. 엄밀히 말해, 모든 사람을 위한 해답이란 없다. 한 사람에게 해답인 것이 다른 사람에게는 전혀 해답이 아닌 경우도 있다. 하나의 해답을 모두에게 적용시키다 보면 오히려 문제를 가중시킬 수도 있다. 인간에게 필요한 것은 해답이 아니라 정답이다. 모든 사람에게 답이 되는 것이 정답이다. 예수 그리스도는 해답이 아니라 정답으로 오셨다. 어떤 상황, 어떤 문제에도 주님만이 유일한 정답이다.

모든 종교는 제 나름대로의 해답을 지녔지만, 그 해답이 모두 다르다. 진리가 아니기 때문이다. 정답을 제쳐둔 해답의 적용은 근본적인 문제 해결의 길이 아니다. 정답은 불변하며 모두에게 고루 적용될 수 있는 풀이의 참 능력이다. 이를 잘못 적용하면 이단이 생기고, 우리는 이를 오답이라고 부른다. 문제 풀이에 지나치게 집착하면 즉답을 선호하기 쉽지만 오류가 많다.

1. 관계가 기도다

많은 경우에 우리의 기도는 거의 독백 수준의 대화다. 하나님을 부르긴 하지만 일방통행식이다.

기도란 과연 무엇인가? 기도를 한마디로 정의하기란 생각처럼 단순하지 않다. 정의 자체는 간단하지만, 그 정의가 담고 있는 뜻을 펼쳐 보이기란 결코 수월하지 않다. 일반적으로 기도에 대한 이해는 풍성하다. 기도는 영혼의 호흡이요, 하나님과의 대화라는 점이다. 이는 매우 탁월한 정의다. 기도가 호흡과 대화라는 정의에 별다른 주석이 없어도 모두 그렇게 피부로 느낀다. 문제는 우리가 공기를 호흡하고 살면서, 호흡을 느끼면서 호흡하지 않는 것처럼 기도 역시 별 느낌 없이 드리기에 영혼의 호흡이 지닌 엄청난 진리와 실제 능력을 간과하곤 한다.

이는 대화의 경우에도 마찬가지다. 많은 경우에 우리의 기도는 거의 독백 수준의 대화다. 하나님을 부르긴 하지만 일방통행식이다. 우리의 언어로 우리가 기도드리기에 기도라는 감을 느끼지만 하나님에게서 오는 어떤 느낌이 없다. 경청 부분이 결여된 기도는 혼잣말에 불과하다.

기도는 영혼의 호흡이다. 호흡에는 들이쉬기와 내쉬기가 있다. 바른 호흡은 탁한 공기를 내쉬고 신선한 공기를 들이쉰다.

죄악을 고백으로 내뿜고 성령을 믿음으로 빨아들인다. 우리가 내쉰 숨을 주님이 들이키시고 주님이 숨을 내쉬며 "성령을 받으라!"고 하신 대로 성령을 들이쉰다. 십자가는 주님의 숨과 인간의 숨이 서로 들숨과 날숨 형태로 교환하는 장소다. 우리가 죄의 고백으로 내쉬지 않으면 주님이 들이켜 우리의 죄를 사하실 수 없다. 주님이 내쉰 숨이라 할지라도 우리가 믿음으로 들이쉬지 않으면 성령이 우리 안에 머무르실 수 없다.

기도는 영혼의 절박한 숨쉬기다. 아무리 짧은 기도에도 죄가 빠져나가는 시원함과 성령이 임하시는 감격을 느낄 수 있다. 기도를 잠시 쉬고 있다면 영혼은 호흡 중단으로 인한 의식 불명상태에 있다. 기도 생활을 그쳤다면 영혼은 이미 죽었다. 살려면 기도해야 하고, 살았다면 기도는 본능적이다.

기도는 하나님과의 대화다. 하나님은 인간이 독처하는 것을 좋지 않게 여기셨듯, 독백을 싫어하신다. 삼위일체 하나님은 늘 사랑으로 교통하시는 분이다. 하나님이 사람을 지으신 목적 중 하나는 사람과의 원만한 소통을 통해 사랑을 증진시키기 위해서다. 첫 사람의 타락은 하나님과의 소통에 즉각 장애를 일으키고 대화의 단절을 가져왔다. 언제나 인간의 죄가 하나님과의 대화를 가로막는 장벽이 된다.

기도는 죄의 두터운 장벽을 뚫고 사람이 하나님께 나아가는 방식이다. 하나님이 인간과의 소통을 위해 마련하신 유일한 창구가 바로 기도다. 하나님은 기도를 통해서만 인간과 소통하신다. 찬송도 기도이며, 예배도 확대된 기도다. 하나님은 성도의 기도를 들으시고 말씀하시며 응답하신다. 기도가 대화라면 지금까지 우리가 드리던 기도는 많이 달라져야 한다. 일방적인 말하기에서 진지한 듣기의 형태로 과감히 전환시켜야 한다.

무엇이 기도인가? 관계가 기도다. 기도는 사람과 하나님과의 관계다. 기도를 통해 하나님은 사람과 관계를 맺으신다. 기도로 관계를 트시고, 기도로 틀어진 관계를 개선하시며, 기도로 관계를 증진시키신다. 기도의 관계적 성격을 가장 잘 보여주는 말씀이 요한복음 15장에 있다.

주님은 포도나무 비유를 통해 기도가 관계인 것을 명확히 하셨다. 우리가 아버지의 사랑받는 자녀란 사실을 전제하고 주님은 두 가지 관계를 말씀하셨다. 하나는 포도나무와 가지의 관계고, 또 하나는 주님과 제자의 관계다. 5절 말씀은 이렇다.

> "나는 포도나무요 너희는 가지니 저가 내 안에, 내가 저 안에 있으면 이 사람은 과실을 많이 맺나니 나를 떠나서는 너희가 아무 것도 할 수 없음이라"(요 15:5).

가지에 열린 열매는 나무에 붙어 있기 때문이다. 나무에서 잘리면 끝장이다. 은혜로운 영적 경험은 모두 관계의 산물이다. 하나님과의 관계가 끊어지면 아무 의미가 없다.

1) 포도나무와 가지

하나의 나무는 분명히 열매를 내지만, 많은 가지들은 열매 맺는 가지와 열매 맺지 않는 가지로 다시 갈린다. 기도는 결실을 위해 필수적이다.

믿음이란 우리가 하나님의 예정 속에서 그리스도 안에 거한 사실을 받아들이는 것이다. 그리스도 안에서 우리는 택함받았고, 구속되었으며, 아들이 되었다. 그리스도 안에 있는 것은 전적으로 하나님의 은혜다. 이것은 우리가 요구한다고 되는 것이 아니다. 하나님이 그렇게 작정하시고 행하셨다. 만세 전에, 영원 전부터 작정하시고 친히 행하셨다. 믿음이 영원세계에서 일어난 이 엄청난 사실을 현재적인 경험으로 연결시킨다. 그리고 우리가 주님을 마음의 구주로 영접했다면 주님은 분명히 영으로 우리 가운데 거하신다. 포도나무와 가지처럼 주님은 우리 안에, 우리는 주님 안에 거한다.

상호 임재는 은혜와 믿음의 산물이다. 하나님은 은혜를 베푸셨고 우리는 믿음으로 그것을 받아들였다. 우리 안에 거하신 주님으로 말미암아 우리는 기도의 풍성한 열매들을 약속받았다. 포도나무와 가지가 하나인 것은 열매를 통해서 분명히 드러난다.

하나님이 포도원 주인이신 것은 우리의 위로가 된다. 그분은 최상의 농부이시다. 하나님은 극상품 포도나무인 주님께 우리를 접붙여 주셨다. 죄로 인해 본성상 열매 맺지 못하던 우리를 믿음으로 말미암아 원 둥치에서 잘라 주님께 접붙임으로 그에게 속한 가지가 되게 하셨다. 우리가 한 일은 아무것도 없다. 우리는 다만 생명 없음에서 잘려졌기에 생명의 풍성함 속에서 새롭고 신비로운 열매를 본다. 모든 과정이 신비로운 은혜 가운데 전격적으로 이루어졌다.

우리가 느끼는 것은 영적인 합일과 일체감에서 오는 새 생명의 능력이다. 생명의 진액은 뿌리에서 나온다. 뿌리에서 공급되는 생명의 기운은 십자가에서 죽으시고 다시 사신 그리스도의 능력에 근거한다. 열매 맺지 못하던 이전의 나무뿌리가 아니라 열매가 풍성한 나무뿌리로 인해 접붙여진 가지는 이제 새로운 나무의 성품을 닮는다. 본성을 거슬러 참 본성에 이른다.

감람나무는 감람 열매를 맺고, 포도나무는 포도 열매를 맺는다. 우리가 진정 주님께 속해 있다면 주님께 합당한 열매는 당연한 결과다. 열매는 우리가 주님께 속했다는 확실한 증거가 된다. 열매가 없다면 우리는 여전히 옛 나무에 붙어 있다. 열매가 다르다면 우리는 아직도 새 나무의 생명을 받아들이지 못한 것이다.

우리는 주님과의 일치와 연합을 통해 동일하신 하늘 아버지께 감히 기도드린다. 우리가 하나님께 드리는 기도는 주님을 통해 보좌에 이르고, 주님을 통해서 우리에게 응답으로 되돌아온다. 향연에 싸여 보좌에 오를 때는 문제 더미였어도 되돌아올 때는 해답의 천둥이다. 우리의 기도가 응답되어야 하고 응답될 수밖에 없는 유일한 이유는, 우리가 주님께 속한 자가 되었기 때문이다.

"나의 사랑하는 자는 내게 속하였고 나는 그에게 속하였구나" (아 2:16).

우리는 주님의 소유다. 따라서 주님께 속한 자로 주님과 더불어 행하며 누린다.

포도나무는 가지 없이 열매를 맺을 수 없다. 주님은 우리를 필요로 하신다. 전능하신 주님께서 무력한 우리를 필요로 하심은 얼마나 놀라운 일인가? 영광의 주님께서 비천한 우리를 품으심은 실로 감격스런 일이다. 이는 주님의 필요 때문이 아니라 우리의 유익을 위해서다. 포도나무는 하나지만 가지는 여럿이다. 높은 가지도 있고, 낮은 가지도 있다. 굵은 가지도 있고, 가느다란 가지도 있다. 우리 각자를 존귀한 자리에 두시고 비천한 가운데 붙드심은 전적으로 하나님의 주권이다.

우리가 어떤 상태, 어떤 위치에 있다 할지라도 스스로를 깨끗하게 하면 반드시 열매를 맺는다. 금그릇이든 질그릇이든 깨끗하면 사용되는 이치와 같다. 농부가 가지를 솎아줄 때에 열매 맺지 않는 가지는 잘라버린다. 하나의 나무는 분명히 열매를 내지만, 많은 가지들은 열매 맺는 가지와 열매 맺지 않는 가지로 다시 갈린다. 기도는 결실을 위해 필수적이다.

가지가 포도나무에 연합되었으면 저절로 열매를 맺는가? 그렇지 않다. 무슨 연유이든 뿌리로부터 줄기를 거쳐 전해지는 생명의 진액을 가지가 거부하면 열매는 맺히지 않는다. 생명이 전해져야 생명의 씨앗이 담긴 열매를 맺는다. 포도나무이신 주님께 열매 맺지 못하는 이유가 있을 수 없다. 뿌리에도 아무 문제가 없다. 그럼에도 열매를 맺지 못하는 것은 가지의 책임이다. 열매는 농부의 원하는 바요, 나무의 존재 이유지만 가지가 제 역할을 해야 한다. 농부는 열매 맺지 않는 가지를 솎아낸다.

신자가 되고 교회에 소속되었다고 저절로 구원을 얻는 것은 아니다. 교회의 몸이신 주님에게서 생명을 공급받지 못하면 어떤 열매도 맺을 수 없고 건강한 지체 역할을 할 수 없다. 성도의 정체성은 삶의 열매로 드러난다. 자신이 그리스도께 붙어 있는 존재라 여기지만 삶에서 구체적인 열매를 맺지 못한다면 주님과의 관계를 재점검해야 한다.

2) 주님과 제자

기도는 학습과 훈련을 거쳐 완숙함에 이른다. 기도의 한 경지를 이루었음에도 더 이상 배울 필요가 없는 기도의 단계란 없다.

8절 말씀은 주님과 우리의 관계가 단순히 비유에서만이 아니라 실제로 선생과 제자 관계임을 분명하게 밝혀준다.

> "너희가 과실을 많이 맺으면 내 아버지께서 영광을 받으실 것이요 너희가 내 제자가 되리라"(요 15:8).

주님과 우리가 생명 관계로 엮어지면 학습 관계로 발전한다. 기도는 학습과 훈련을 거쳐 완숙함에 이른다. 기도의 한 경지를 이루었음에도 더 이상 배울 필요가 없는 기도의 단계란 없다. 기도의 사람은 엎드릴 때마다 성령의 가르침에 응하여 기도를 익힌다. 하는 기도에서 되는 기도, 마음의 기도에서 영의 기도로 나아간다. 주님의 제자가 된다 함은 주님을 배우고 익혀 주님 닮은 삶을 추구하는 자세다. 기도 생활에 응답의 열매가 많으면 포도원 주인이신 아버지가 영광을 받으신다. 기도는 응답의 주체이신 하나님께 영광이 된다. 나무로 인해 가지에 열매가 맺히듯 선생으로 인해 제자의 삶에 풍성한 결실의 삶이 약속된다.

포도나무와 가지의 관계, 그리고 선생과 제자 관계가 기도의 관계적 성격임을 보여주는 구절이 바로 7절 말씀이다.

"너희가 내 안에 거하고 내 말이 너희 안에 거하면 무엇이든지 원하는 대로 구하라 그리하면 이루리라"(요 15:7).

성취 이전에 소원의 기도가 있고 그런 기도 이전에 관계가 있다. 이 관계는 생명의 원천 되신 주님과 가장 근원적인 일치를 이루는 연결이다. 관계의 핵심은 말씀이다. 우리가 주님 안에 거함은 주님의 계명인 말씀을 지킴으로 가능하다. 주님이 우리 안에 거함은 말씀이신 그분을 모심으로 가능하다. 요한은 7절에서 "내" 대신에 "내 말씀"을 대치시켰다. 주님이 곧 말씀이다. 하나님이 곧 말씀이므로 말씀의 거주는 주님의 거주와 같다. 어떻게 말씀을 마음에 모실 수 있나? 말씀 암송으로 가능하다. 말씀이 영혼에 빗물처럼 스며들면 하나님의 임재를 이룬다. 나와 주님의 상호 임재는 말씀으로 말미암는다.

계명을 지켜 내가 주님 안에 거함과 말씀을 암송하여 주님이 내 안에 거하게 하심은 기도 응답이 말씀과 불가분리의 관계에 있음을 확인시킨다. 말씀을 떠나서는 기도 응답이 있을 수 없다. 모든 기도 응답에는 반드시 하나님의 말씀이 연관되어 있다. 말씀을 떠난 응답은 그것이 아무리 대단한 간증거리라 할지라도 기도의 응답이 아니다. 기도의 응답이란 우리가 생각하는 이상으로 존귀하며 천상적인 기원을 갖는다.

주님을 선생으로 모셨음에도 마음과 생각에 선생의 말씀이 거하지 않는다면 제자가 아니다. 제자는 선생의 말씀을 생명처럼 소중히 여기며 말씀의 확산을 위해 애쓴다. 제자는 선생의 말씀에 무한한 가치를 부여한다. 말씀을 가까이함이 제자의 복이다. 제자도는 선생의 말씀을 살아 보임에 있다. 말씀을 실제로 지켜 행하면 그 말씀이 우리의 영혼에 살이 되고 피가 된다. 말씀이신 주님과 함께 행함은 최상의 복이다.

제자는 선생보다 낫지 못하나 선생보다 큰일을 할 수 있다. 주님의 제자는 참으로 영광스럽고 존귀한 관계다. 모두 주님의 제자를 자처하지만 주님은 자신의 제자를 아신다. 주님은 열둘 중에서도 자기에게 속한 자가 누구인지 아셨다. 가룟 유다는 깨끗함으로 부름을 받았으나 스스로 죄에 팔려 더러운 자가 되었다. 그는 주님의 제자였으나 선생을 버렸다. 그도 베드로처럼 주님께 속한 관계의 표시로 자신의 더러운 발을 맡겼으나 그의 영혼은 맡기지 않았다. 주님은 누가복음 14장 25-33절에서 제자의 길을 명백하게 밝히셨다.

제자는 자기 목숨을 미워해야 한다. 자기 십자가를 져야 한다. 자기의 모든 소유를 버려야 한다. 세 가지 중 한 가지만 충족시키면 되는 것이 아니다. 셋 다 모두 충족시켜야 한다. 그렇지 않으면 '능히 주님의 제자가 되지 못한다.' 주님은 반어적인 표현에다 '능히'를 반복하여 제자가 될 수 없는 불가능성을 강조하셨다.

우리가 주님의 제자라면 세상으로부터 환영받을 이유가 없다. 세상이 주님을 거절했는데, 주님께 속한 우리를 받아들일 리 만무다. 만일 우리가 환영을 받는다면 우리의 제자도에 문제가 생겼다는 증거다. 세상과 주님의 제자는 물과 기름처럼 상극이다. 서로 뒤섞일 수 없는 영원한 타자의 관계다. 제자 됨의 표징은 단 한 가지다. 십자가다. 제자는 자기 십자가를 지고 주님을 따른다. 십자가는 죽음이다. 세상은 언제나 십자가와 거리를 둔다. 세상과 십자가는 서로에 대해 못을 박고 못 박히는 그런 관계다. 제자는 십자가에 자신을 못 박고, 그 십자가에 세상을 다시 못 박는다.

  세상에 대해 죽은 자로 선포하는 제자의 길은 세상이 싫어할 이유로 충분하다. 십자가란 자기 증오를 통해 하나님 사랑을 실천하는 삶의 혁명이다. 이만한 헌신과 자기희생도 없다. 제자의 입술에 스승의 가르침이 있으나 삶이 없음은 가짜다. 경계할 일이다.

2. 기도는 응답이다

아무리 작은 기도라도 응답을 경험하면 기도 생활에 날개가 돋는다. 응답을 경험할 때마다 더 높이, 더 멀리 날고 싶은 거룩한 욕구가 치솟는다.

관계가 기도라면 기도는 무엇인가? 여러 가지로 정의할 수 있지만 기도는 응답이다. 기도는 반드시 응답을 전제한다. 응답이 없는 기도는 엄밀히 말해서 기도가 아니다. 그것이 기도가 독백이 아니라 대화인 이유다. 기도가 응답이 아니라면 굳이 기도드릴 하등의 이유가 없다. 게다가 응답이 없는 기도에 마음을 쏟고 시간을 낭비할 이유 또한 없다. 우리가 기도하는 것은 응답을 믿기 때문이다. 응답은 하늘 저 끝에서 오지만 이 땅의 삶을 위한 것이다.

우리는 보다 나은 진보와 삶의 완성을 위해 기도드린다. 응답이 있기에 그런 목표는 이루어진다. 응답을 기대하지 않으면서 드리는 기도는 언어유희, 종교적 상투어의 남발에 불과하다. 하나님의 부르심에 인간이 반응하는 것이 순종이요 믿음이라면, 인간의 부르짖음에 하나님께서 반응하시는 것이 응답이다. 응답에는 크고 작음의 경계가 없다. 아무리 보잘것없는 응답이라고 할지라도 귀하다.

과격한 표현이긴 하지만 사실 응답이 없는 기도는 기도가 아니라는 것이다. 모든 기도는 응답되어야 한다. 열의 기도는 열의 응답, 백의 기도에는 백의 응답이 뒤따른다. 물론 그 응답은 우리가 생각하는 그런 양상의 것이 아니다. 우리는 모든 기도가 긍정적으로 응답되기를 바란다. 하나님의 응답에는 "예"만 있는 것이 아니고 "아니오"도 있다. 응답이 늦을 때는 하나님의 정하신 시기까지 인내하며 기다려야 한다. 긍정도 부정도 없이 침묵만이 흐를 때 우리는 기다릴 수밖에 없다.

기도를 하면서 응답을 기대할 때는 늘 자기중심을 버리고, 하나님 중심의 자세로 임해야 한다. 인간 중심의 응답에는 가부에 따라 희로애락이 있지만, 하나님 중심의 응답에는 응답의 양상이 어떠하든 '아멘, 할렐루야'가 있을 뿐이다. 하나님은 살아 계신 분이며 반드시 응답하시는 분이다. 우리에게 기도하라 하심은 모든 기도에 응답하시기 위해서다.

응답은 기도에 대한 우리의 반응을 긍정적이게 한다. "또 기도야?"라든지, "얼마나 더 기도해야 되는 거야?"와 같은 자조 섞인 말은 응답의 경험이 없을 때의 일이다. 응답은 날개와 같다. 아무리 작은 기도라도 응답을 경험하면 기도 생활에 날개가 돋는다. 응답을 경험할 때마다 더 높이, 더 멀리 날고 싶은 거룩한 욕구가 치솟는다. 그렇게 기도를 배우고 훈련하면서 날개가 자라고 그 날개를 퍼덕일수록 비상의 기쁨을 맛본다. 날개가 없거나 덜 자라면 날기 전에 추락한다. 그러나 날개가 완전히 자라면 저공비행을 해도 추락하지 않는다. 기도의 날갯짓을 통해 풍부와 비천에 처하는 비결을 터득한다.

응답이 기도의 절대 목표는 아니지만 응답은 우리의 기도에 힘을 실어주고 기도할 이유에 근거를 제공하며 기도의 실전 능력을 키운다. 응답을 우습게 여김은 잘못된 태도다. 하나님은 자신의 반응을 고깝게 여기는 영혼을 싫어하신다.

영적인 응답만 고상하고 육신적인 필요를 채우는 응답은 질이 낮은 것이 아니다. 그런 사고를 지니면 기도의 전인적 성격을 오해한 것이다. 성도의 영혼이 중요한 것만큼 몸 또한 귀하다. 성도의 몸은 성령이 거하시는 전이기에 더욱 그러하다. 영적인 삶을 위한 응답만이 아니라 육신적인 삶에 필요한 모든 것을 채워주심 또한 동등하게 귀하다. 하나님은 우리와 관계된 모든 것들이 기도와 응답으로 완전하게 되기를 원하신다. 하나님은 기도에 응답하시는 분으로 소개되었다.

> "너는 내게 부르짖으라 내가 네게 응답하겠고 네가 알지 못하는 크고 비밀한 일을 네게 보이리라"(렘 33:3).

이는 전능하신 하나님의 말씀이다. 하나님이 스스로 기도에 응답하시겠다고 말씀하셨다. 이보다 확실한 증거가 어디 있겠는가? 하나님이 응답하시겠다는데 누가 감히 토를 달 것인가? 하나님은 응답의 내용까지 구체적으로 밝혀주셨다. 거룩한 사역 때문이다.

1) 큰일

죄가 만민을 죽여가도 하나님이 심으신 의의 자손은 역사의 변방에서 늘 구원사의 중심으로 이동한다.

하나님은 사역 때문에 우리의 기도에 응답하신다. 그것이 개인의 필요이든 공동체의 유익이든 모든 기도 응답의 배후에는 반드시 하나님의 일이 있다. 하나님의 일은 크든 작든 간에 모두 인간의 구원과 연관이 있다. 성경에서 구체적으로 보여주는 하나님의 일이란 큰일과 비밀한 일이다. 큰일은 인간이 이룰 수 없는 일이며, 비밀한 일은 하나님만이 밝힐 수 있는 일이다.

큰일과 관련하여 구약성경은 우리에게 한 사건을 상기시킨다. 이스라엘은 사무엘을 통한 신정정치에 염증을 느끼고 이방 나라처럼 왕을 구했다. 사무엘은 이를 원치 않았으나 여론에 밀려 왕을 세우게 되었다. 그들은 사무엘을 버린 것이 아니라 하나님을 버린 것이었다. 이에 하나님은 사울을 예비하셨고, 백성들은 사무엘 대신 사울을 왕국의 지도자로 세웠다. 왕 제도는 하나님의 통치를 거부하는 행위였다. 하나님은 그 증거로 우레와 비를 보내셨고, 백성들은 두려워했다.

백성을 위한 중보 기도의 필생 사역을 천명한 사무엘은 여호와께서 그들을 위해 행하신 '큰일'을 생각하여 하나님을 온전히 경배할 것을 권했다. 여기에서 큰일이란, 백성들이 구한 바에 따라 허락된 왕 제도였다. 백성들은 자신들의 의견을 사무엘에게 고했을 뿐이지만 하나님은 그들의 간구를 허락하셨다. 사무엘은 그들의 선택이 하나님을 버린 것이며, 왕으로 인해 곤고함이 극심할 것을 경고했다.

하나님은 사울의 실패를 아셨지만 백성들의 간구를 거절치 않으셨다. 큰 자인 사울은 여호와의 구원을 이루는 데 큰일을 행하기도 했지만 이내 하나님의 손길을 벗어났다. 원래 사무엘은 기도로 얻은 기도의 사람이었다. 결국 이스라엘의 선택은 기도의 사람을 퇴출시키고 말았다. 이후로 이스라엘은 기도의 사람과 기도를 저버린 사람들에 의해 구속사의 진행 속도가 달라졌다. 그들은 큰일에서 교훈을 얻지 못해 하나님의 큰일을 이루지 못했다.

또 다른 경우의 큰일은 바벨론 포로 생활 70년을 끝내고 자기 백성을 옛 땅으로 귀환시키신 일이었다.

> "……여호와께서 저희를 위하여 대사를 행하셨다 하였도다 여호와께서 우리를 위하여 대사를 행하셨으니 우리는 기쁘도다"
> (시 126:2-3).

예언자들이 전한 말씀에 따라 소수의 남은 자들은 자유와 해방의 날을 꿈꾸며 줄기차게 기도했다. 이방 문화에 섞이지 않고 하나님 신앙으로 거룩한 정체성을 지켜온 신실한 백성을 위해 하나님께서는 한 왕 고레스를 예비하여 그들의 귀환을 성사시키셨다. 고레스는 이방의 통치자였으나 하나님의 구원 계획을 위해 친히 예비하신 긍휼의 그릇이었다. 고레스는 이름 뜻 그대로 이스라엘의 구원자로서 장차 이스라엘과 만민의 구원자로 나타나실 주님(퀴리오스)의 예표가 되었다. 남은 자들의 감격스러운 귀환은 '바벨론의 슬픔'을 간직한 왕족 스룹바벨의 영도 아래 이루어졌다. 70년 만의 귀환은 정녕 큰일이었다.

죗값으로 인한 심판으로 나라는 파멸되었지만 남은 자를 통한 인류 구속의 사역은 착착 진행되고 있었다. 주님의 직계 조상인 스룹바벨은 남왕국 유다의 왕통을 잇고 있었으며, 약 90년이란 시간적 간격을 두고 에스라와 느헤미야를 통한 세 차례의 귀환이 모두 성사되었다. 스룹바벨과 느헤미야를 통해서는 성전 재건과 보수가 이루어졌고, 에스라를 통해서는 말씀을 통한 영적 갱신이 일어났다. 무너졌던 성전이 다시 세워지고 외면당했던 말씀이 권위를 되찾으면서 이스라엘의 남은 자들은 구속 사역의 핵심에 머물 수가 있었다. 이런 큰일의 성취는 무수한 의인들의 간구 덕분이었다.

고난의 역사로 점철된 70년 동안 거룩한 씨가 되어 하나님의 자존심을 지켜낸 소수의 남은 자들로 인해 이스라엘은 잿더미 위에서 회생할 수 있었다. 죄가 만민을 죽여가도 하나님이 심으신 의의 자손은 역사의 변방에서 늘 구원사의 중심으로 이동한다.

하나님이 이루신 큰일 중에서 역시 가장 큰일은 구원 사건이다. 어둠의 자식을 빛의 자녀로 삼으시고 마귀의 종 노릇하던 데서 하나님의 사랑받는 자로 신분의 대전환을 이루신 일이야말로 하나님의 큰일이다. 구원만큼 큰일도 없다. 이 일을 위해 삼위일체 하나님이 총동원하셨다. 성부 하나님이 계획하시고, 성자 하나님이 집행하시고, 성령 하나님이 마무리하셨다. 이를 바탕으로 해서 하나님은 우리의 모든 것을 위대한 길로 이끄신다. 우리의 낭패된 믿음도, 메말라버린 은혜도, 빛바랜 승리도, 척박한 기도 생활도 완전히 갈아엎어서 새롭게 하신다. 이것이 오늘 우리가 기대할 수 있는 큰일이다.

"……너희를 처음보다 낫게 대접하리라"(겔 36:11).

욥이 고난 이후에 맞이한 후반부의 생애는 전반부의 생애보다 더욱 형통함을 이루었다(욥 42:12). 그가 경험한 큰일로 인해 욥은 고난 극복의 표본적 인물로 오늘도 우리의 가슴을 세차게 두드린다.

2) 비밀한 일

 비밀을 푸는 열쇠는 기도다. 기도는 진리의 암호를 해독하고 아무리 어려운 난수표도 기도를 지속하다 보면 해독이 가능하다. 기도 밖에서 감추어졌던 일이라 하여도 기도 안에서는 보인다.

부르짖는 자에게 보이실 비밀한 일이란 사람의 지혜로 찾아낼 수 없는(unsearchable) 것으로 하나님께 속했다. 계시로 드러나기 전에는 인간의 지혜로 알 수 없는 감춰진 지혜다. 인간 세상에서 영원한 비밀이란 없다. 일곱 우레처럼 영원한 비밀은 하나님께만 가능하다. 하나님의 계시가 없이는 비밀의 얇은 껍질 하나라도 알 길이 없다. 하나님은 비밀에 가려 일하지 않으신다. 모든 것을 밝혀 분명하게 역사하신다. 그것이 약속을 주시고 계시하시는 이유다.

"주 여호와께서는 자기의 비밀을 그 종 선지자들에게 보이지 아니하시고는 결코 행하심이 없으시리라"(암 3:7).

하나님은 일을 행하시기 전에 반드시 어느 경로를 통해서든 자신의 뜻을 종들에게 알려주신다. 비밀리에 진행되는 일은 없다. 메시아의 비밀만 해도 그렇다. 이미 구약의 예언자들에게 알려주셨던 이 비밀이 말세에 교회를 통해 세상에 알려졌으니 곧 그리스도이시다.

비밀을 푸는 열쇠는 기도다. 기도는 진리의 암호를 해독하고 아무리 어려운 난수표도 기도를 지속하다 보면 해독이 가능하다. 기도 밖에서 감추어졌던 일이라 하여도 기도 안에서는 보인다. 하나님이 보이도록 이미 장치하셨다. 기도가 배제된 계시는 위험하다. 기도는 말씀에 근거한 계시의 길을 걷게 만든다. 기도하기 전에는 캄캄절벽이었는데, 기도하면 광선이 비친다.

기도하면서 이스라엘의 위로를 기다리던 시므온에게 하나님의 비밀인 그리스도가 나타났다. 과부 된 지 84년 동안 성전을 떠나지 않고 금식과 기도에 전념하던 안나 선지자에게 하나님의 비밀인 그리스도가 나타났다. 사람들이 땅의 일에 급급하고 있을 때 하늘의 별을 보며 구원자의 나타남을 연구하던 이방의 경건한 무리들에게 하나님의 비밀인 그리스도가 모습을 드러냈다. 기도하지 않으면 우리는 단지 땅에 속한 자에 불과하나 기도하면 하늘에 속한 자가 된다.

사람이 되어 창조주 하나님의 행하심을 알 수 있음은 크나큰 광영이다. 주님이 계시의 하나님이심은 기가 막힌 은총이다. 말씀이 계시로 주어졌기에 말씀에는 계시가 담겨 있다. 말씀이 담고 있는 바로 이 계시가 우리에게 하나님의 행사를 가르쳐 준다. 깊은 기도의 삶은 우리의 영적 인식의 차원을 단계적으로 높여준다. 기도하기 전에는 알 수 없던 일들을 알게 되고, 깊이 기도하기 전에는 희미했던 일들을 밝히 알게 된다. 세상 사람들에게는 감추어져 있어도 기도의 사람에게는 알려주신다. 하나님은 자신의 하시려는 일을 아브라함에게 알려주셨다.

"나의 하려는 것을 아브라함에게 숨기겠느냐"(창 18:17).

바울은 에베소 교회를 위해 믿는 우리에게 베푸신 능력의 지극히 크심을 알게 하시기를 하나님께 기도드렸다(엡 1:19). 우리가 하나님이 하시려는 일을 조금만 알아도 지금보다 훨씬 순종적이 되었을 것이다. 기도가 큰 비밀을 알게 한다.

비밀한 일을 꼭 신비로운 계시와 연관시킬 이유는 없다. 성경은 비밀 중의 비밀이 그리스도이심을 밝혀주고 있다. 하나님의 비밀인 그리스도 안에는 지혜와 지식의 모든 보화가 감춰져 있다(골 2:2-3). 그리스도 이상의 비밀은 없다. 영원 전부터 감춰졌던 것인데 나타났으니 이보다 더 큰 비밀이 없다. 하나님이 인간 되심을 어떻게 설명할 길이 있겠는가? 십자가와 부활을 논리적으로 설명하려면 이내 올무에 걸리고 만다. 비밀이기 때문이다. 그리스도 자신과 그리스도와 연관된 모든 것이 비밀이다.

"오묘한 일은 우리 하나님 여호와께 속하였거니와 나타난 일은 영구히 우리와 우리 자손에게 속하였나니 이는 우리로 이 율법의 모든 말씀을 행하게 하심이니라"(신 29:29).

나타난 비밀인 그리스도를 우리에게 영구히 속하게 하심은 우리로 하여금 하나님의 말씀을 지켜 행하도록 하시기 위함이다. 우리가 기도하는 만큼 그리스도가 밝히 드러난다.

주님이 행하신 많은 기사와 이적은 인간의 이성과 과학으로 보면 신비롭기 짝이 없다. 신앙 안에서 하나님이 행하신 모든 일은 신비 자체다. 바다와 강을 육지 되게 하고, 하늘 만나와 불비를 내리시며 죽은 자를 살리심은 인간 이해의 영역을 넘어선다. 반복되는 표현이지만 가장 신비스럽고 비밀스러운 일은 역시 하나님이 사람 되신 성육신의 사건이다. 인간이 구원과 거룩함을 이루어 하나님의 신성에 참여한 일이다. 죄인이 의인 되고 마귀의 종이 하나님의 사랑받는 자녀로 대변신을 이룬 사실이다. 그리스도와 그리스도인이 연합하여 교회 안에서 한 몸을 이룬 사실이다. 이것이 큰 비밀이다(엡 5:32).

일반인에게는 암호지만 무릎 꿇은 자에게는 하나님이 의미 파악을 위한 해독의 능력을 주신다. 기도는 이처럼 큰일과 비밀한 일을 알게 하는 계시적 측면에서 전혀 부족함이 없는 위로부터의 응답이다. 주님이 아멘이심은 응답의 보증 수표다.

3. 응답은 약속이다

우리로 기도하게 하시고 정하신 때에 기도 응답을 통해 자신의 목적을 이루심은 실로 하나님의 모략이다. 하나님은 더디더라도 반드시 최선의 때에 자신의 약속을 성취하신다.

관계가 기도요 기도가 응답이라면 응답은 약속이다. 인간 편에서 기도 응답은 소원이지만 하나님 편에서 응답은 은혜의 약속이다. 하나님은 자기 백성을 위해 응답을 약속하고 실행하신다. 기도는 우리에게서 출발해도 응답은 하나님에게서 온다. 기도의 반환점을 돌면 하나님의 응답이 예비되어 있다. 기도를 채 마치기 전에 응답은 이미 작정되었다.

> "그들이 부르기 전에 내가 응답하겠고 그들이 말을 마치기 전에 내가 들을 것이라"(사 65:24).

우리가 응답을 구하기 전에 하나님께서 먼저 응답을 약속하셨다. 하나님께서 애당초 응답을 말씀하지 않으셨다면 우리가 응답을 알 길이 없다. 우리의 입을 넓게 열면 채우겠다고 하신 분은 하나님이시다. '구하면 주겠다!' 하심은 응답에 대한 약속이다.

"너희 중에 누구든지 지혜가 부족하거든 모든 사람에게 후히 주시고 꾸짖지 아니하시는 하나님께 구하라 그리하면 주시리라"(약 1:5).

놀랍다. 어디 지혜뿐이겠는가! 무엇이든지 부족하면 풍요의 원천이신 하나님께 구할 때 하나님이 주신다. 인간의 삶이 시험과 염려로 가득 찼다 할지라도 기도의 사람은 걱정하지 않는다. 어렵고 힘들수록 기도 응답의 기회가 주어지는 것이기에 기도의 사람들은 쉽지 않은 길이라 할지라도 기도의 가시밭길을 헤쳐 나간다. 마지못해서가 아니라 사모하고 기대함으로 기도의 험로를 뚫는다. 기도에 대한 응답은 모두에게 약속되었으나 모든 사람이 응답받는 것은 아닌 것이 우리의 현실이며 딜레마다.

비슷한 처지에서 동등한 수준의 기도를 드렸는데 응답과 무응답의 분수령에서 사람들의 희비가 갈린다. 사람들이 왜 힘들게 금식하며 철야를 하겠는가? 응답을 보장받는 첩경이라 여기기 때문이요 응답의 시기가 지체되지 않고 앞서 이루어지기를 바라는 마음에서다. 그렇지 않을 수도 있지만 기도자가 하나님의 신실함을 붙들고 아뢰면 응답하신다.

하나님이 여러 경우에 여러 모양으로 응답하심은 은혜다.

"옛적에 선지자들로 여러 부분과 여러 모양으로 우리 조상들에게 말씀하신 하나님이 이 모든 날 마지막에 아들로 우리에게 말씀하셨으니……"(히 1:1-2).

하나님은 직접 응답하셨지만 많은 경우에 신실한 종들을 응답의 도구로 사용하셨다. 초자연적인 응답의 경우에는 요청에 따라 징조도 주셨다. 기드온이 양털과 이슬의 징조를 구하자 하나님은 그의 요청을 받아주셨고, 히스기야가 일영표가 뒤로 10도 물러가기를 바랐을 때 하나님은 그의 요청을 수락하셨다.

은혜의 시대가 열리자 하나님의 아들이 응답 자체로 우리 곁에 오심으로 기도의 응답 체계가 완전히 달라졌다. 기도가 곧 응답이다. 기도 이전에 응답이 작정되었다. 기도는 응답의 보따리를 푸는 과정일 뿐이다. 이 진리를 현실적으로 숙지하려면 경건의 훈련이 병행되어야 한다. 이래저래 절실한 기도가 사방에 포진해 있다.

응답은 하나님의 신실하심이다. 하나님은 약속에 신실하신 분이다. 일구이언하지 않으며 말하고 이루시는 분이다.

> "내가 종말을 처음부터 고하며 아직 이루지 아니한 일을 옛적부터 보이고 이르기를 나의 모략이 설 것이니 내가 나의 모든 기뻐하는 일을 이루리라"(사 46:10).

우리로 기도하게 하시고 정하신 때에 기도 응답을 통해 자신의 목적을 이루심은 실로 하나님의 모략이다. 하나님은 더디더라도 반드시 최선의 때에 자신의 약속을 성취하신다.

> "자기 아들을 아끼지 아니하시고 우리 모든 사람을 위하여 내어 주신 이가 어찌 그 아들과 함께 모든 것을 은사로 주지 아니하시겠느뇨"(롬 8:32).

우리가 하나님께로부터 받지 아니한 것은 하나도 없다. 생명을 받고 구원을 받고 삶에 필요한 모든 것을 받았다. 그 아들 예수 그리스도는 가장 위대한 선물로 우리에게 주어졌다. 아들을 주신 하나님께서 우리에게 주시지 못할 것은 전혀 없다.

1) 후하게 주신다

> 은혜도, 축복도, 응답도 우리의 분량대로 주신다. 그릇 크기만큼, 믿음과 기도의 분량만큼 주신다. 전혀 모자라지 않고 넘칠 만큼 풍성하게 주신다. 우리가 기도의 양을 채우면 하나님의 응답은 넘친다.

하나님은 후히 주신다. 풍성하신 하나님은 자기 백성에게 후하시다. 하나님의 응답은 정확하실 뿐 아니라 언제나 풍성하시다. 하나님은 우리가 기도하는 것 이상으로 우리에게 풍성하시다. 우리 하나님은 긍휼에 풍성하시고(엡 2:4), 은혜가 넘치시며(고후 9:8), 지식에 넘치는 사랑(엡 3:18)에 거하시고 인자와 진실이 풍성하시다(시 86:15). 바울이 경험한 "우리 가운데 역사하시는 능력대로 우리의 온갖 구하는 것이나 생각하는 것에 더 넘치도록 능히 하실 이"(엡 3:20)는 우리 하나님이시다.

모자라게 느끼는 것은 인간의 지나친 욕심 때문이다. 만나는 하나님이 주신 하늘 양식이다. 적게 거둔 자도 모자람이 없고 많이 거둔 자도 남지 않는다. 은혜도, 축복도, 응답도 우리의 분량대로 주신다. 그릇 크기만큼, 믿음과 기도의 분량만큼 주신다. 전혀 모자라지 않고 넘칠 만큼 풍성하게 주신다. 우리가 기도의 양을 채우면 하나님의 응답은 넘친다.

하나님은 우리의 기도가 유치할지라도 꾸짖지 않으신다. 불신과 의심이나 욕심 섞인 기도는 아예 듣지 않으시지만, 응답하실 기도에 대해서는 어떤 토도 달지 않으신다. 아기면 아기, 성숙한 영이면 성숙한 만큼 하나님은 받으신다. 하나님을 아버지로 여기고 자녀답게 구하는 모든 기도를 들으신다. 단 한 번도 유치하다 하여 물리치는 법이 없으시다. 하나님이 우리의 부족한 기도를 차별하지 않으시고 동일한 등급으로 받으시는 것은 실로 은혜다. "그런 것도 기도라고 올리느냐?" 하거나 "다시 기도하라!"며 퇴짜라도 놓는 날이면 그런 낭패도 없을 것이다. 하나님은 기도 중에 기도를 중단시키는 법이 없으시고 성도의 기도를 다 받으신다.

기도를 멈추는 것은 우리의 연약한 의지나 약한 믿음 때문이지 하나님 편에서 우리의 기도를 중단시키지는 않으신다. 기도가 두렵거나 어렵다면 관계의 문제다. 참으로 하나님이 우리의 아버지 되심은 놀라운 일이다.

온갖 좋은 것들이 위에 계신 빛들의 아버지께로부터 내려옴은 얼마나 크나큰 위로인가! 우리는 온갖 좋은 것들의 수혜자가 될 만한 자격이 없지만 자녀를 아끼시는 하나님의 일방적인 은혜로 인해 약속의 기업을 당당히 누린다. 하나님은 우리의 부족한 기도에도 풍성한 응답을 보내신다. 우리의 부족함이 문제되지 않는 것은 하나님의 풍성함이 워낙 크기 때문이다. 솔로몬은 지혜만을 구했지만 하나님은 그가 구하지 않았던 부와 영광을 덤으로 주셨다. 주님은 베풂의 원리에서 후하게 주시는 하나님을 강조했는데 이는 기도 응답의 경우에도 적용할 수 있는 원리다.

"주라 그리하면 너희에게 줄 것이니 곧 후히 되어 누르고 흔들어 넘치도록 하여 너희에게 안겨 주리라"(눅 6:38).

우리가 하나님께 드리면(기도하면) 하나님께서는 우리에게 넘치도록 응답하신다. 기도가 축복인 것은 약속이 풍성하기 때문이요, 약속이 풍성한 것은 주님이 크시기 때문이다.

주님은 우리를 신성의 거룩한 성품에 참예시키고자 육성을 입으셨다(벧후 1:4). 주님은 우리를 부요케 하시고자 가난의 길을 자취하셨다.

"우리 주 예수 그리스도의 은혜를 너희가 알거니와 부요하신 자로서 너희를 위하여 가난하게 되심은 그의 가난함을 인하여 너희로 부요케 하려 하심이니라"(고후 8:9).

십자가의 가난과 부활의 부요함이 뚜렷한 증거다. 우리가 그리스도를 따름으로 고난에 동참한다면 그리스도의 위로 또한 넘친다(고후 1:5). 기도 생활에 희생과 수고가 따른다면 넘치는 위로가 바싹 그 뒤를 좇는다. 측량할 수 없는 그리스도의 풍성함(엡 3:8)을 사람들에게 나누는 일이 아무리 힘겨워도 기쁨으로 감당함은 우리에게 쏟아지는 은총의 햇살을 알기 때문이다. 그리스도를 위한 고난은 영광의 땅으로 이끄는 징검다리다. 나중의 영광을 위해 현재의 고난을 견디게 하는 힘은 불 같은 기도에서 솟아난다. 기도가 풍요의 비결이다.

하나님은 후하고 풍성하시다. 사랑하는 자녀를 향하신 하나님의 공급은 무제한이다. 하도 넓고 깊어서 측량불가다. 하늘 아버지는 자녀 된 우리에게 "후히 주사 누리게 하시는 하나님"(딤전 6:17)이시다. 하나님이 베푸신 은혜와 축복은 모자란 법이 없다. 오히려 남는다. 오병이어도 남은 광주리가 열둘이었고, 사병이어도 남은 광주리가 일곱이었다. 우리는 재고 달고 따지며 아끼지만, 하나님은 "한량없으시다"(without limit). 말 그대로 무제한이다. 은혜도 한량없고, 사랑도 한량없고, 응답도 한량없다. 주님의 양 떼는 부족함이 없다.

> "저가 사모하는 영혼을 만족케 하시며 주린 영혼에게 좋은 것으로 채워 주심이로다"(시 107:9).

주님은 밭고랑에 물을 넉넉히 대신다(시 65:10). 막힌 곳은 뚫고 닫힌 곳은 열어 우리의 창고를 가득 채우신다. 하늘의 보고는 언제나 기도자를 위해 열려 있다. 하나님이 여신 이 문은 누구도 닫을 수 없다. 보장된 풍요다.

2) 꾸짖지 않으신다

 기도의 물줄기는 하늘에서 시작되어 기도자를 거쳐 다시 하늘로 돌아간다. 그래서 기도는 전적으로 하나님의 선물이다.

하나님은 우리의 기도에 꾸지람하지 않으신다. 혹 기도를 하면서 질책당해 본 경험이 있는가? 성경의 많은 기도자 중에서 기도에 정성이 부족하다 해서 꾸지람을 들은 사람은 한 사람도 없다. 사람은 사람의 기도를 힐난하고 흉보고 깔보지만, 하나님은 주님의 이름으로 드리는 모든 기도를 존귀하게 여기신다. 기도는 배우는 것이기에 자란다. 그 어떤 기도도 성장이 불필요할 만큼 자라지는 못한다. 성인의 기도라 할지라도 배워야 할 여지는 얼마든지 있다. 우리의 기도는 배우고 자람으로 보다 심원해진다.

기도에는 깊이라 말할 수 있는 정도가 분명히 있다. 기도의 깊이는 기도자와 하나님 사이에 맺어진 친밀감에 비례한다. 하나님은 결코 서두르지 않으신다. 하나님은 자기 자녀들이 기도의 언어를 배우고, 의사소통을 하며, 그런 와중에 기도의 깊이를 점차적으로 이루어 가기를 기다리신다. 후하고 꾸짖지 않으심은 응답자로서의 하나님의 모습이다.

하나님이 듣기도 하고 안 듣기도 하는 기도의 테두리를 정하셨다면 우리는 기도의 전선에 나서기를 꺼려했을 것이다. 기도의 정도와 등급에 따라 응답의 가부를 결정하시며, 하나님의 기준에 우리의 기도를 맞추게 했다면 몇 마디 기도를 끝맺기도 전에 우리는 포기하고 말았을 것이다. 감사하게도 하나님은 어린아이의 단순하고 치졸한 기도에서부터 어른들의 투박하고 거친 기도까지 그 어느 것도 마다하지 않으신다. 우리의 기도가 완벽해서 응답이 결정되는 것이 아니라, 우리의 부족한 기도를 주님께서 은혜로 받쳐주시기에 응답이 보장된다. 하나님이 받으심직한 기도를 드릴 수 있음도 은혜지만, 응답으로 우리의 기도에 빛을 내게 만드는 것도 은혜다.

기도의 물줄기는 하늘에서 시작되어 기도자를 거쳐 다시 하늘로 돌아간다. 그래서 기도는 전적으로 하나님의 선물이다. 주님의 이름으로 드려지는 모든 기도는 하나님께서 들으신다. 하나도 내버리는 기도가 없다. 이것은 우리에게 위로와 힘이 된다. 우리의 부족한 기도를 들으시는 하나님은 사랑이시다.

하나님이 사랑이심은 기도하는 우리의 심령을 안돈시킨다. 자녀들이 그들의 부모에게 거리낌 없이 나아가고 무엇이든 원하는 바를 달라고 조르면서 떼를 쓰기까지 하는 것은 부모의 사랑을 확신하기 때문이다. 이 확신은 관계에서 비롯된 것으로서 근원적이다. 친밀감은 우리의 기도 응답에 큰 힘이 되지만, 관계는 친밀감의 출발점이기에 매우 중요하다. 하나님께 뭔가 구하기 전에 하나님의 자녀로 엎드릴 수 있는 자격 획득이 우선이다. 하나님의 자녀 됨은 믿음으로만 주어진다.

우리의 아버지 되신 하나님의 언질은 태산 같아서 반드시 성취된다. 우리의 기도가 언뜻 보기에 지나쳐 보일 때도 하나님의 약속을 믿는 믿음 안에서 얼마든지 허용된다. 하나님은 너무 많이 구한다고 역정 내지도 않으시며, 주제넘다고 핀잔도 하지 않으신다. 하나님의 허용하심은 우리로 하여금 기도의 지경을 한없이 넓히도록 한다. 기도로 우리는 동서남북을 바라본다.

사람은 지난 허물과 잘못을 쉬 잊어버리지 못한다. 사탄은 들추어내기의 명수다. 그는 용서받은 죄의 비참한 기억을 때때로 회상시켜 우리를 괴롭힌다. 죄에 길들여진 인간의 마음은 사탄의 속성에 가깝다. 죄를 회개하면 하나님은 영원히 기억하지 않으시지만, 사람들은 반대로 잊지 못한다. 겉으로 정죄하지 않지만 속으로 비웃거나 이전 죄에 비추어 누군가를 비난하는 자는 사탄의 종 노릇을 하는 것이다. 하나님은 죄를 싫어하시며, 성도가 여전히 죄 가운데 거하면 진노의 채찍을 높이 드신다.

다윗이 범죄했을 때 나단 선지자를 통한 하나님의 통렬한 꾸짖음은 추상 같았다. 그러나 죄를 자백하고 사함 받는 순간 하나님은 그것을 잊으셨다. 동이 서에서 먼 것처럼 그의 죄과를 멀리 옮기셨다. 한 번 품에 안으시면 영원히 꾸짖지 않으시는 하나님이 우리에게 계심은 우리가 전혀 주눅 들지 않고 담대한 기도의 삶을 살게 만든다. 우리의 부족을 탓하지 않으심이 은혜다.

하나님은 솔로몬이 지혜를 구했을 때 무한히 기뻐하셨다. 하나님은 무제한적으로 그에게 지혜를 부어주셨다. 타락 이전 아담이 지녔던 지혜에 버금갈 정도로 솔로몬은 전무후무한 지혜의 사람이 되었다. "여호와의 종"이 부른 세 번째 노래에서 종은 학자의 영을 구했고, 하나님은 허락하셨다. 이사야 선지자는 받은 지혜로 예언의 메시지를 전했다. 바울은 에베소 교회 성도들이 지혜와 계시의 영을 얻도록 하나님께 기도했다.

우리 중에 지혜가 부족한 자는 누구든지 기도하여 지혜를 얻을 수 있다. 꾸짖지 않고 주시는 지혜는 기도를 통해서만 가능하다. 지혜가 부족한 자도 기도를 통하여 지혜자가 될 수 있음은 놀라운 일이다. 지혜가 없는 자도 하나님께 기도할 일이요, 지식이 부족한 자도 하나님께 기도할 일이다. 기도가 곧 지혜의 언어요, 기도 생활은 지식의 축적이다. 기도는 학습이요 훈련이므로 영적 지혜와 통달의 도에 이르게 한다.

4. 약속은 명령이다

응답의 약속은 기도의 명령을 전제하고 있다. 기도의 명령을
강하게 느끼는 만큼 응답의 기대도 강하다.

성경은 언약의 책이다. 언약이란 하나님께서 개인이나 민족과 맺으신 계약이다. 이는 단순히 구두 계약만이 아니라 문서로 봉인된 계약이다. 기도 응답에 대한 약속의 말씀은 명령으로 주어졌다. 하나님의 약속은 쌍무적인 형태의 계약일 때도 있지만, 대부분 일방적으로 주어졌다. 하나님의 약속은 언제나 하나님 편에서 시작하셨다.

하나님의 일방적인 약속은 한편 은혜의 성격을 띠며, 다른 한편 명령의 형태를 지닌다. 명령은 해도 되고 안 해도 되는 것이 아니다. 하나님의 명령은 구속력을 지닌다. 명령을 지키지 않으면 불복종의 죄에 빠진다. 기도는 따라야 할 명령이다. 사무엘이 완고한 이스라엘 백성일지라도 그들을 위해 기도하기를 쉬는 것을 죄라고 했을 때, 그는 이미 기도가 명령인 점을 알고 있었다. 그렇지 않다면 자청해서 그런 다짐을 굳이 할 필요가 없었을 것이다. 하나님의 심장을 지닌 사무엘은 기도의 책무를 스스로 천명했다.

하나님의 모든 약속은 언약으로 주어지는데 언제나 명령 형

태를 취한다. 하나님의 명령에는 절대 복종만 있을 뿐 달리 대안이 없다. 아홉을 순종하다가도 하나를 순종치 않으면 명령을 어긴 것이 되어 약속에서 멀다.

에덴동산의 생명나무 언약을 예로 들어보자. 동산 중앙의 선악을 아는 나무 열매는 "따 먹지 말라!"고 하셨다. 이것은 명시적 명령이다. 이를 바꾸어 말하면, 동산 중앙의 생명나무를 "따 먹으라!"는 암묵적 명령을 뜻한다. 동산 중앙에 단 두 그루의 나무를 심고 유독 한 나무 열매에 대해 엄금하셨음은 나머지 나무 열매에 대한 적극 권장을 의미한다. 첫 사람은 선악과를 따 먹고 생명나무를 외면하여 이중적인 불순종에 빠졌다.

시내 산의 언약도 4, 5계명만 "하라!"요, 나머지는 "하지 말라!"의 명령이다. 마찬가지로 응답의 약속은 기도의 명령을 전제하고 있다. 기도의 명령을 강하게 느끼는 만큼 응답의 기대도 강하다.

하나님의 계명을 무겁게 느끼면 그것이 율법이다. 하나님의 계명은 주님의 멍에처럼 지기에 가볍다. 계명에서 속박을 느끼면 가벼운 계명도 한없이 무겁지만, 자유를 발견하면 무거운 계명이라 해도 필시 가볍다. 아무리 중한 말씀이라도 믿음으로 가볍게 여기면 그것이 은혜다. 말씀을 가볍게 여긴다 함은 경솔히 취급한다는 말이 아니다. 말씀 준수로 인한 압박감을 느끼지 않는다는 뜻이다.

우리는 말씀을 대함에 있어 보기에 좋고 지키기 쉬운 말씀에는 열린 마음이지만, 부드러운 젖이 아니라 단단한 식물 같은 말씀에는 눈살을 찌푸리거나 내심 반기지 않는 이중적인 잣대를 지니고 있다. 이를 부인한다면 우리는 인간이 아니거나 거짓말을 하고 있는 것이다. 기도의 은혜로운 세계에 진입하기 전에 우리는 이 문제에 대하여 정직할 필요가 있다. 솔직히 우리의 이중성을 인정하고 계명의 무게를 은혜로 측정하는 법을 익혀야 한다.

언약의 출처는 인간이나 땅이 아니다. 언약은 하늘의 하나님께로부터 시작된다. 언제나 하나님이 언약의 주도권을 가지시고 인간에게 접근하신다. 우리가 하나님을 알기 전, 응답이 무엇인지 전혀 모르던 때부터 하나님은 기도 응답을 약속하셨다. 언약이 불변이듯 약속과 명령도 불변이요, 명령의 순종과 불순종에 대한 하나님의 다루심도 불변이다. 듣고 순종하면 축복이요, 듣고 불순종하면 저주다. 어정쩡한 태도를 용납하는 중립지대는 없다. 전부가 아니면 아무것도 아니다.

기도하면 응답이 주어지지만, 기도하지 않으면 어떤 응답도 없다. 언약을 한마디로 줄이면 말씀이다. 하나님의 말씀이 곧 언약이다. 말씀은 하나님이 우리와 맺은 모든 언약 관계를 보여주고 그에 따른 약속의 풍성함과 실제적인 예들을 보여준다. 기도 응답에 관한 한 옛 언약과 새 언약의 차이는 없다. 구약에 나타난 응답은 본질적으로 신약의 응답과 다르지 않다.

1) 삼중적 명령과 약속

기도의 불꽃을 일으키는 것은 기도자의 바위 같은 의지로 말미암는다. 기도의 폭발력은 함성이 아니라 무릎에 돋은 굳은 살이다. 엎드려 부르짖고 또 부르짖고 다시 부르짖는, 항상 기도의 함성이 기도의 불길을 일렁거리게 만든다.

주님은 기도에 대한 금언(金言) 가운데 우리에게 매우 익숙한 말씀을 주셨다.

> "구하라 그러면 너희에게 주실 것이요 찾으라 그러면 찾을 것이요 문을 두드리라 그러면 너희에게 열릴 것이니 구하는 이마다 얻을 것이요 찾는 이가 찾을 것이요 두드리는 이에게 열릴 것이니라"(마 7:7-8).

아무런 부가적 설명이 없는 명령동사는 강하기 짝이 없다. 이는 조건절로서 기도의 명령을 따르면 응답은 준비되었다는 말이다. 명령은 마치 성막을 감싼 덮개들처럼 삼중적으로 포개져 있는 모습을 보인다. "구하라! 찾으라! 두드리라!" 이는 각각의 명령이며 앞의 명령은 뒤의 명령을 결과한다. 반드시 구해야 하고, 반드시 찾아야 하고, 반드시 두드려야 한다. 그렇게 구한 자만이 그렇게 찾고, 그렇게 찾는 자만이 그렇게 두드린다. 우리는 과연 구한 만큼 얻고, 찾은 만큼 찾고, 두드린 만큼 열림을 경험했는가? 아니라면 기도의 심지를 높여야 한다.

주님은 이 말씀을 하시기 전에 제자들에게 이미 외식하는 기도와 슬퍼하는 금식과 염려에 매인 기도에 대해 삼중적으로 경고하셨다. 지향해야 할 삼중적 기도 이전에 지양해야 할 기도들에 대해 연거푸 경고하심은 삼중적인 기도의 중요성을 강조하시기 위함이다. 주님은 우리가 빠지기 쉬운 잘못된 기도에서 멀어지도록 외식하는 기도가 아닌 골방 기도, 슬픈 기도가 아닌 은밀한 기도, 염려에 매인 기도가 아닌 우선순위의 기도를 대안으로 제시하셨다. 그러므로 주님의 "구하라! 찾으라! 두드리라!"는 골방 기도로 구하고, 은밀한 기도로 찾고, 우선순위의 기도로 두드리라는 말씀으로도 적용할 수 있다.

삼중의 경고에 대한 대안 기도에서 하나님의 약속은 한결같 았다. 그것은 "갚으리라!"와 "이 모든 것을 더하시리라!"였다. 명령이 두터우면 약속 또한 두텁다. 하나님의 보상으로서의 응답은 철저하고 완벽하며 풍성하기 이를 데 없다.

하나님은 인간을 절대 의존적 존재로 지으셨다. 하나님께 의지해야 존재의 넉넉함에 거하도록 만드셨다. 갓난아기가 어머니의 품에 안기듯 그렇게 주님의 품을 떠나지 않도록 만드셨다. 본향을 떠나 유리하는 사람은 보금자리를 떠나 떠도는 새와 같다(잠 27:8). 인간 영혼의 본향은 창조주 하나님의 품속이다. 하나님을 떠난 인간은 어디에서도 만족을 얻을 수 없다. 본성적으로 하나님은 주시는 분, 인간은 받는 존재다. 기도의 가장 원형적인 표현인 '구함'은 인간에게 결여된 부분이 있으며, 반드시 필요한 무엇인가를 채워야 함을 의미한다.

기도는 인간의 왜소함과 나약함을 고백하는 행위다. 기도를 하면 할수록 인간은 크신 하나님과 미세한 자신을 경험한다. 하나님의 크심과 능력을 인정하지 않고는 기도가 불가능하다. 포도나무 비유 역시 인간의 의존성을 보여준다. 기도할 수밖에 없는 존재임을 주님은 삼중의 명령으로 강조하셨다.

무조건 열심을 부린다고 기도가 다 응답되는 것은 아니다. "찾으라! 구하라! 두드리라!"는 무르익은 기도다. 구함은 순전한 믿음으로, 지치지 않는 간절함으로, 사자 같은 담대함으로, 악착 같은 끈질김으로 구하는 것이다. 찾음은 온 마음과 정성을 다한 탐구의 경지를 일컫는다. 진주를 구하는 장사치처럼,

보화를 발견한 농부처럼 절정의 애씀과 대가 지불에 아무런 미련이 없다. 하나님은 예레미야 선지자를 통해 찾음의 의미를 확인시켜 주셨다.

"너희가 전심으로 나를 찾고 찾으면 나를 만나리라"(렘 29:13).

"전심으로"는 온 마음을 다한 표현이다. 온 마음을 다하면 온 정성과 온 힘을 쏟아 붓게 마련이다. 두드림도 간절함과 사모함과 끈질김의 산물임을 솔로몬의 아가서에서 보여주셨다. 그는 밤이슬이 머리털에 가득할 만큼 온 밤을 지새우며 사랑하는 자의 문을 두드렸다. 닫힌 마음을 여는 것은 간절한 두드림이다. 기도는 모든 폐쇄된 문을 연다.

기도의 원동력은 약속의 말씀이다. 약속의 말씀이 기도의 불씨를 지피게 한다. 기도의 추진력은 명령 준수에 대한 의지다. 기도의 불꽃을 일으키는 것은 기도자의 바위 같은 의지로 말미암는다. 기도의 폭발력은 함성이 아니라, 무릎에 돋은 굳은살이다. 엎드려 부르짖고 또 부르짖고 다시 부르짖는 항상 기도의 함성이 기도의 불길을 일렁거리게 만든다. 이전에 걸어보지 못한 길을 나아갈 때는 기도의 사람만이 길라잡이가 된다. 기도는 선택 사항이 아니라, 필수 항목이다.

살기 위해 숨 쉬고 사역을 위해 일하듯, 기도는 생존과 사명의 레일을 힘차게 달리는 기차와 같다. 기도가 멈추면 영은 정체되는 정도가 아니라 한참 뒤로 밀린다. 사무엘은 기도를 쉬는 것이 죄라고 했지만, 우리에게 기도 멈춤은 타락이다. 제자들은 아버지의 약속하신 것을 기다리되 그것을 엄명으로 알고 처절하리만치 부르짖었다. 성령 강림은 그렇게 하여 이루어졌다.

2) 3단계 깊이의 기도

 하나님의 응답은 우리의 기도보다 크다. 약속의 내용에 비할 때 기도는 매우 작은 일이다. 엎드리면 이루어진다.

"구하라! 찾으라! 두드리라!"가 반드시 세 개의 명령을 충족시켜야 응답이 주어짐을 의미하는 것은 아니다. 구하는 자가 얻고, 찾는 자가 찾으며, 두드리는 자에게 문이 열린다. 이 명령은 삼중적이면서 기도가 지닌 3단계의 깊이를 보여준다. 구하는 자는 얻는 경지에 있고, 찾는 자는 찾음의 경지에 있으며, 두드리는 자는 열리는 경지에 있다. 우리는 기도를 통해 얻음의 경지에서 다시 찾음의 경지로, 그리고 궁극적으로 열림의 경지로까지 나아간다. 셋이 모두 충족되면 응답의 폭과 깊이도 그에 상응하여 주어진다.

이를 성도의 세 가지 덕성인 믿음과 소망과 사랑에 견주어 생각하면 믿음으로 구하고 소망으로 찾으며, 사랑으로 두드리는 것으로 적용할 수 있다. 여하튼 주님의 이 명령은 기도의 세계에서 우리가 경험할 수 있는 놀라운 은혜를 보여주고 있다. 시간에 적용하면 우리가 어제 구한 것을 오늘 찾고, 오늘 찾은 것은 내일 두드린다.

약속이 은혜로 주어졌다 해도 그것을 얻기 위해서는 우리가 해야 할 바가 있다. 하나님은 우리의 필요를 아신다. 우리가 구하기 전에 있어야 할 것이 무엇인지 정확히 아신다. 기도하지 않아도 웬만한 것은 주신다. 자연적인 은혜가 이에 속한다. 그러나 특별한 은혜를 접하기 위해서는 기도가 불가피하다. 우리를 위해 모든 것을 예비하시고 집행하기 원하시는 하나님께서는 우리의 기도를 듣기 원하신다.

> "나 주 여호와가 말하노라 그래도 이스라엘 족속이 이와 같이 자기들에게 이루어 주기를 내게 구하여야 할지라"(겔 36:37).

이 말씀에서 우리는 소통을 원하시는 주님의 마음을 본다. 기도로 우리는 하나님과 원만한 소통에 이르고 기도함으로 하나님의 명령을 충족시킨다. 약속은 명령이기에 지키기 전에는 약속의 수혜자가 될 수 없다. 하나님의 응답은 우리의 기도보다 크다. 약속의 내용에 비할 때 기도는 매우 작은 일이다. 엎드리면 이루어진다.

굳이 "구하라! 찾으라! 두드리라!"의 표현이 아니더라도 기도에는 어떤 깊이가 있음을 성경은 다양한 측면에서 가르친다. 기도와 간구와 도고는 기도의 다른 형태이면서 동시에 기도의 깊이를 설명한다. 기도의 깊이는 2단계일 수도 있고, 3단계일 수도 있으며, 4단계일 수도 있다. 성경의 텍스트를 어디에서 택하고 어떻게 적용하느냐에 따라 단계의 숫자가 다를 수 있으나, 한 가지 분명한 사실은 기도에 어떤 단계나 깊이가 있음을 부인할 수 없다는 점이다. 이는 우리의 경험을 통해서도 알 수 있다.

어떤 사람의 기도는 다른 사람들에 비해 다른 깊이를 보여준다. 우리는 주변의 기도자들을 보면서 그들의 기도 생활이 각기 다른 깊이에 놓여 있음을 안다. 우리 자신의 기도 생활이 엎치락뒤치락하는 것을 느끼며 기뻐하거나 절망하는 것도 기도에 어떤 차원이 있음을 반증한다. 기도가 깊어질수록 자신이 열어지며 하나님만 부각된다.

기도에는 위로 향한 높이가 있다. 동시에 응답의 샘물을 얻기 위한 우물파기 같은 깊이가 있다. 기도의 측면에서 성막 구조는 뜰에서 성소로, 성소에서 다시 지성소로 나아가는 깊이가 있다. 기도의 정상은 우리가 결코 오르지 못할 높이다. 정상을 밟았다 하는 순간 우리 앞에는 더 높은 봉우리가 즐비하다. 기도에는 7부 능선, 8부 능선을 오르며 정상을 향하는 벅참과 환희가 있다. 동시에 오르는 만큼 낮아지는 영계의 질서를 경험한다.

주님은 높이 계신 만큼 낮게 임하셨고, 성도가 갈 수 없는 음부의 깊이까지 내려가셨다. 그렇게 내려가신 만큼 주님은 하늘 가장 높은 곳에 오르셨다. 삼층천의 경험이 없었다면 바울이 지옥에 자기 영혼을 던지려던 중보의 영을 접했을까? 우리의 기도가 낙원의 높이면, 섬김은 음부 같은 깊이여야 한다. 우리의 영적 체험이 삼층천의 높이면, 자기 비하는 지옥의 깊이를 이룬다. 역시 승귀와 비천이다.

기도의 단계를 3단계, 4단계, 5단계, 7단계로 설명하는 사람들이 있다. 신비적인 기도의 단계를 굳이 나누려 함은 영성 운동에서 잦은 일이지만 권할 일은 아니다. "구하라! 찾으라! 두드리라!"는 말씀을 적용하면 세 단계로 이해할 수 있다. 초기의 배우고 시행하는 단계, 중간의 자라고 체험하는 단계, 마지막의 성숙을 이루어 증거하는 단계다. 구하는 단계에서는 젖을 받아먹고, 찾는 단계에서는 단단한 음식을 찾아 먹으며, 두드리는 단계에서는 빵을 만들어 나누어 준다.

　기도의 삶에서 어느 정도 완숙함을 이루면 나누고 베푸는 중보는 매우 자연스럽다. 중보는 요청해서가 아니라 기도의 성숙을 통해 하나님을 경험하고, 자신이 경험한 그 하나님을 이웃과 세상에 나누려는 기도자의 자발적 헌신에 기인한다. 이런 섬김이 주님을 닮은 중보다. 기도의 삶은 성장을 통해 원만한 성숙함에 이르러야 한다. 이것이 장성한 분량이 충만한 상태다.

5. 명령은 준수해야 한다

말씀을 온전히 지킨 자의 기도는 담대하다. 확신에 차 있다. 끈질김과 간절함이 양옆에서 받쳐주니 기도는 능력으로 충만하다.

하나님의 명령은 그것을 준수하기를 기대한다. 인간의 그 어떤 명령보다도 하나님의 명령은 지엄하기 짝이 없다. 우리는 자녀로서 아버지의 명령을 기쁘게 준행한다. 명령을 준수해야 약속이 시행된다. 요한은 우리가 하나님의 명령을 지킬 때 무엇이든지 기도하는 바를 얻게 됨을 확언시켜 주었다.

"무엇이든지 구하는 바를 그에게서 받나니 이는 우리가 그의 계명을 지키고 그 앞에서 기뻐하시는 것을 행함이라"(요일 3:22).

이 말씀은 기도 응답과 연관하여 두 가지의 내용을 담고 있다. 그것은 하나님의 계명 준수와 하나님 앞에서의 행함이다. 바울은 그리스도 안에서 담대함을 얻었듯이, 하나님 앞에서 두렵고 떨림으로 자신의 행할 바에 충실했다. 이러한 삶은 특히 그의 말씀 증거에서 뚜렷이 나타났다(고후 2:17). 말씀을 떠난 응답은 없다. 약속이 말씀으로 주어졌듯이, 기도의 응답은 계명으로 나타난 그 말씀을 지킬 때 이루어진다. 계명 준수가 없으면 응답도 없다.

말씀을 불순종하면서도 기도드릴 수 있다. 말씀을 지키지 않으면서도 부르짖을 수 있다. 그러나 그 경우에는 하나님의 응답이 약속되어 있지 않다. 만일에 그러고도 응답을 맛보았다면 그것은 응답을 가장한 거짓에 속은 것이다. 계명 준수와 기도 응답에는 어떤 예외도 없다. 하나님께는 우리가 누릴 응답보다 말씀 준수에 대한 의지가 더욱 귀하다. 그러므로 응답 자체가 중요한 것이 아니라, 응답의 전제 조건인 말씀의 순종과 계명의 준수가 핵심이다. 물론 이 계명은 구약의 율법을 의미하지 않는다.

옛 계명은 사람을 위해 주어졌으나 사람에 의해 실패했다. 옛 계명은 사람이 하나님의 법을 준수할 수 없음만 밝혀주었다. 우리가 지킬 계명은 옛 계명의 완성인 새 계명이다. 주님이 열 계명을 하나님 사랑과 이웃 사랑으로 축소시키셨고, 그것을 다시 형제 사랑의 하나로 묶어주셨다. 이는 주님이 십자가의 사랑으로 완성한 사랑의 신질서다.

계명 준수의 핵심은 사랑이다. 사랑의 실천적 삶은 계명 준수의 모든 것이다. 그리스도 안에 거하는 자는 명령 준수를 버겁게 여기지 않는다. 하나님의 사랑이 그의 마음에 부은 바 되어 성령의 능력으로 사랑의 삶을 실천한다. 이 자발적인 사랑의 실천이 계명을 기쁨으로 지키게 한다. 하나님의 말씀은 지키면 지킬수록 쉬워지고 보다 힘든 계명이라도 능히 지킬 능력을 스스로 제공한다. 말씀을 온전하게 지킨 자의 기도는 담대하다. 확신에 차 있다. 끈질김과 간절함이 양옆에서 받쳐주니 기도가 능력으로 충만하다.

　기도는 율법적이고 사변적인 말씀 적용의 위험을 깨뜨린다. 기도는 말씀을 구체적인 삶의 현장에 생동감 있게 적용시킨다. 말씀으로 경각된 심령에서 드려지는 기도가 말씀의 강력한 역사를 수반한다. 말씀은 기도를 통해 일한다. 단순한 일을 넘어 역사를 창조하는 역사(役事)를 일으킨다. 사람들은 이를 기적이라고 부른다.

　준수하지 않는 명령은 휴지 조각이나 진배없다. 말씀을 지켜 행한다는 것은 하나님의 권위를 인정해 드리는 것이다. 말씀을 어기거나 백안시하는 태도는 단순히 허물 정도에 그치는 것이 아니라, 영원하신 생명의 말씀을 만홀히 여기는 중죄다. 말씀을 의도적으로 박대하는 성도가 있을까? 물론 없다. 오늘날처럼 말씀이 천대받는 시대도 드물 것이다. 말씀이 천지 사방에 죽 깔려 있고 말씀을 빙자한 유사 말씀들이 충만한 중에 곤한 영혼은 말씀의 기갈에 지쳐 있다. 지켜야 할 말씀을 의도적으로 지키지 않아 무의적으로 말씀을 박대하는 사례가 우리 주변에 널려 있다.

　말씀을 가장 가까이 대하는 무리가 말씀의 권위를 떨어트린다. 말씀을 버리면 말씀의 영광이 종적을 감춘다. 말씀을 홀대하면서 기도 응답을 기대함이란 씨를 뿌리지 않고 열매를 거두려는 어리석음에 비할 만하다. 스스로 지키려 들면 계명은 힘들다. 성령의 힘으로 지키면 쉽다.

1) 하나님의 계명

 우리를 하나님 앞에서 세우는 것은 우리가 이룩한 사역의 업적이나 천신만고 끝에 터득한 어떤 영적 경지가 아니다. 사랑의 삶은 우리가 행하는 사역의 모든 원천이 하나님께 있음을 확인시킨다. 사랑 이외의 잣대는 존재하지 않는다.

우리가 준수해야 할 하나님의 계명이 무엇인가? 그 실체를 볼 수 있는가? 옛 계명이 새 계명으로 대체되었다면 옛 계명은 더 이상 지키지 않아도 되는가? 주님은 옛 계명을 폐하러 오지 않으셨다. 주님이 세상에 오신 목적은 옛 계명을 완전케 하여 새 계명에 일치시키기 위함이었다. 사실 옛 계명은 열매 껍질처럼 새 계명을 씨앗으로 품고 있다.

하나님이 주신 율법은 불완전하지 않다. 하나님이 애초에 불완전한 계명을 주셨다면 그것은 하나님의 허물이 된다. 옛 계명이 불완전한 게 아니라 그것을 계명답게 지키지 못한 인간이 불완전하다. 인간이 계명 준수에 실패함으로 옛 계명은 인간을 살리는 원래의 목적을 성취하지 못했다. 계명 자체는 선하고 완전하지만 인간의 부단한 노력에도 불구하고 모세의 율법은 준수 불가능의 실체로 최종 확인되었다. 이제 우리에게는 오직 하나의 계명이 있을 뿐이다. 이 새 계명의 실체는 주님이시다.

말씀이신 주님은 계명 자체이시다. 계명이 하나님의 말씀이라면 당연히 그런 등식이 성립되어야 한다. 주님은 계명의 실체를 하나님 사랑과 이웃 사랑으로 정의하셨다. 사랑이 계명의 실체요, 사랑의 실천이야말로 계명의 완성이다. 십계명이 하나님 사랑과 이웃 사랑을 풀고 613개의 율법조항이 십계명을 다시 푼 것이라면, 계명은 사랑 그 이상도 이하도 아니다. 십계명의 조목을 주의 깊게 살피면 그것이 하나님 사랑과 이웃 사랑의 퍼즐 조각임을 알 수 있다. 두 돌판이 사실 한 돌판이듯, 하나님 사랑과 이웃 사랑의 두 돌판은 형제 사랑의 한 돌판이다. 하나님을 사랑하는 자는 하나님의 계명을 지키지 않을 수가 없다. 계명은 하나님 사랑과 이웃 사랑을 명한다. 하나님 사랑의 증거가 이웃 사랑이다. 하나님 사랑과 이웃 사랑의 중심에 형제 사랑이 있다. 그러므로 모든 율법은 사랑의 계명으로 요약된다. 사랑은 율법의 완성이다(롬 13:10).

최고의 율법은 사랑의 계명이다. 사랑은 하나님의 으뜸가는 본질이며 영구한 속성이다. 하나님과 언약으로 맺어진 성도는 사랑으로 자신의 정체성을 드러낸다. 사랑은 자신이 하나님께 속했음을 드러내는 증표다. 사랑하지 않는 자는 하나님께 속하지 않았다. 그가 어떤 위치에 있고 얼마나 대단한 사역을 이루었든 관계가 없다. 우리를 하나님 앞에서 세우는 것은 우리가 이룩한 사역의 업적이나 천신만고 끝에 터득한 어떤 영적 경지가 아니다. 사랑의 삶은 우리가 행하는 사역의 모든 원천이 하나님께 있음을 확인시킨다. 사랑 이외의 잣대는 존재하지 않는다. 하나님께로 우리를 이끄는 것도 사랑의 나침반 외에는 없다. 사랑만이 우리가 지킬 다림줄이요 저울추다. 사랑하면 기도한다. 기도는 하나님 사랑과 이웃 사랑을 실천하는 것이다. 이런 실천이 쌓일 때 기도자는 자신을 넘어 가까운 이웃과 먼 이웃(원수)에게로 사랑의 햇살을 뿌린다.

하나님의 계명은 지켜야 산다(잠 4:4, 7:2). 눈동자같이 지켜야 한다. 사람이 제 눈동자를 지켜 보호하듯 그렇게 말씀을 소중히 여겨 지켜야 한다. 하나님은 선견자 아삽을 통해 성도를 "제사로 나와 언약한 자"(시 50:5)라고 정의하셨다. 요한은 성도를 "하나님의 계명과 예수 믿음을 지키는 자"(계 14:12)라고 정의했다. 계명을 복음과 상반된 것으로 여겨 계명을 천시하는 부류가 있다. 그들은 율법에 복음의 가치를 두지 않는다. 이는 극단이다.

구약의 율법에 명시된 상세한 규례와 법도는 결국 하나님 사랑과 이웃 사랑의 확대판이다. 주님이 오셔서 구약의 계명을 꽉 짰을 때 하나님 사랑과 이웃 사랑으로 축소되었다. 구약은 신약으로 말미암아 온전해지고 신약은 구약으로 인해 영광 중에 거한다. 수건을 거두자 모세의 얼굴에서 광채가 났듯 얼굴을 가린 천을 벗고 구약을 대하면 신약과 동일한 말씀의 영광을 본다. 복음은 피로 덮인 계명이다.

하나님의 계명을 사람의 계명으로 가르치는 사람들이 있다. 서기관과 바리새인은 하나님의 계명을 장로의 유전과 전통을 따라 가르쳤다. 그들의 가르침을 받은 자들도 하나님을 섬겼지만 마음의 경외가 아닌 입술의 존경에 머물렀다(사 29:13). 이런 일은 이사야의 시대나 주님 시대나 별반 차이가 없었다(막 7:7-8). 회개, 세례, 안수, 부활, 심판에 대한 교훈의 터를 다시 닦으려는 시도나, 세상의 초등 학문으로 복귀하거나, 먹고 마심과 절기와 월삭과 안식일에 대해 논쟁함은 사람의 계명을 따르는 일이다. 하나님의 계명만이 우리가 따르고 지킬 도리다.

오늘 우리는 정죄하고 죽이는 율법이 아니라 수용하고 살리는 복음의 능력 아래 산다. 복음의 능력을 제대로 접하지 못한 사람은 여전히 복음을 율법의 관점에서 해석하고 가르친다. 신앙으로 이해하기 전에 신학으로 알려는 시도는 역류다. 신학에 앞서 신앙이 올바로 정립되어야 영성이 지성과의 충돌을 피할 수 있다.

2) 코람 데오(Coram Deo)

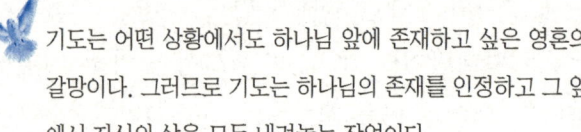
기도는 어떤 상황에서도 하나님 앞에 존재하고 싶은 영혼의 갈망이다. 그러므로 기도는 하나님의 존재를 인정하고 그 앞에서 자신의 삶을 모두 내려놓는 작업이다.

말씀 안에 거하는 자는 늘 '하나님 앞에서'(in the presence of God) 행한다는 '신전(神前) 의식'으로 산다. 바울은 '그리스도 안에서'와 '하나님 앞에서'의 의식이 뚜렷한 사도였다. 바울은 그리스도 안에서 담대함을 얻고, 하나님 앞에서 늘 두렵고 떨림으로 임했다. 그리스도 안에서 우리는 진정한 자유와 은혜와 축복을 경험한다. 그와 동시에 하나님 앞에서 우리는 매 순간 심판당할 것 같은 죄인 의식을 떨쳐버릴 수 없다. 이사야가 거룩하신 하나님을 대면했을 때 극단적인 공포감에 사로잡혔다. 그것은 부족한 믿음 때문이 아니라 넘치는 성결 의식 때문이었다. 그리스도 안과 하나님 앞이라는 영적 임재 경험은 동시적이다.

성경에 나타난 '경건한 무리들'(God-fearer)의 특징은 크신 하나님께 대한 한결같은 두려움으로 살았다는 점이다. 물론 거룩한 두려움이다. 그들은 사랑의 구심력과 공의의 원심력 사이에 있는 존재의 긴장감을 절감하였다.

'하나님 앞에서'의 삶은 칼빈이 채택한 삶의 모토 중 하나였다. 첫 사람은 누구보다 하나님의 면전에서 살았지만 하나님 의식의 현재화에 실패했다. 솔로몬은 하나님 앞에서의 삶으로 유년 시절을 장식했으나, 장성하면서 하나님의 등 뒤에서 방종한 삶을 이어갔다. 요나는 니느웨로 갈 것을 명령받았을 때 "여호와의 낯을 피해" 다시스로 갔다. 그는 편협한 민족주의에 사로잡혀 '신전 의식'에서 스스로를 도피시켰다. 요셉은 보디발의 처가 유혹했을 때 아무도 보는 사람이 없었지만 하나님 앞이라는 '신전 의식'으로 득죄하지 않았다.

> "내가 어찌 이 큰 악을 행하여 여호와 앞에 득죄하리이까"(창 39:9).

다윗은 법궤를 되찾았을 때 기쁜 나머지 "여호와 앞에서" 춤을 추었다(삼하 6:21). 눈에 보이지 않는 하나님을 보이는 것처럼 믿고 사는 것이 경건 생활의 기본이다. 하나님이 과연 살아 계심을 믿는다면 우리의 언행 심사는 마땅히 달라져야 한다.

하나님은 이스라엘 백성에게 광야길 40년 동안 자신을 대면해 보이셨다(민 14:14). 그들처럼 하나님의 영광과 기적을 분명하고 장구하게 보거나 들은 민족이 없다. 이런 특권에도 불구하고 그들은 '신전 의식'의 삶에 실패했다. 성막과 성전은 하나님 앞에서 사는 삶이 어떠해야 함을 실증해 보였지만 그들은 역시 성공하지 못했다. 그들은 하나님 앞에서 가장 철저하고 완벽하게 신전 의식의 삶을 살 수 있었지만 역주행했다.

다윗이 여호와 앞에 크게 범죄했을 때 그의 간절한 소원은 "나를 주 앞에서 쫓아내지 마시며 주의 성신을 내게서 거두지 마소서"(시 51:11)라는 탄원이었다. 그는 죄를 범해 하나님과 멀어질 수밖에 없는 상황에 처했으나 심판받을망정 하나님 앞에 놓이기만을 갈망했다. 기도는 어떤 상황에서도 하나님 앞에 존재하고 싶은 영혼의 갈망이다. 하나님의 존재를 인정하고 그 앞에서 자신의 삶을 모두 내려놓는 작업이다.

'하나님 앞에서'란 매사에 하나님의 눈길을 의식하는 경성의 삶이다. 은혜 밖에서 우리는 하나님의 임재를 두려워한다. 우리는 과연 하나님의 임재를 기꺼워하는가? 아니면 불편해하거나 오히려 불안해하는가? 거룩하신 하나님과의 임재를 기뻐하지 못하면 우리 속에 여전히 죄가 도사리고 있다는 증거다. 하나님은 죄와 함께 있을 수 없는 분이시다. 존재와 삶의 안팎에서 하나님의 임재를 확신하면 우리는 거룩함만을 추구하게 되어 있다. 죄에 대한 하나님의 반응은 스스로 물러나심이 아니면 죄의 박멸이다. 연약한 인간은 늘 죄의 가능성으로 인해 하나님의 면전에 있음을 불편하게 여긴다. 은혜 안에서 하나님의 불꽃 같은 눈은 성도의 위로요 기쁨이다. 바울의 권면은 모든 정상적인 그리스도인들에게 해당한다.

"네게 있는 믿음을 하나님 앞에서 스스로 가지고 있으라……"
(롬 14:12).

이런 믿음이 아니라면 우리의 기도는 공염불에 그친다.

우리는 사람들의 눈치가 아니라 하나님을 의식하며 산다. 매사에 하나님을 의식하는 것은 소극적으로 눈치를 살피거나 두려워서가 아니라 보다 적극적으로 사랑을 느끼기 때문이다. 하나님의 임재는 자신의 그림자보다 더욱 실재적이다. 우리가 공포감을 극복하고 거룩한 두려움에 있으면 우리 내면에서 솟구치는 것은 화끈한 사랑의 의식이다. 주님은 구제와 기도와 금식의 교훈을 하시면서 은밀성을 강조하셨다.

> "사람에게 보이려고 그들 앞에서 너희 의를 행치 않도록 주의하라 그렇지 아니하면 하늘에 계신 너희 아버지께 상을 얻지 못하느니라"(마 6:1).

하나님을 의식하며 사는 사람의 내면세계는 전천후다. 없어도 있고, 안 보여도 보시며, 안 들려도 들으시는 하나님의 현존을 느낀다. 무의식의 세계인 꿈속에서조차 임재가 작동한다. 우리가 펼치는 삶의 무대에서 최고의 관객은 하나님이시다. 우리는 역사와 인간 앞에서 살지 않고 하나님 앞에서 산다.

2장 어떻게 기도하는가?

예수께서 한 곳에서 기도하시고 마치시매 제자 중 하나가 여짜오되 주여 요한이 자기 제자들에게 기도를 가르친 것과 같이 우리에게도 가르쳐 주옵소서 예수께서 이르시되 너희는 기도할 때에 이렇게 하라 아버지여 이름이 거룩히 여김을 받으시오며 나라이 임하옵시며 우리에게 날마다 일용할 양식을 주옵시고 우리가 우리에게 죄 지은 모든 사람을 용서하오니 우리 죄도 사하여 주옵시고 우리를 시험에 들게 하지 마옵소서 하라 (눅 11:1-4)

들어가는 말

형식이 기도의 틀이라면 방식은 틀 안에 내용을 담는 기술이다. 기도의 형식은 기도의 외양을 정돈시키고, 기도의 방식은 기도를 보다 효율적이게 한다.

기도하지 않는 사람이 없지만 바르게 기도하는 사람은 예상외로 드물다. 많은 사람이 기도가 뭔지 대충 알고 무엇을 기도해야 할지 파악하지만 막상 기도하려면 말문이 막힌다. 적절한 언어를 구사하며 자신의 필요를 피력하지만 영혼에는 아무 감흥이 없다. 그럴 듯한 기도의 장식에 싸여 빈말을 늘어놓는 경우가 얼마나 많은가? 청산유수처럼 묻어나오는 언어의 화려함 속에 활력이라곤 찾아보기 어렵다. 믿음에 뿌리내린 기도를 드리지 못하기 때문이다.

역설적이며 비극적인 현상은, 기도자가 기도를 하면서 자신의 기도에 대해 확신하지 못한다는 점이다. 솔직히 어떻게 기도할지 모른다. 솔직함이 진실은 아니며 하소연이 고백은 아니다. 솔직함이 진실에 이르고 하소연이 고백이 되려면 형식을 고려해야 한다. 기도의 기본 형식은 기도를 어떻게 시작해서 어떻게 진행하다 어떻게 마치는지를 가르친다. 형식은 내용을 담기에 중요하다.

예를 들면 이렇다. 기도를 하고자 눈을 감는 것은 기도의 방해 거리들을 차단해 주기 때문에 유익하다. 눈을 뜨고 기도하는 사람들도 있지만 시야에 들어차는 여러 가지 상에서 의식적으로 자유하기란 생각처럼 쉽지 않다. 눈을 뜨고 기도하는 것이 기도의 내공이 아니듯, 눈을 감고 기도하는 것은 흉이 될 수 없다. 꼭 무릎을 꿇어야 경건미를 더하는 것은 아니다. 무릎을 꿇든지 양반다리를 취하든지 일단 본인에게 심신상 편해야 한다. 몸이 불편하다면 최대한 편한 자세를 취하며 기도하는 것이 문제될 이유가 없다. 우리는 외적 경건이 아니라 내적 경건의 능력으로 기도드린다.

기도는 속으로 하는 것보다 작은 소리라도 내며 입술을 움직이는 것이 좋다. 기도는 기도의 대상인 하나님을 부르는 것으로 시작된다. 감사와 고백으로 하나님을 높이고 자신을 보인다. 이어서 기도하려는 내용을 꾸밈없이 고한다. 그리고 예수님의 이름으로 마친다.

기도에는 공식은 아닐지라도 일종의 방식이 있다. 형식이 기도의 틀이라면 방식은 틀 안에 내용을 담는 기술이다. 기도의 형식은 기도의 외양을 정돈시키고, 기도의 방식은 기도를 보다 효율적이게 한다. 성경에는 기도의 내용들이 풍부하다. 시편은 특히 기도의 실제적인 내용들을 다양하게 다루고 있다. 우리는 성경에서 기도의 사람들이 보여준 모습을 통해 기도의 방식을 추출해낼 수 있다. 많은 방식 중에서 자신에게 맞는 것 몇 가지를 선택하여 집중하고 반복하여 훈련하며 기도에 실제로 몰입하는 것이 강한 기도의 관건이다.

여기에서는 많은 방식 중에서 가장 활용하기 좋은 네 가지만 추려보았다. 이론적으로는 이미 알고 있지만 우리는 실전에서 많은 고배를 마셨다. 많은 사람들이 기도의 고지를 오르다 6부 능선, 8부 능선에서 주저앉는 것도 방식에 익숙하지 않기 때문이다. 기도의 방식을 습득하려면 학습과 훈련이 꼭 필요하다.

1. 믿음으로

믿음의 기도는 침묵의 바다 같은 마음에 하늘의 우렛소리를 듣게 한다. 믿음은 위대하다. 믿음의 기도는 더욱 위대하다.

첫 번째 방식은, 믿음으로 기도드린다.

"믿음이 없이는 기쁘시게 못하나니 하나님께 나아가는 자는 반드시 그가 계신 것과 또한 그가 자기를 찾는 자들에게 상 주시는 이심을 믿어야 할지니라"(히 11:6).

기도의 대상인 하나님의 존재에 대한 믿음이 가장 기본이다. 하나님의 존재에 대한 믿음 없이 드리는 기도는 허공을 때리는 소리에 불과하다. 기도가 신학이라면 출발은 신론에서 시작된다. 바른 신론이 기도의 척추를 견고하게 세운다. 뿐만 아니라 존재하시는 그 하나님이 기도하는 자("자기를 찾는 자")에게 응답하시는 이("상 주시는 이")심을 응당 믿어야 한다. 존재하시는 하나님은 행하시는 분이다. 약속을 주시고 그 약속을 기쁨으로 성취하시는 분이다. 믿음은 기도하는 자와 기도를 들으시는 하나님을 연결하는 고리다. 한자리에서 집중, 몰입하는 기도는 정적으로 보이지만 실제로는 가장 동적인 사역이다. 기도가 하나님을 움직인다.

　기도의 가장 기본적인 원칙은 믿음의 기도다. 믿음의 기도란 믿음으로 드리는 기도를 말한다. 믿음이 결여된 기도는 헛되다. 믿음으로 드리지 않는 기도도 있는가? 있을 뿐 아니라 우리의 상상을 초월할 만큼 많다. 오히려 믿음으로 드리는 기도를 찾기가 힘들다고 보는 것이 더 정확하다. 아브라함이 바랄 수 없는 중에 바라고 믿었듯이 믿음의 기도는 응답이 불가능하리라 간주될 벼랑 끝의 환경에서 드리는 기도다. 불가능의 벽을 헐고 불신의 웅덩이를 메우는 것은 확신으로 똘똘 뭉친 기도로 말미암는다.

　하나님을 믿으면서 믿음의 기도를 드리지 않음은 하나님께 대한 모독이다. 믿음이 부족하면 믿음을 달라고 구해야 한다. 아무리 많이, 자주 기도해도 불신과 의심에 사로잡히면 깨진 독에 물붓기와 마찬가지다. 은사의 믿음이 귀하다. 믿음이 서면 우리의 기도가 휘청거리지 않는다. 이런 기도를 통해 하나님은 놀라운 일을 행하신다.

　눈에 당장 보이지 않아도 믿음으로 기도드린다. 귀에 들리는 소리 전혀 없어도 믿음으로 기도드린다. 손에 잡히는 것 무엇 하나 없어도 믿음으로 기도드린다. 마음에 느껴지는 것은 거대한 침묵뿐이라도 믿음으로 기도드린다. 믿음의 기도는 보지 못하는 것을 보는 것으로 믿게 한다. 믿음의 기도는 들리지 않는 소리를 듣게 귀에 할례를 베푼다. 믿음의 기도는 빈손에 미래를 조각한 비전의 장갑을 끼워준다. 믿음의 기도는 침묵의 바다 같은 마음에 하늘의 우렛소리를 듣게 한다. 믿음은 위대하다. 믿음의 기도는 더욱 위대하다. 믿음의 기도는 하늘 보좌에

직결된다.

위대한 기도의 사람들은 사람의 아들딸로 태어나 하나님의 아들딸로 산다. 그들은 평범했으나 비범한 일을 해낸다. 하나님의 무궁한 능력이 그렇게 연약한 인간을 통해 드러남은 오직 기도를 통해서다. 말씀이 활력 넘치는 본래 기능을 발휘하는 것도 기도를 통해서다.

주님은 믿음이 지닌 위력을 기도와 연관시켜 이렇게 말씀하셨다.

> "내가 진실로 너희에게 이르노니 누구든지 이 산더러 들리어 바다에 던져우라 하며 그 말하는 것이 이룰 줄 믿고 마음에 의심치 아니하면 그대로 되리라 그러므로 내가 너희에게 말하노니 무엇이든지 기도하고 구하는 것은 받은 줄로 믿으라 그리하면 너희에게 그대로 되리라"(막 11:23-24).

얼마나 확실한 말씀인가! 그런데 우리의 확신은 부족하다. 산이 여전히 우리 앞에 우뚝 서 있고 기도한 바를 얻은 줄 믿지 못한다. 지난 역사를 아무리 회고해 보아도 산이 바다에 빠진 사례가 없다. 달이 아얄론 골짜기에 머물렀던 것은 여호수아 시대의 일이요, 일영표 뒤로 잠시 물러간 것도 히스기야 때에 한했다. 우리는 기도를 통한 기적의 역사에서 한 발작도 앞으로 나아가지 못했다. 우리의 기도를 확신에 이르지 못하도록 방해하는 것은 우리 안에 있는 의심이다.

1) 의인의 기도(약 5:15-16)

> 기도가 만능이 아니라, 의인의 기도가 만능이다. 기도하는 자체가 중요한 것이 아니라, 우리 자신이 의인의 반열에 드는 것이 관건이다.

믿음은 기도를 효과적이게 하고, 믿음의 기도는 하나님을 영화롭게 한다. 믿음으로 드리는 기도는 곧 의인의 기도다.

> "믿음의 기도는 병든 자를 구원하리니 주께서 저를 일으키시리라 혹시 죄를 범하였을지라도 사하심을 얻으리라 이러므로 너희 죄를 서로 고하며 병 낫기를 위하여 서로 기도하라 의인의 간구는 역사하는 힘이 많으니라"(약 5:15-16).

믿음으로 사는 의인의 기도는 믿음의 기도다. 믿음의 삶이 없으면 믿음의 행위가 뒤따르지 않고, 믿음의 기도 자체가 불가능하다. 우리의 삶은 각종 질병과 죄로 충만하다. 흉한 병에 걸려 시한부 인생을 사는 하나님의 사람들을 지켜보는 것은 참으로 가슴이 미어지는 일이다. 우리 삶을 지치게 하고 영혼을 곤고케 하는 이런 현상은 날마다 의인의 기도를 요구하고, 믿음의 의인들은 이를 위하여 기도드린다. 우리는 하나님의 계획을 모르기에 다만 의인이 되어 긍휼의 기도를 드릴 뿐이다.

모든 기도에 역사가 따를 필요는 없지만 어떤 기도에는 역사가 따라야 한다. 응답은 추상적이지 않다. 매우 실제적이고 구체적이다. 의인의 기도는 추상적이지 않고 아주 구체적이다. 구체적인 기도에 구체적으로 응답하시고, 추상적인 기도에 추상적으로 응답하시는 분이 하나님이시다. 주님이 제자들에게 가르치신 기도는 매우 구체적이다. 의인은 믿음으로 세움 받은 자다. 믿음은 보이지 않는 것들을 보는 것처럼 믿게 한다. 기적을 보고, 치유를 보고, 문제 해결을 본다.

신비한 역사를 구해서가 아니라, 의인이 되어 드리는 기도에 실제적인 역사가 따른다. 기도는 사람이 하지만 역사는 하나님이 행하신다. 누군가의 기도로 기적이 일어나도 자랑할 것이 없음은 기적의 주역이 바로 하나님이시기 때문이다. 하나님이 영광 받으셔도 기적의 산파 역할을 한 기도자에겐 주님이 주신 놀라운 위로와 은혜가 있다. 믿음의 기도에는 역사가 따른다.

의인은 사자같이 담대하여 하나님께 구할 때 우물쭈물하지 않는다. 당당하게 기도한다.

> "여호와는 악인을 멀리하시고 의인의 기도를 들으시느니라"(잠 15:29).

이는 의인을 가까이하신다는 말이다. 기도가 만능이 아니라, 의인의 기도가 만능이다. 기도하는 자체가 중요한 것이 아니라, 우리 자신이 의인의 반열에 드는 것이 관건이다. 불의한 기도는 간절함이 태산을 이루어도 응답과 무관한 울림이다. 기도자는 자신의 불의로 인해 영광스런 기도에 그림자가 드리우고 하나님이 예비하신 응답이 무위에 그치지 않도록 늘 의로움을 살펴야 한다. 성도의 의로움은 거룩한 삶으로 보살필 때 흠 없이 보존된다. 믿음으로 의인이라 인침 받았으나 그 상태를 지속시키는 것은 성령의 도우심만으로 가능하다. 우리가 매 순간 성령 충만해야 할 까닭이 여기에 있다.

"여호와의 눈은 의인을 향하시고 그 귀는 저희 부르짖음에 기울이시는도다"(시 34:15).

(1) 신유와 사죄

치유와 사죄는 믿음의 기도로 이루어진다. 모든 병이 치유로 낫는 것은 아니지만 기도로 낫지 못할 병은 하나도 없다.

치유와 사죄는 믿음의 기도로 이루어진다. 모든 병이 치유로 낫는 것은 아니지만 기도로 낫지 못할 병은 하나도 없다. 병이 타락한 인간에게 다가온 저주이긴 하지만, 병을 다스리는 분은 하나님이시다. 사탄이 인간에게 병을 주고 낫게 하는 것이 아니다. 사탄이 병을 주었다면 고칠 능력도 그에게 있을 것이다.

욥을 시험할 때 사탄은 하나님의 허락을 받고 욥에게 몹쓸 병이 들게 했다. 크고 작은 모든 질병을 하나님이 허락하셨으므로 치유의 능력도 오직 하나님께만 있다. 치유는 주님의 이름으로 일어나는 역사다. 치유 기도에 있어 치유자가 누구인가를 인식하는 것은 치유 자체보다 더욱 중요하다. 오늘날 특정인의 전유물인 양 치유 사역의 초점이 하나님보다 인간에게 집중되는 것은 병적 현상이다. 하나님의 영광을 가로채도 역사는 일어나서 사람들이 분별에 어려움을 겪는다. 문제는 치유가 영혼 구원과는 별개의 문제라는 사실이다.

주님은 십자가의 보혈로 이미 인류의 모든 죄악을 속죄하셨다. 속죄의 능력은 주님께 있다. 속죄의 능력을 끌어오는 것은 기도다. 믿음의 기도다. 우리가 지은 모든 죄, 낱낱의 죄는 오직 기도를 통해서만 용서함 받는다. 기도는 사죄의 능력을 가져온다. 주님께서 성취하신 모든 것은 믿음과 믿음의 기도로 개인에게 연결된다. 사죄를 위한 기도는 무조건 드리는 기도가 아니다. 죄의 고백이 선행되어야 한다. 사람이 죄를 마음속에 품고 있으면 사죄의 능력이 작동하지 않는다. 눈물을 흘리고 죄 사함을 통고받았다 해서 사죄가 일어나는 것은 아니다. 사죄의 은총은 감정과 푸닥거리 같은 열광적 분위기의 산물이 아니다.

영혼이 깨지는 아픔을 통해서만 보혈이 역사한다. 죄 사함의 은혜는 상하고 통회하는 심정을 주님께 직고함으로써만 가능하다. 죄를 고백하면 주님이 사하시고 모든 불의에서 우리를 깨끗하게 하신다. 사죄를 위한 기도가 능력이다.

치유 집회의 범람은 교회의 건강을 위해서는 바람직하지 않다. 치유는 교회 공동체를 중심으로 이루어져야 한다. 병 낫기를 원하면 교회의 기름 부음 받은 자를 청하여 기도드린다. 지역교회의 사역자와 기도하는 성도들이 합심하면 충분하다. 그들에게 치유의 은사가 있건 없건 아무 상관없다. 치유는 하나님이 하신다. 사람이 단지 도구일 뿐이라면 은사의 유무는 중요하지 않다. 병자를 위한 긍휼의 마음으로 주님께 부르짖으면 하나님이 고치신다. 관건은 긍휼의 마음이다. 특정 인물 중심으로 치유 사역을 전문화하는 것은 위험하다. 성경 어디에도 치유 집회의 전형이 될 만한 사례는 없다. 치유 사역이 횡행하는 곳은 혼돈의 영이 날뛰는 온상이 되기 쉽다.

치유와 축귀는 말씀의 권능이 드러나는 곳이면 언제라도 일어난다. 평범한 사역자도 치유의 적절한 도구로 사용될 수 있다. 복음을 전하는 과정에서 그럴 필요가 있으면 주님이 행하신다.

(2) 역사하는 힘이 많음

기도할 수밖에 없는 인간의 상황은 하나님의 능력이 역사하시는 현장이다. 기도하지 않으면 인간의 역사가 평소처럼 진행된다. 기도하면 하나님의 역사가 인간 역사를 뒤집는다.

의인의 기도는 놀라운 역사를 일으킨다. 다니엘의 기도는 사자굴 속에서도 사자의 입을 봉하게 했으며 사드락, 메삭, 아벳느고의 기도는 뜨거운 불길도 부끄럽게 만들었다. 기도는 하나님의 기이한 도우심을 가능케 한다. 히브리서 11장에 소개된 믿음의 영웅들은 한결같이 믿음과 함께 기도에 있어 탁월함을 이룬 사람들이었다. 사실 기도에 용한 사람은 없다. 그가 아무리 기도를 많이, 자주 드릴지라도 그것이 그의 기도를 능력 있게 만드는 것이 아니다. 많이 기도하고, 깊이 기도하는 것이 자랑이 될 수는 없다.

하나님은 각자에게 필요한 기도의 분량을 정하셨다. 자신이 남보다 더욱 뜨겁게 부르짖음은 자신의 영성이 탁월하기 때문이 아니다. 하나님이 그렇게 만드셨다. 어쨌든 역사하는 힘이 많은 기도는 의인의 간구다. 기도의 행위 때문에 의를 얻는 것이라면 이미 복음이 아니다. 믿음으로 의롭다 하심을 받은 사람의 기도가 의인의 기도다.

우리를 시험하는 모든 환경과 걱정거리들은 하나님의 역사를 위한 소재들이다. 능력으로 역사되기를 기다리는 문제 더미야말로 우리가 하나님을 체험할 수 있는 좋은 소재들이다. 문제는 정답의 베일을 벗기기 위함이다. 고난은 영광의 탄생을 알리는 팡파르다. 기도할 수밖에 없는 인간의 상황은 하나님의 능력이 역사하시는 현장이다. 기도하지 않으면 인간의 역사가 평소처럼 진행된다. 기도하면 하나님의 역사가 인간 역사를 뒤집는다. 하나님의 입김이 작용하면 도도히 흐르던 역사의 물줄기도 바뀐다. 기적은 항상 그런 하나님의 개입과 관여에서 생겨난다.

표적과 기사는 능력의 다른 이름인데 기도 외에는 나타나지 않는다. '역사하는'(energoumene)은 수동태로 능력을 행사하는 주체가 기도자가 아닌 하나님 자신임을 시사한다. 우리가 간구하면 하나님이 친히 몸을 일으키시고 손을 놀리신다. 만물의 모든 흐름은 오직 간구의 응답에 집중된다.

성경에서 기도를 통해 일어난 일들을 제거하면 성경의 부피가 눈에 띄게 줄어들 것이다. 그만큼 성경은 기적 이야기로 채워져 있다. 사람이 성경에 나타난 기사와 이적들을 믿음 밖에서 이해하기란 불가능하다. 불신의 눈으로는 신자가 당연히 여기는 일들도 허무맹랑하기 짝이 없다. 심지어 눈앞에서 기적이 일어나도 마음이 닫혀 있으면 우연이나 희한한 일 정도로 치부할 뿐 하늘의 일로 받지 않는다. 이성은 뱃속의 에서와 야곱처럼 태어나기 전부터 신앙과 싸운다.

이성과 신앙은 천적이다. 이성이 신앙보다 우위에 있으면 영혼은 어둠에 싸이고, 신앙이 이성을 통제하면 영혼이 단정해진다. 응답은 기도가 믿음으로 관통될 때 일어난다. 성경의 응답 사례는 전시용이 아니다. 지금도 믿는 자가 활용하여 하나님의 위대한 역사를 써야 한다. 역사하는 능력을 지난 시대의 유물로 박제시키는 것은 어리석은 일이다. 역사는 지금도 계속된다.

2) 확신의 기도(마 21:22)

번영보다 역경의 때에 친구를 만나듯 하나님을 향한 확신은 형통할 때보다 곤고한 시절에 생긴다. 넘어지며 한탄하기보다 일어나려 몸부림치며 울부짖는다. 확신은 절망적 환경을 믿음으로 거부하는 의지며 능력이다.

믿음의 기도가 믿는 사람의 기도라면 모든 믿는 자들에게 적용되어야 한다. 그러나 여기에서의 믿음이란 단순한 믿음이 아니라 충만한 확신(full assurance)을 일컫는다. 확신은 성긴 데가 없는 믿음 상태의 온전함이다. 자신이 지닌 믿음의 기울기가 뒤집혀도 다니엘의 세 친구처럼 하나님 신앙을 노래하는 믿음이다. 의심이 제거된 순수한 믿음에서 드리는 것이 확신의 기도다. 확신은 우리의 마음에서 의심이나 불신의 불순물이 완전히 제거된 순백의 믿음이다. 투명한 영혼은 하나님과의 관계에서 거리끼는 것이 없어 확신으로 기도드릴 수 있다. 기도가 확신 속에서 이루어지면 응답은 필수적이다.

"너희가 기도할 때에 무엇이든지 믿고 구하는 것은 다 받으리라"(마 21:22).

응답은 확신과 함께 동여매어 있다. 디모데는 배우고 확신한 일에 거했다(딤후 3:14). 주님이 빛 가운데 거하신 것처럼 빛 가운데서 행하는 것이 확신 가운데 거하는 것이다.

기도의 사람 다윗은 확신을 근거로 위기 때마다 하나님께 부르짖었다.

"하나님이여 내게 응답하시겠는 고로 내가 불렀사오니 귀를 기울여 내 말을 들으소서"(시 17:6).

가장 위대한 확신은 하나님의 침묵 속에서 진행된다. 번영보다 역경의 때에 친구를 만나듯, 하나님을 향한 확신은 형통할 때보다 곤고한 시절에 생긴다. 넘어지며 한탄하기보다 일어나려 몸부림치며 울부짖는다. 확신은 절망적 환경을 믿음으로 거부하는 의지며 능력이다. 성도의 확신은 시시포스의 의지를 능가한다. 예전에 우리의 기도를 즐겨 들으시던 하나님께서 일체의 반응도 없이 꼭꼭 숨어버리신 것 같은 느낌이 들 때 하나님을 더없이 신뢰한다. 그 많은 기도들이 헛되게 느껴지고 주변 상황이 최악으로 치닫는 때에 기도의 목소리를 더욱 키운다.

기도의 샘을 더 깊이 파면서 하나님의 선하심을 기쁨으로 묵상한다. 확신만이 의심을 죽인다. 확신은 최강의 무기다.

파란 신호등이 고장 나고 빨간 신호등의 불빛만이 반짝일 때 잠시 후의 파란 빛을 미리 보면서 기도드릴 수 있는가? 인생에 칠흑 같은 어둠이 찾아들어 빛을 볼 수 없을 때, 곳곳마다 지뢰밭 투성이고 삶이 암초 사이에서 기우뚱거리는 배와 같을 때 여전히 하나님을 생각함으로 빛을 기대할 수 있는가? 하나님은 성도의 확신, 위기를 당해 확신으로 기도드리는 것을 기뻐하신다. 우리가 확신의 기도를 드려야 하는 것은 그것이 하나님을 기쁘시게 하기 때문이다. 믿음이 없이 하나님을 기쁘시게 하는 방법은 없다. 능치 못할 것이 하나도 없는 하나님께서 우리의 기도를 듣고 응답할 것을 수없이 약속하셨는데, 그 말씀을 믿지 않고 기도한다면 우리의 불신이 하나님의 능력을 무기력하게 만드는 것이다. 주님의 약속은 해가 동쪽에서 뜨는 것 이상으로 확실하다.

> "……너희가 무엇이든지 아버지께 구하는 것을 내 이름으로 주시리라"(요 16:23).

(1) 무엇이든지 구함

우리에게 부족한 것은 응답의 경험이 아니라 기도의 경험이다. 일천한 기도의 경험이 응답에 문외한이게 한다. 기도의 사다리가 하늘에서 땅으로 내려오면 천사가 오르내리는 응답을 경험한다.

하나님께 드리는 기도에는 제한 구역이 없다. 무엇이든지 가능하다. 우리는 기발한 일을 위해 기도하지 않는다. 정도를 벗어난 비상식적인 기도도 삼간다. 필요하다면 비상식적이고 비이성적인 기도도 드린다. 우리의 상상을 초월한 엄청난 일들까지 가능하지만 우리는 다만 지각이 허락하는 한도에서 기도드릴 뿐이다. 우리의 필요보다 앞서는 것은 하나님의 경륜이다. 하나님이 원하시면 어떤 기도도 가능하다. 그것이 믿음 안에서 갖는 우리의 담대함이다. 우리에게는 기도의 내용이 지닌 경중에 따라 중요성이 판단되지만, 하나님께서는 모든 기도가 동일하다. 우리에게는 필요한 것, 하나님께서는 가능한 것이라는 사실 밖에는 달리 구분할 것이 없다.

믿고 구한 것을 다 받음에 대한 담대한 확신은 우리가 드린 믿음의 기도가 하나님의 뜻대로 구한 것이기 때문이다. 뜻을 벗어나면 힘찬 기도도 힘이 없다. 뜻을 따르면 기도는 언제나 강하다.

무엇이든지 뜻대로 하실 수 있는 하나님은 무엇이든지 응답하실 태세가 되어 있는데 무엇이든지 할 수 없는 우리는 무엇이든지 기도하지 않는다. 하나님의 뜻을 가로막는 내 뜻이 강하기 때문이다. 이것이 가책으로 작용해 무엇이든 기도하지 않게 한다. 불신이 이유가 될 수 있고, 의심이 그 배경일 수 있다. 주님께서 어린아이의 믿음을 칭찬하신 것은 그들이 본성적으로 모든 것을 의심 없이 아버지께 조르기 때문이다. 그들은 너무 단순해서 의심하지 못한다. 말씀을 그대로 믿는 것이 복잡하게 의심하는 것보다 훨씬 수월하다.

우리는 어른이 되어 어린아이의 유치함을 벗어났지만, 평생

버려서는 안 될 천진난만함을 내버렸다. 너무 재느라 하나님의 뜻보다 자신의 뜻을 앞세워 기도에 자신감을 잃고, 생각이 복잡해 기도 응답의 담대함을 갖지 못한다. 우리에게 필요한 것은 어린아이의 단순함이다. 복잡하게 생각하면 기도의 바른 길을 잃는다.

기도에는 아무 제한이 없다. 기도자의 구분도, 기도 내용의 경계도 없다. 믿음 안에서 누구든, 언제든, 무엇이든 구할 수 있다. 구함의 영역이란 측면에서 기도의 경계는 존재하지 않는다. 한량없으신 주님께로 말미암는 응답은 머리만 있지 꼬리가 없다. 하나님이 영존하시듯 하늘의 응답은 땅의 기도가 지속되는 한 계속된다. 해가 동쪽에서 떠오르듯, 응답은 하나님으로부터 줄기차게 임한다.

우리에게 부족한 것은 응답의 경험이 아니라 기도의 경험이다. 일천한 기도의 경험이 응답에 문외한이게 한다. 기도의 사다리가 하늘에서 땅으로 내려오면 천사가 오르내리는 응답을 경험한다. 우리는 스스로 제한하고 머뭇거리며 기도로 하나님께 나아가기를 주저한다. 예전에도 그런 머뭇거림이 응답을 유보시켰고, 지금도 그렇다. 우리의 발목을 붙드는 것은 지나친 신중함이다. 신중함은 필요하나 지금 우리에게 필요한 것은 과감한 기도 자세다.

(2) 구한 것을 다 받음

 우리가 쏘는 기도의 화살이 간혹 과녁을 비껴가긴 하지만,

> 하나님이 쏘시는 응답의 화살은 언제나 관중(貫中)이다. 응
> 답의 능력은 언제나 기도의 내용보다 무겁다.

구한 것은 다 받는다. 모두 구했으면 모두 응답을 받고 조금 구했으면 조금 응답받는다. 아예 기도하지 않았으면 전혀 응답을 받지 못한다. 조금 간구했는데 많은 응답을 받고, 많이 기도했는데 조금 응답을 받는 예는 없다. 특별한 경우에 주님의 긍휼을 따라 적게 심고 많이 거두긴 하지만 이는 매우 이례적인 경우다. 심은 대로 거둠은 하늘의 법칙이다. 수확하는 기쁨의 단은 흘린 눈물의 양에 정비례한다. 웅덩이의 깊이가 깊을수록 담기는 물의 양도 많다.

기도의 질이 기도한 양에 의해 좌우되는 것은 아니지만, 응답과 연관하여 기도의 분량은 결코 무시할 수 없는 부분이다. 기도의 분량과 함께 하나님의 뜻에 기도의 초점을 맞추는 것이 핵심이다. 우리가 하나님의 뜻대로 구하면, 어떤 기도든 하나님이 들으신다. 하나님께서 들으시면 응답은 기정사실이다. 응답이 우리의 기대와 달라도 하나님의 때에 하나님의 방식대로 성취하신다.

기도는 현실이다. 툭 불거져 나온 손등의 푸른 핏줄처럼 기도의 현실은 너무도 생생하다. 절실한 삶의 현장에서 정직한 삶을 살려면 기도에 매달리지 않을 수 없다. 기도를 연습하기엔 삶이 너무 절실하다. 우리의 지난 삶은 기도에 많은 진보를 이루긴 했지만 아직도 정상의 길에서는 멀다. 응답되었다 확신하지만, 응답받지 못했다고 생각되는 기도가 있다면 우리는 아직도 기도 중에 있다. 한마디로 모든 기도는 응답되어야 한다.

그것이 모든 것을 응답하겠다고 약속하신 하나님의 하나님 됨을 드러내는 일이다.

　기도는 현실에서 하늘의 은혜를 체험하는 축복의 도구다. 빠짐없이 남김없이 모든 것을 기도로 아뢰고 의심 없이, 욕심 없이 주님의 뜻에 머물기만 하면 엘리야를 태운 불말과 불병거가 우리에게도 다가올 것이다. 그것은 때를 따라 비를 멈추게 하고, 다시 때를 따라 비를 내리게 한 영광의 기도자를 위한 하나님의 배려였다.

　믿음의 기도는 적중률 100%다. 우리의 기도가 부실해도 하나님의 응답에는 하자가 없다. 하나님은 기도자보다 크시지 아니한가? 우리가 쏘는 기도의 화살이 간혹 과녁을 비껴가긴 하지만 하나님이 쏘시는 응답의 화살은 언제나 관중(貫中)이다. 응답의 능력은 언제나 기도의 내용보다 무겁다. 죄에 대한 심판에 있어 하늘로부터 내린 비는 지상의 모든 생명을 죽이기까지 쉬지 않았다. 모든 기식 있는 것들의 멸절이 노아 가족에게는 온전한 구원이었다. 마지막 한 방울의 비까지 쏟아져야 심판이 종결되듯, 기도 응답도 완벽히 이루어지기까지 하나님은 쉬지 않으신다. 완전 응답은 우리가 요청한 게 아니라 주님께서 재삼재사 약속하셨다.

　응답을 완전히 이루시는 것은 하나님의 성품이다. 한 가지, 추상적으로 기도하면 응답도 추상적이나 구체적으로 기도하면 응답도 구체적이다. 기도자는 90% 응답에 만족하지 않고 오직 100%를 지향한다.

2. 간절하게

간절한 기도자는 오늘도 열정을 분출시키며 언젠가 바라보아 음미할 기도의 분화구를 만들어 간다. 간절함 앞에는 죽음도 잰걸음을 한다.

두 번째 방식은, 간절하게 기도드린다. 간절함은 마음에 쌓인 원한에서 비롯된다. 불의한 재판관의 비유에서처럼, 과부로 하여금 무모함에 가까운 접근을 시도하게 한 것은 간절함이었다. 마음에 소원이 가득 차면 간절함이 발효된다.

물은 비등점(boiling point)에 이르는 순간 끓는다. 소원이 수북하게 쌓이면 그것이 극진한 갈망이 되어 간절함을 태동시킨다. 이 간절함이 거름이 되어 기도의 싹을 키운다. 간절한 기도와 평상적인 자세의 기도는 마치 식물을 심은 뒤에 비료를 주고 안 주고의 차이와 같다. 비료 없이도 식물은 자라지만 발육 상태가 좋지 않다. 이에 비해 거름을 풍족하게 주면 식물은 건강히 빨리 자란다. 깊이 기도하는 사람들에게 가장 보편적인 모습이 바로 이 간절함이다. 간절함은 마음의 갈망에서부터 목소리와 표정, 바치는 시간에 이르기까지 외부로 분명하게 드러난다. 물론 조용하게 진액을 짜내는 기도도 있다.

간절함은 마른 장작에 기름을 적시는 것과 같다. 간절함은커녕 믿음도 의욕도 없이 드리는 기도는 마치 젖은 장작에 불을 붙이는 것과 같아 매캐한 짜증의 연기만 피울 뿐이다. 기름 장작은 불이 빨리 붙고 화력이 좋듯 간절한 기도의 화력은 세차다. 간절한 기도는 응답의 불꽃을 속히 일으킨다. 야고보의 순교로 인해 예루살렘 교회는 초긴장 상태에 빠졌다. 야고보의 죽음을 기뻐한 유대인들을 보고 헤롯 왕은 베드로까지 체포 구금시켰다. 교회는 비상한 위기에 처했다. 이때 교회가 선택한 길은 옳았다. 그들은 베드로를 위해 간절히 기도드렸다.

"이에 베드로는 옥에 갇혔고 교회는 그를 위하여 간절히 하나님께 빌더라"(행 12:5).

절박한 환경은 하나님이 우리에게 간절함을 불러일으키는 도구다. 위기 앞에서 고꾸라지는 사람이 있는가 하면 무릎 꿇는 사람도 있다. 기도자는 절망으로 곤두박질치면서도 맞잡은 기도의 손을 풀지 않는다.

간절함을 비웃을 사람이 어디 있겠는가? 벼랑에 매달린 사람이 의지하던 풀뿌리가 '뿌지직' 소리를 낼 때 마음의 간절함은 하늘에 닿는다. 천 길 낭떠러지에 매달려 구조를 기다리는 사람의 속은 간절함으로 새까맣게 타들어간다. 간절함은 인생의 마지막 고비에서 내뿜는 마지막 절규 같은 것이다. 비장감, 진실함, 후회와 자탄, 새로운 각오와 서원 같은 것들이 간절함을 더욱 애타게 만든다. 간절함은 열정을 동반하고 용암처럼 뜨거운 열기도 솟구친다. 모든 간절한 기도에는 식어야 함에도 식지 않는 열정이 있다. 지구의 분화구는 화산이나 운석에 의한 일종의 커다란 상처인데, 우리의 간절한 기도 생활 뒤에는 반드시 열정의 흔적인 분화구가 남아 있다. 간절한 기도자는 오늘도 열정을 분출시키며 언젠가 바라보아 음미할 기도의 분화구를 만들어간다. 간절함 앞에는 죽음도 잰걸음을 한다. 야이로의 외동딸은 간절함으로 소생하였다.

위기 앞에서 하나님께 무릎 꿇는 사람은 고꾸라지는 사람에 비해 간절함을 배우기 쉽다. 절박한 환경에 놓이면 기도자는 환경을 바라보지 않고 무능한 자신을 부인하며 오직 하나님께 처절히 매달린다. 달리 방도도 없다. 모든 희망이 거세되고 가능성이 못 박혀버린 삶의 현장에서 기도자의 목소리는 천지를 진동시킨다. 오직 한 분 하나님께 온 마음을 다해 울부짖는다. 하나님께만 해결의 실마리가 있다. 간절한 기도는 전심으로 부르짖는 기도다. 전심이란 마음이 두셋으로 나누어지지 않고 하나인 상태다.

> "너희는 내게 부르짖으며 와서 내게 기도하면 내가 너희를 들을 것이요 너희가 전심으로 나를 찾고 찾으면 나를 만나리라"(렘 29:12-13).

전심으로 여호와를 구하는 자가 복되다(시 119:2). 120문도들은 성령을 받기 위해 모두 마음을 같이 하여 전혀 기도에 힘썼다. 간절함이란 처절함이다. 처절한 기도의 결과는 결코 처절하지 않다.

1) 엘리야(약 5:17-18)

그는 이기고 살기 위해 결사적이 되었다. 그의 간구는 짧았으나 검광이 번득이듯 말마디마다 힘이 넘쳤다. 즉시 하늘에서 불이 임했다.

엘리야는 기도에 있어 간절함의 대명사로 불린다. 그의 기사는 열왕기상 17장 이후에 나타나지만 평생 사역을 간략히 정리한 야고보 사도의 기록에서 그의 기도의 생애를 단적으로 볼 수 있다.

> "엘리야는 우리와 성정이 같은 사람이로되 저가 비 오지 않기를 간절히 기도한즉 삼 년 육 개월 동안 땅에 비가 아니 오고 다시 기도한즉 하늘이 비를 주고 땅이 열매를 내었느니라"(약 5:17-18).

그가 기도함으로 하늘에서 불이 내렸고 메말랐던 땅에 단비가 내렸다. 그가 보여준 간절한 기도(earnest prayer)는 한 인간이 기도의 세계에서 이룩할 수 있는 높다란 경지였다. 간절한 기도만이 해법이다. 간절한 기도가 과연 간이 저릴 만큼의 기도라면 간이 물처럼 쏟아졌던 예레미야는 실로 간절한 기도자였다. 우리는 엘리야와 같은 성정을 지녔지만 간절함에서 엘리야에 미치지 못한다. 그것이 우리의 기도를 엘리야의 불 같은 기도와 구별되게 만드는 것이다.

엘리야는 능력의 기도로 산 표본을 보였다. 그는 모두가 여호와 신앙을 외면한 자리에서 결사각오로 절박한 영적 전투에 임했다. 가시적으로 그의 편이 되어준 사람은 아무도 없었다. 고립무원의 상황에서 엘리야는 말 그대로 고군분투했다. 불로 응답하시는 신이 하나님이라는 목표를 두고 바알 선지자들이 광란의 제사를 드린 직후에 엘리야는 여호와의 하나님 되심과 자신의 종 됨을 알려 달라며 응답을 거듭 촉구했다.

850대 1의 대결 현장에서 엘리야는 수세에 있었고 구경꾼들마저 엘리야에게 호의적이지 않았다. 엘리야가 기댈 곳은 불로 응답하실 수 있고 응답하셔야만 하는 하나님 한 분뿐이었다. 그는 이기고 살기 위해 결사적이 되었다. 그의 간구는 짧았으나 검광이 번득이듯 말마디마다 힘이 넘쳤다. 즉시 하늘에서 불이 임했다. 엘리야는 강력한 기도를 드림에 주저하지 않았으며, 그의 간절함을 따라 하나님도 즉각 응답하셨다.

엘리야는 간절함으로 하늘의 문을 두 번이나 열었다. 먼저는 여호와의 하나님 되심을 나타내는 불을 내리게 했고, 이어서 3년 6개월 동안 메말랐던 땅에 비를 내리게 했다. 하나님이 불을 내리고 비를 내리셨지만 불과 비를 적시에 내리게 한 것은 엘리야의 간절한 기도였다. 그것이 야고보 사도가 자신의 편지를 끝내는 부분에서 엘리야의 간절한 기도로 마무리한 이유다.

엘리야는 우리와 성정이 같았으나 간절함의 정도에서 현격한 차이를 보였다. 그의 간절함은 상상초월이었다. 하나님의 하나님 되심과 자신의 종 됨을 드러나게 해 달라던 그의 기도는 담대하기 짝이 없었다. 자신이 행하는 바가 모두 주님의 말씀에 근거한 것임을 고백한 사실에서도 그의 자신감과 확신을 엿볼 수 있다. 자만심의 그림자라곤 찾아볼 수 없는 자신감이 그가 드린 기도의 강점이었고, 이것이 그를 능력의 기도자로 세워주었다. 엘리야는 간절한 기도의 대명사다.

(1) 일곱 번 엎드림

엘리야의 기도가 위대한 점은 응답되기까지 결코 꿇은 무릎을 일으키지 않았다는 사실이다.

엘리야는 무너진 단을 수축하고 열두 돌로 제단을 쌓아 번제를 드렸다. 그리고 단을 빙 둘러가며 판 도랑에 생명수 같은 물을 부었다. 엘리야는 하나님의 신성과 자신의 거룩한 정체성에 근거하여 울부짖었다. 계속해서 그 하나님이 종 된 자신의 기도처럼 불로 응답해 주시기를 간절히 부르짖었다. 바알과 달리 하나님의 응답은 재빨랐다. 하늘에서 불이 내려와 번제물을 다 태우고 도랑의 물을 죄다 핥았다. 엘리야 선지자는 거짓 선지자들을 기손 시냇가로 끌고 가 도륙을 내었다. 갈멜 산에서의 승리는 여호와만 하나님이심을 만천하에 알리는 쾌거였다.

아합 왕이 높은 곳에 올라가 먹고 마시는 동안 엘리야는 기도의 산으로 올랐다. 한 번의 승리에 만족하지 못한 엘리야는 지속적인 승리를 위해 가파른 기도의 산등성이를 넘었다. 엘리야는 영적 호승심이 강한 종이었고, 하나님은 그런 엘리야의 손을 들어주셨다. 외로운 기도자의 승리였다.

엘리야는 아합 왕보다 더 높이 산꼭대기까지 올랐다. 왕이

앉아 먹고 마시는 동안 엘리야는 땅에 꿇어 엎드렸다. 왕이 승리의 축하연을 베풀 때 엘리야는 결정적인 승리를 위해 기도의 제단에 엎드렸다. 그는 얼굴을 무릎 사이에 넣고 비 오기를 위해 간절히 기도했다. 그의 기도 자세는 오랜 기도 생활 끝에 터득한 기도의 관절꺾기였다. 그의 몸은 높은 머리를 낮은 무릎 사이에 넣을 만큼 유연했다. 여섯 번까지 아무 일도 일어나지 않았다. 일곱 번째 그가 엎드렸다 일어났을 때 지중해의 하늘 끝에서 사람의 손만한 구름이 일어났다. 자연의 한 현상이었지만 엘리야는 작고 보잘것없는 구름 조각에서 하나님이 하늘에 새기신 징조를 보았다. 엘리야는 작은 구름에서 이스라엘의 오랜 가뭄을 해소할 큰비의 소리를 들었다. 엘리야의 작은 구름은 큰비를 부르는 응답의 표징이었다. 완전의 상징 일곱처럼 그는 응답되기까지 기도드렸다.

하나님은 6일 만에 천지 만물을 조성하시고 제7일째 쉬심으로 창조 사역을 마무리하셨다. 애굽의 풍년과 흉년에 대한 징조는 일곱 암소와 일곱 이삭으로 나타났다. 여호수아와 백성은 여리고 성을 일곱 번 돌았다. 나아만은 일곱 번 몸을 요단강 물에 담갔다. 막달라 마리아에게서는 일곱 귀신이 쫓겨났다. 요한계시록에는 일곱 교회, 일곱 편지, 일곱 천사, 일곱 인, 일곱 나팔, 일곱 우레, 일곱 대접이 일곱 개의 환상으로 이루어졌다. 일곱은 완전을 상징한다. 엘리야는 완전하게 기도드렸다. 완전한 기도는 응답되기까지 부르짖는 것이다.

엘리야의 기도가 위대한 점은 응답되기까지 결코 꿇은 무릎을 일으키지 않았다는 것이다. 결사 각오가 없다면 실현하지 못할 기도의 저력이다. 이처럼 응답은 완벽한 기도에 기인한다. 우리는 자주 여섯 번째에서 손을 털고 일어선다. 마지막 곡괭이질을 포기해서 금맥에 닿지 않음은 얼마나 억울한 일인가!

(2) 손바닥만한 구름

열매에서 미래의 씨를 보고 씨에서 탐스런 열매를 보면 비범한 자다. 기도는 평범한 자의 안목을 비범하게 만든다.

삼 년 육 개월 동안 가물었던 이스라엘 땅에 손만한 작은 구름은 아무것도 아니었다. 그동안 그보다 더 큰 구름이 수천수만 번 일어났지만 비는 없었다. 먹구름이 하늘을 가득 뒤덮어도 비는 없었다. 사환의 보고를 접한 엘리야는 기도의 무릎을 일으켰다. 그 많고 많은 구름 가운데서 손만한 구름에 불과했을 뿐이지만, 엘리야가 기도의 무릎을 일으킨 것은 그 작은 구름이 일곱 번 엎드린 끝에 나타난 징조였기 때문이다.

엘리야는 아합 왕에게 비 맞지 않게 마차를 타고 환궁할 것을 전했다. 잠시 후에 구름과 바람이 일어나 하늘이 캄캄해지면서 큰비가 내렸다. 엘리야의 손만한 작은 구름은 36개월 메말랐던 땅을 적시는 큰비의 전조였다. 아무도 몰랐지만 기도의 사람 엘리야에게는 그것이 보통 구름이 아니라 응답의 빗방울로 깨달아졌다. 모두가 응답이 멀어진 기도의 현장에서 절망을 이어가고 있을 때 엘리야는 응답을 일구어냈다.

구름의 크기가 문제가 아니다. 그것이 누구의 구름이냐가 중요하다. 엘리야의 구름이 아니라면 그것이 집채만한 구름을 이루고 산만한 구름이 하늘을 빼곡히 채워도 빗방울 하나 내리지 않는다. 지극히 작은 크기의 구름이라 할지라도 그것이 엘리야의 구름이라면 비를 부른다.

엘리야는 "여호와는 하나님이시다"의 뜻이다. 그의 이름이 시사하는 바는 크다. 여호와 신앙으로 똘똘 뭉친 엘리야의 내실 있는 기도가 엘리야의 징조 있는 구름을 떠오르게 했다. 구름의 크기나 형체가 중요한 것이 아니다. 대단한 것처럼 보이고 모두를 감동시킬 만한 기도일지라도 엘리야의 구름은 그가 드린 간절한 기도에 대한 하나님의 화답이었다. 엘리야가 간절히 기도하지 않았다면 결코 일어나지 않았을 기적의 씨앗이었다. 응답의 위대한 역사는 간절함을 뒤쫓는다. 간절함이 하나님을 감동시키고, 간절한 기도가 하늘의 보좌를 움직인다.

손만한 구름에서 거대한 빗줄기를 보는 것은 씨에서 열매를 볼 수 있는 하늘의 시선이다. 성령께서 밝히 비춰주시는 혜안이 없으면 우매하여 열매를 보아도 열매인지 모른다. 씨에서 씨를 보고 열매에서 열매를 보면 평범한 사람이다. 열매에서 미래의 씨를 보고 씨에서 탐스런 열매를 보면 비범한 자다. 기도는 평범한 자의 안목을 비범하게 만든다. 지혜가 없으면 안목이 잡히지 않는다. 기도는 식별력을 일으키고 분별력을 깨워 판별력을 세운다. 안목이란 마치 화룡점정과 같다. 주님의 기도에 하나님은 소리로 답하셨지만, 무리들은 우레가 울거나 천사의 답변이라고 했다. 같은 것을 듣고 보아도 해석이 다르다.

기도에는 차이가 있다. 제대로 파종한 자는 곧 이를 추수에 대비한다. 온전한 기도의 분량을 채운 자에게 나타나는 깨알 같은 징조는 태산 같은 응답의 신호탄이다. 기도로 새벽이슬을 머금으면 징조로 응답의 소나기를 경험한다.

2) 주님(눅 22:44)

감람산에서의 엎드림이 없으면 겟세마네의 기도도 없다. 감람산에 길이 나야 한다. 나의 감람산은 어디인가?

신약에는 참으로 많은 기도의 모본자들이 있다. 그럼에도 굳이 주님을 고른 것은 주님께서 우리에게 기도를 가르치신 분이기 때문이다. 주님은 하나님의 아들이시기에 본이 되신 것이 아니다. 엘리야가 우리와 성정이 같았듯, 육체로 오신 주님도 우리와 같이 시험을 받으셨다. 주님은 기도에 간절하셨다. 주님의 기도가 감동적인 것은 철저하고 완벽하게 인간으로서의 몸부림을 보이셨다는 점이다. 주님이 하려고 작정만 하셨다면 그런 처절한 기도의 과정 없이 구원의 대업을 이루셨을 것이다. 그러나 주님은 십자가의 고통뿐 아니라 인류의 죄를 걸머진 중압감으로 인해 처절한 겟세마네의 밤을 보내셔야 했다.

> "그는 육체에 계실 때에 자기를 죽음에서 능히 구원하실 이에게 심한 통곡과 눈물로 간구와 소원을 올렸고 그의 경외하심을 인하여 들으심을 얻었느니라"(히 5:7).

예루살렘을 위한 중보 기도에서도 주님은 통곡하시며 간절히 울부짖으셨다. 주님은 하나님의 아들이시라도 기도의 삶을 게을리하지 않으셨다. 주님은 공생애에 나서기 전에도 40일 금식 기도로 준비하셨고, 제자들을 선택하시기 전에도 온 밤을 지새우며 기도하셨다. 주님은 날마다 습관을 좇아 기도하셨다. 하루도 거르지 않고 기도할 수 있는 거룩한 습관은 고도의 훈련 과정 없이는 불가능하다. 주님은 갑자기 기도의 용사가 되신 것이 아니다. 평생에 걸쳐 기도의 가파른 산등성이를 쉼 없이 오르셨기에 기도가 호흡처럼 되었다. 주님이 자주 찾으신 곳은 해발 905m의 감람산이었다. 주님은 기도로 자신의 영혼을 짜고 또 짜셨다.

감람산 기슭에 위치한 겟세마네 동산에서 피땀과 눈물을 쏟아 바친 주님의 기도는 모든 기도자들의 모본이다. '올리브 압착기'를 뜻하는 겟세마네에서 올리브 기름을 추출하기 위해 열매를 기계에 넣어 기름을 짜듯 주님은 그렇게 기도하셨다. 죽지 않으려는 기도가 아니라 잘 죽기 위한 기도였다.

진액을 모두 짜내는 기도야말로 우리가 본받아야 할 간절한 기도다. 주님은 낮에는 회당에서 가르치시고 밤에는 쉬기 위해 감람산을 찾으셨다(눅 21:37). 주님께는 감람산이 휴식과 기도의 장소였다. 주님께는 기도가 곧 영적인 휴식이었다. 웨슬리는 50년 동안 새벽 5시에 기도하는 습관을 지켰다. 이 거룩한 습관이 그에게 놀랄 만한 건강을 주었다. 기도가 마치 호흡처럼 생활화되지 않으면 습관처럼 몸에 배기가 어렵다. 우리에게 필요한 것은 습관적인 기도의 장소인 감람산이다. 감람산에서의 습관적인 기도가 있어야 겟세마네의 진액을 짜내는 기도가 있다. 사람들은 겟세마네에서 드리신 주님의 기도에 감격하지만, 그 기도가 감람산에서의 지속된 기도의 산고 끝에 태어난 사실에 주목하지 못한다.

감람산에서의 엎드림이 없으면 겟세마네의 기도도 없다. 감람산에 길이 나야 한다. 나의 감람산은 어디인가? 과연 있기나 한 것인가?

(1) 힘써서

> 나와 우리가 하나님의 아들을 고통의 가시밭길에 구르게 했고, 울부짖게 했으며, 통곡의 밤을 지새우게 했다. 이제는 우리가 기도에 힘써야 할 때다.

겟세마네 동산에서 드리신 주님의 기도에 대해 누가는 특별한 언급을 했다.

> "예수께서 힘쓰고 애써 더욱 간절히 기도하시니 땀이 땅에 떨어져 핏방울같이 되더라"(눅 22:44).

히브리서 기자의 묘사에 비해 의사인 누가의 설명은 더욱 세밀하다. 이는 심신의 고통이 극한점에 다다랐음을 표현한 말이다. 겟세마네 동산의 늦은 밤은 차갑다. 찬 공기가 가득한 동산에서 땀을 흘릴 정도라면 그 기도의 강도를 상상할 수 있으리라. 그런데 땀이 핏방울같이 되었음은 측량 불가의 기도를 보여준다. 극도의 정신적 스트레스가 쌓여 육체가 감당할 수 없는 지경에 이르면 땀샘 사이의 매우 가느다란 모세혈관이 터져

땀에 피가 섞여 나온다. 일종의 혈한증(血汗症, Hematidrisis)인데, 이로 인해 피부는 약해지고 바늘로 살을 찌르는 것과 같은 고통을 동반하게 된다. 모세혈관이 터질 만큼 주님은 죄의 압력을 견디셔야 했다. 주님은 혼신의 힘을 다해 기도하셨다.

주님은 그 밤에 갈보리의 고통을 느끼셨다. 죽음의 그림자가 아닌 실체를 보았다. 거부할 수 없는 죽음이 쇠망치처럼 주님의 정신에 타격을 가했다. 주님은 온몸으로 죽음의 고통과 싸우셨다. 조금의 쉴 틈도 없이 고통의 강을 건너고 또 건너셨다. 주님은 단순히 기도하신 것이 아니었다. 주님은 고난을 대체할 구원의 방도도 얼마든지 생각하실 수 있었다. 주님은 쉬운 길을 택하지 않으시고 어려운 길에서 벗어나고자 시도하지도 않으셨다. 그러나 아버지의 뜻과 자신의 뜻 사이에서 갈등하며 기도하기란 그리 쉬운 일이 아니었다. 주님은 세 번씩이나 동일한 말씀으로 기도하셨다. 고뇌하며 몸부림치던 구주의 기도 모습은 생각만 해도 송구스럽기 짝이 없다. 내 죄 까닭이었다. 우리의 죄 때문이었다. 나와 우리가 하나님의 아들을 고통의 가시밭길에 구르게 했고, 울부짖게 했으며, 통곡의 밤을 지새우게 했다. 이제는 우리가 기도에 힘써야 할 때다.

우주의 굉음도 고요하게 들으시는 하나님께 인간의 함성은 소리라 할 것조차 없다. 인류가 한목소리로 천지를 진동시킬 만한 고함을 내지른다 해서 그것이 달까지 이를 것인가? 이내 허공 속에 잠재워지고 만다. 의미 없는 고함이 우주 변방에까지 울려퍼져도 하나님께는 한 소리도 들리지 않는다. 반대로, 의미 있는 기도는 속삭이기만 해도 하나님이 들으신다. 우리가 기도하지 않아도 하나님은 우리의 필요를 아신다. 우리가 속으로 기도해도 하나님은 들으신다. 한나처럼 입술만 움직이며 웅얼거려도 하나님은 분간하여 들으신다. 그럼에도 소리 높여 기도하고 부르짖고 울부짖는 것은 기도에 힘을 다한다는 표식이다. 길가의 소경 거지 바디매오가 왜 부르짖고, 성전의 세리가 왜 부르짖었는가? 기도에 힘을 쏟은 결과다.

"기도를 항상 힘쓰고 기도에 감사함으로 깨어 있으라"(골 4:2).

기도하기를 힘써야 하고 기도도 힘써 드려야 한다.

(2) 애써서

평온한 중에 감사할 수는 있어도 간절하기란 쉽지 않다. 안전한 땅에서 간절히 기도드릴 수 있는 사람은 위급한 처지에서 능히 간절할 수 있다.

'힘씀'이 육신의 힘이 고갈될 정도로 드린 기도라면 '애씀'은 정신적 소진 상태를 표현한 말이다. 힘씀으로 땀이 흐른다면 애씀으로 눈물이 솟구친다. 기도자는 땀이 내를 이루고 눈물이 강을 이루어도 힘쓰고 애씀을 포기하지 않는다. 주님은 간절히 기도하셨다. 히브리서 기자는 이를 '심한 통곡과 눈물로 간구와 소원을 올렸다'고 묘사했다. 이것이야말로 더 이상 표현할 수 없는 간절함의 상태다. 겟세마네의 이 기도가 없었다면 골고다의 십자가도 없었을 것이다. 감람산의 엎드림이 겟세마네의 울부짖음으로, 겟세마네의 울부짖음이 골고다의 십자가로 이어졌다. 위대한 인류 구속의 대업은 이미 그 밤에 드린 간절한 기도에서 마감되었다.

기도는 영적인 수고에 해당한다. 간절한 기도는 아기를 출산하기 위해 애쓰는 산모의 수고와 고통에 견줄 수 있다. 새 생명을 태어나게 하려면 반드시 애써야 한다. 우리는 힘쓰듯 애쓰며 기도하는가?

애씀은 힘씀에서 한 발짝 더 깊이 들어간 기도로 '간절한' 상태다. 다음에 나오는 "더욱 간절히"란 표현이 앞 절의 '애씀'이 간절함임을 반영한다. 주님은 더욱 힘씀이 애씀이 되고, 다시 그 애씀을 중단하지 않고 계속함으로 간절함에 이르게 하셨다. 주님은 그토록 쉬지 않고 힘쓰고 애써 자신의 진액을 짜고 또 짜서 마지막 땀방울과 핏방울을 흘리셨다. 바닥이 보이지 않는 영혼의 깊은 고뇌를 겪으면서 주님은 간절히 기도하셨다. 여기에서 간절함은 절박함에 대한 속사람의 정직한 반응이다. 누구나 절박하면 간절해지지 않을 수 없다.

우리가 여태껏 간절한 기도를 드리지 못함은 우리의 영혼이 급박한 경우를 당해 보지 않았기 때문이다. 평온한 중에 감사할 수는 있어도 간절하기란 쉽지 않다. 안전한 땅에서 간절히 기도드릴 수 있는 사람은 위급한 처지에서 능히 간절할 수 있다. 육신이 꺾어지고 정신이 복속될 때 영혼도 굴복된다.

서 목사님은 애써 기도하시는 분이다. 그가 이전에 기도할 때 창자가 갈비뼈 사이로 삐져나올 정도였다 하니, 그 간절하고 애씀이 대단했음을 느낀다. 지금도 간절히 기도할 때는 통증으로 인해 복대를 해야 한다 하니 그의 애쓰는 기도에 경의를 표한다. 힘씀이 심신의 고통(anguish)을 절절이 느끼는 기도라면, 애씀은 더욱 간절하게(more eargerly) 부르짖어 영혼의 고뇌가 깃드는 기도다. 주님은 애씀으로 인해 땀방울이 핏방울로 변하기까지 하셨으니, 우리의 애쓰는 기도 역시 엘리야의 간절함을 넘어서야 한다. 아직도 우리의 기도는, 주님의 간절함은 고사하고 엘리야의 간절함에도 미치지 못한다. 그래서 옅고 가벼운 자신의 기도를 한탄하면서 기도의 숱한 밤을 보낼 각오를 다진다.

  기도의 좁은 문은 찾는 자도 적지만 들어가기가 어렵다. 힘쓰고 애써도 쉽지 않다. 주님께서 기도의 영을 부어주심으로 생명을 불태우면서까지 기도드리고 싶다.

3. 담대하게

우리가 드릴 수 있는 담대한 기도의 근거는 주님의 보혈이 지닌 능력에 있다. 보혈의 권세와 능력, 은혜와 축복, 기적과 영광을 믿을 때 담대함은 의당 우리의 것이 된다.

세 번째 방식은, 담대하게 기도드린다. 담대함은 확신과 용기의 산물이다. 담대함은 적극적이고 매우 진취적인 기도다. 뒤로 물러서기를 거부하는 진격형의 기도다. 천국은 침노하는 자가 뺏듯이 기도의 산성은 나아가 취하는 자의 몫이다. 거인 족속 중에서도 가장 강한 아낙 자손의 거점이었던 헤브론 산지를 가장 연로한 갈렙이 취했다. 갈렙은 주저하던 용사들을 제치고 85세의 고령임에도 불구하고 창검을 곧추세워 나아갔다.

담대한 갈렙으로 인해 길고도 지루했던 가나안 정복 전쟁에 종지부를 찍었다. 갈렙의 담대함이 없었다면 여호수아의 가나안 입성은 용두사미가 될 뻔했다. 45년의 긴 세월이 흘러도 예전 같은 용력을 보존할 수 있었던 것도 그가 견지한 불굴의 기도가 아니었다면 불가했을 것이다. 때가 되자 담대함이 들불처럼 거세게 번져갔다. 믿음으로 기도하고 간절히 기도했으면 담대하게 기도 응답의 열매를 거둬야 한다.

여호수아는 담대한 믿음으로 자연계의 운행을 일시적으로

중단시키는 기도를 드렸다. 일영표의 해 그림자를 15도나 뒤로 물러가도록 요청했던 히스기야의 기도도 담대한 기도의 전형이다. 담대한 기도의 사람은 어려울수록 기도하고, 어렵기 때문에 더 많이, 더 뜨겁게 기도드린다. 담대함은 난관 앞에서도 좌절을 모른다. 담대하면 대담해진다. 위기의 순간일수록 담대함의 기세는 하늘을 찌른다. 기도에 담대함이 실리면 영적 전쟁의 격전지에서 천하무적이다. 베드로가 감옥에서 풀려난 소식을 듣고 성도들은 담대한 기도를 드렸다.

> "종들로 하여금 담대히 하나님의 말씀을 전하게 하여 주옵시며 손을 내밀어 병을 낫게 하옵시고 표적과 기사가 거룩한 종 예수의 이름으로 이루어지게 하옵소서"(행 4:29-30).

성도들은 베드로를 위한 기도가 응답되자 기도를 쉬기는커녕 더욱 담대한 기도를 드렸다. 오늘 우리는 담대한 기도를 드리는가?

우리에게는 자녀의 권세가 있다. 하나님의 자녀 된 권세는 우리의 생각 이상으로 놀랍고 기이하다. 주님은 아들이셨기에 아버지와의 관계에서 상호 소유를 경험하셨다.

> "내 것은 다 아버지의 것이요 아버지의 것은 내 것이온대"(요 17:10).

자녀의 권세가 실린 기도는 상호 소유를 실재화시킨다. 우리가 기도의 성소에 담대히 들어갈 수 있음은 주님께서 가로막힌

휘장을 거둬내셨기 때문이다.

"그러므로 형제들아 우리가 예수의 피를 힘입어 성소에 들어갈 담력을 얻었나니"(히 10:19).

우리가 드릴 수 있는 담대한 기도의 근거는 주님의 보혈이 지닌 능력에 있다. 보혈의 권세와 능력, 은혜와 축복, 기적과 영광을 믿을 때 담대함은 의당 우리의 것이 된다.

"우리가 그 안에서 그를 믿음으로 말미암아 담대함과 하나님께 당당히 나아감을 얻느니라"(엡 3:12).

믿음으로 얻은 아들의 권세 까닭에 담대하게 기도드리고 성소에서 지성소로까지 나아간다.
사도 요한의 선언은 담대한 기도의 원천이 무엇인지 밝혀준다.

"그를 향하여 우리의 가진 바 담대한 것이 이것이니 그의 뜻대로 무엇을 구하면 들으심이라 우리가 무엇이든지 구하는 바를 들으시는 줄을 안즉 우리가 그에게 구한 그것을 얻은 줄을 또한 아느니라"(요일 5:14-15).

하나님께서 무엇을 구하든지 들으심을 알면 기도에 담대하지 않을 수 없다. "무엇이든지"는 무턱대고 아무것이나 구하는 것이 아니다. 우리가 드리는 기도의 내용이 아무리 다양해도 그 중심에는 늘 하나님의 뜻이 자리 잡아야 한다. 그러면 하나님의 들으심은 물 흐르듯 자연스럽다. 자신의 기도가 하나님의 뜻에 일치함을 아는 사람은 기도에 담대하고 당당하다. 하나님이 자신의 기도를 들으시는 줄을 알기 때문이다. 나아가, 이런 기도의 사람은 자기가 구한 것을 이미 받은 줄도 안다. 하나님의 뜻에 자신의 의지를 복종시킨 자는 누구나 담대한 기도를 드릴 수 있다.

1) 솔로몬(왕상 8:25-26)

항변의 저지대에서 부흥의 평지를 지나 희망의 고지에 이르게 한 것은 그가 지닌 담대함 때문에 가능한 일이었다.

솔로몬은 일천 번제를 드린 후 꿈 속에 나타나신 하나님께 합당한 기도를 드려 원하는 것 이상의 응답을 받은 기도의 사람이었다. 그가 완공된 성전에 언약궤를 안치시킨 뒤에 봉헌 기도를 드리면서 담대하게 구했다.

> "……이제 다윗을 위하여 그 허하신 말씀을 지키시옵소서 그런즉 이스라엘 하나님이여 원컨대 주는 주의 종 내 아비 다윗에게 하신 말씀이 확실하게 하옵소서"(왕상 8:25-26).

그는 자신의 간구가 응답되자 부친에게 주신 약속의 성취를 구했다. 아버지에게 하셨던 하나님의 약속을 자신의 대에 이루어달라고 담대히 요청했다. 확신에 근거한 기도였다. 아버지의 영성과 헌신을 바탕으로 주어진 약속을 솔로몬이 담대하게 구할 수 있었음은 그가 하나님과 맺은 관계가 아버지 못지않았기 때문이었다. 다윗의 후손에서 많은 왕들이 배출되었지만 모두가 다윗의 약속을 누리지는 못했다. 담대한 기도가 받쳐주지 못했기 때문이다.

담대했던 사람도 황무지의 환경에서는 힘을 잃기 마련이다. 비빌 언덕도 없고 기댈 담벼락도 없으면 침울해진다. 무감동의 연속은 무기력으로 이어지고 삶은 이내 무미건조해진다. 음부와 같은 절망의 골짜기를 벗어나 천상의 높이에 오를 길은 없는 것인가? 담대한 기도만이 해법이다.

> "비록 무화과나무가 무성치 못하며 포도나무에 열매가 없으며 감람나무에 소출이 없으며 밭에 식물이 없으며 우리에 양이 없으며 외양간에 소가 없을지라도 나는 여호와를 인하여 즐거워하며 나의 구원의 하나님을 인하여 기뻐하리로다"(합 3:17-18).

'포옹하다'는 이름 뜻을 가진 하박국은 동시대의 고통을 끌어안았던 선지자였다. 그는 항변으로 기도의 포문을 열었지만 이내 부흥을 위한 기도로 바뀌고 급기야 희망의 선언으로 마무리했다. 항변의 저지대에서 부흥의 평지를 지나 희망의 고지에 이르게 한 것은 그가 지닌 담대함 때문에 가능한 일이었다.

자신이 받은 약속도 아니고 부친이 받은 약속을 지키고 확실하게 해 달라고 요청한 솔로몬의 기도 자세는 담대함으로밖에 설명할 길이 없다. 솔로몬은 성전 봉헌식 때 드린 자신의 간구내용이 주야로 하나님께 가까이 있기를 원하며 자신과 이스라엘 백성이 매일 당하는 일을 돌아보시기를 담대히 청원했다(왕상 8:59). 차후에 백성들이 하나님께 범죄했다가 다시 돌이켜 간구할 때에 하나님이 들으시고 돌보아주시기를 구했다.

솔로몬이 후대의 범죄를 예상했을는지 모르겠지만, 그의 예방적 기도는 시대를 품는 중보의 한 전형이 되었다. 그의 담대한 기도의 효능은 수백 년이나 지속되었다. 이스라엘은 여러 차례 멸망의 화를 자초했지만 상당 기간에 걸쳐 파멸의 위기를 벗어날 수 있었다. 솔로몬이 뿌린 담대한 중보기도 덕분이었다. 에스더도 위기에 처한 민족을 구원하기 위해 금식한 후에 죽을 각오로 아하수에로 왕 앞으로 나아갔다.

(1) 주신 말씀을 지키시옵소서!

숱하게 받은 말씀이 그저 포장된 대로 우리의 기억 저편에 빼곡히 쌓여 있다. 우리는 받은 말씀의 성취를 기다리기도 전에 또 다른 말씀 받기에 급급하다.

"주신 말씀"은 다윗이 하나님의 말씀을 순종하면 이스라엘을 다스릴 자가 끊이지 않을 것이라는 약속이었다. 솔로몬은 자신의 위만이 아니라 후손의 위까지 견고하게 이어지기를 확신하며 담대히 기도드렸다. 아비에게 주신 약속이 자신에게도 유효한 약속이기를 청했다. 자신만이 아니라 자신의 후손과 그 후손의 후손들이 연이어 보좌의 위를 확고히 지켜가기를 소원했다. 다윗은 하나님의 보시기에 정직히 행한 자였다. 그는 또 하나님의 마음에 합한 자로서 하나님의 뜻을 "다" 이룩할 자였다. 성경은 솔로몬에 대해 "이것을 구하매 그 말씀이 주의 말씀에 맞은 자라"(왕상 3:10)고 증언한다. 하나님의 마음에 맞는 기도자로 그는 말씀의 허락을 받을 자격이 충분했다. 담대한 기도자는 하나님의 마음에 쏙 든다. 하나님의 마음에 들면 기도도 담대하다.

솔로몬은 하나님이 다윗에게 하신 말씀대로 성전이 지어진 사실을 알고 있었다. 솔로몬의 결심에 따라 성전 공사가 시작되어 완공되었지만, 그가 대공사를 할 수 있도록 모든 것을 준비한 것은 다윗이었다. 다윗이 먼저 꿈을 꾸었으나 그 꿈을 이룬 것은 솔로몬이었다. 그랬기에 예루살렘 성전은 자신이 이룬 역사이기 이전에 하나님께서 아비 다윗에게 명하여 이룩하신 하나님의 역사였다. 이 엄청난 일의 성취는 나머지 언약에 대한 보증과도 같았다.

솔로몬은 언약 체결이 곧 언약 성취의 첫걸음임을 뼈저리게 체험했다. 한 언약이 성취된 현장에서 솔로몬은 확신과 용기로 나머지 언약들에 대한 보장을 담대히 요청하고 나섰다. 그는 거짓말하실 수 없는 하나님의 성품을 익히 알고 있었다. 다윗이 하나님 앞에서 행한 것 같은 동행의 삶을 살기로 작정한 솔로몬은 하나님 편에서 이제 허락하신 말씀을 지켜주실 것을 간청하였다.

우리는 기도 속에서 말씀을 받지만 하나님께 그 말씀을 지켜달라고 기도하지 않는다. 말씀이 지닌 영광과 은혜를 미처 깨닫지 못하기 때문이다. 숱하게 받은 말씀이 그저 포장된 대로 우리의 기억 저편에 빼곡히 쌓여 있다. 우리는 받은 말씀의 성취를 기다리기도 전에 또 다른 말씀 받기에 급급하다. 기도에 간절함은 있었지만 담대함이 그 뒤를 받쳐주지 못했다. 솔로몬은 다윗에게 하신 약속의 말씀이 자신에게도 영향을 미침을 알았기에 말씀을 주신 다윗을 위해 하나님의 약속 준수를 요청했다. 자신의 믿음이나 영성이 부족하다면 아비 다윗으로 인해 이루어 주기를 부탁한 것이다. 우리에게 그런 믿음의 조상이 없어도 괜찮다. 믿음으로 우리는 아브라함의 자손이 되었다. 그래서 아브라함에게 하신 약속을 지켜 달라고 기도드릴 수 있다.

신앙의 동일시는 우리에게 담대함을 준다. 우리의 믿음이 담대하면 기도에까지 담대함을 유지시켜야 한다.

(2) 주신 말씀을 확실케 하소서!

믿음이 확실하여 견고함이 이를 데 없으면 기도자는 만난의 암벽을 기도로 뚫고 하나님의 처소에 이른다. 담대한 기도란 믿음 안에서 담대함으로 하나님께 나아가는 것이다.

솔로몬은 삶의 후반부를 실패하여 곤고한 말년을 보내긴 했지만 의심할 여지없이 기도의 사람이었다. 시가서의 상당 부분을 이루는 글들이 그의 작품임과 은혜 속에서 영글었던 그의 삶이 상당했음을 보여준다. 그의 대표적인 기도는 지혜를 구한 기도와 성전 봉헌 때 드린 장문의 기도이다. 그는 다윗에게 약속을 주셨던 하나님의 확실한 보장을 요청하는 것으로 자신의 기도를 끝맺었다. "확실케 하소서!"란 말은 '사실이게 하소서!'

'이루어주옵소서!'의 뜻이다.

  부친에게 하신 약속을 지켜달라고 간청하자마자 솔로몬은 구체적인 응답을 당당히 요구하고 나섰다. 그의 기도는 매우 과감하며 전략적인 것이었다. 그는 하나님의 신실성에 매달렸다. 또 그는 일구이언하실 수 없는 하나님의 성품에 응답의 고리를 꿰었다. 기도란 성취되기 전에는 단순한 약속이며 바람이다. 솔로몬의 담대함은 우리의 일상적 기도를 훨씬 뛰어넘는다.

  하나님의 말씀을 지키는 자는 하나님이 주신 약속 준수를 하나님께 요청할 수 있다. 사자같이 담대한 마음으로 하나님의 얼굴을 뵐 수 있다. 그에게 있어 요청은 단순히 요청만이 아니다. 빚을 탕감받으려는 자의 불안한 요청이 아니라 맡긴 것을 되찾으려는 자의 당당한 요청이 솔로몬의 기도에 실려 있었다. 이런 요청의 기도는 계명 준수로 인해 하나님과 영적 교감에 이르고 신인합일을 이룬 하나 됨에서 터져나오는 영혼의 탄성 같은 것이다.

  솔로몬, 그는 영적인 나락의 길에서 고뇌하고 울부짖었으나, 기도 속에서 한없이 강하고 아름다웠다. 그의 영적인 전성기를 생각하면 그의 어긋난 인생의 내리막길이 처연하고 안타깝다. 영욕의 갈림길에서 인생의 부침을 겪은 그였기에 사변적인 전도서나 지혜로 번득인 잠언, 그리고 사랑의 깊은 시어를 남겼다. 부친 다윗에게 허락하신 말씀의 확실시를 요청했던 솔로몬의 담대함이 그립다.

  우리의 믿음이 확실하면 우리 안에 있는 말씀은 빛을 잃지 않는다. 세상의 모든 어둠을 겹겹이 쌓아도 자신의 아름다움을 한 줄기 빛으로 드러내는 것이 말씀의 영광이다. 잠시 말씀의 영광이 그림자에 가려지는 것은 불확실한 믿음의 결과다. 믿음이 확실하여 견고함이 이를 데 없으면 기도자는 만난의 암벽을 기도로 뚫고, 하나님의 처소에 이른다. 담대한 기도란 믿음 안에서 담대함으로 하나님께 나아가는 것이다. 주님께서 이루신 일, 곧 막힌 담을 허시고 생명나무를 지키던 화염검을 철거하셨음은 우리의 기도에 힘을 실어주심이었다. 뜰과 성소에 한정되었던 기도가 지성소의 거룩한 임재까지 접근 가능하게 되었다.

기도로 나아가는 것이 전적으로 주님께 의존하는 것이라면 우리가 담대하게 기도드리지 못할 이유가 없다. 연약한 기도는 약속의 말씀을 희미하게 만들지만, 담대한 기도는 희미했던 말씀을 밝혀 임재 경험의 중심에 거한다.

2) 벗(눅 11:5-11)

좋은 것과 최선의 차이는 그림과 실체만큼 차이가 크다. 보통 사람들은 아름다운 그림에 만족할지 모르나, 기도자는 실체가 이르기 전에는 만족하지 않는다.

주님은 기도에 대한 가르침을 베푸시면서 여행 중인 친구의 방문을 받은 한 사람이 먹을 것을 구하기 위해 가까운 친구에게 떡 세 덩이를 빌리러 간 경우를 언급하셨다. 침대에서 아이들과 함께 막 잠이 들려던 친구는 문 밖에 선 친구의 강청에 못이겨 몸을 일으켰다.

"비록 벗 됨을 인하여서는 일어나 주지 아니할지라도 그 강청함을 인하여 일어나 그 소용대로 주리라"(눅 11:8).

떡을 구하는 친구에게 아무 빚도 없지만 구하는 대로 준 것은 우정 때문이 아니라 "강청" 때문이었다. 이는 '담대함'(boldness)을 의미한다. 우정보다 사람의 마음을 뒤흔드는 것은 강청이다. 강청 기도는 강제적인 요청처럼 무지막지함을 지칭하지 않는다. 강청함은 담대함이지 결코 떼를 쓰는 기도가 아니다. 고래고래 고함을 지르며 떼를 쓰는 것이 간절함은 아니다. 친구는 떼를 쓰지 않았지만 그의 강청함은 우정마저 외면한 친구의 마음에 긍휼의 불을 지폈다.

비유 속의 친구는 자신을 찾아온 친구를 접대하려는 마음에서 가까운 친구를 찾았다. 잠자리에 누웠던 친구는 관계 때문이 아니라 문 밖의 친구가 보인 강청의 태도에 소용대로 주기로 맘먹었다. 벗의 비유는 주님께서 가르치신 기도와 "구하라! 찾으라! 두드리라!"의 삼중적 기도 명령 사이에 있다. 벗 됨을 인해서는 줄 수 없을 가정을 한 것으로 보아 그들의 우정 관계는 원만하지 못했으리라. 벗의 강청은 어긋난 관계를 넘어선다. 관계가 만족스럽지 못한 경우에 강청은 빛을 본다.

수로보니게 족속의 여인은 딸의 치유를 위해 주인의 상에서 떨어지는 부스러기를 기대했다. 자신을 개 취급하는 듯한 주님의 말씀에 마음 상할 수 있었지만, 여인은 딸의 치유를 위해 기꺼이 개의 자리에 내려앉았다. 그것은 그녀가 보일 수 있는 담대함이었다. 여리고 도상의 소경 거지 바디매오도 강청의 간구로 제자들의 꾸짖음을 주님의 화답으로 반전시켰다.

벗의 비유와 악한 아비의 비유가 앞뒤에서 삼중적 기도를 강조하기 위함이라면 구하고 찾고 두드리는 기도는 강청 수준이어야 한다. 지상의 아버지는 아들의 강청에 다른 좋은 것을 주지만 하늘 아버지께서는 아들의 강청에 다른 최선의 것을 주신다. 좋은 것과 최선의 차이는 그림과 실체만큼 차이가 크다. 보통 사람들은 아름다운 그림에 만족할지 모르나 기도자는 실체가 이르기 전에는 만족하지 않는다. 우리의 기도가 간절함의 어느 단계에서 한 번 더 도약하여 강청함에 이르러야 그림이 가리키는 실체를 접할 수 있다.

강청은 하나님의 응답 의지를 강화시킨다. 최선의 것을 구할 수 있음은 우리가 하나님과 맺은 관계 때문이다. 하나님이 아저씨 수준이 아니라 명백한 아버지시라면, 구함의 경계에 묶일 이유가 전연 없다. 모세는 기도의 담력으로 이스라엘의 강퍅과 악과 죄를 보지 말고 아브라함을 생각해 달라고 요청했다(신 9:25-29).

(1) 강청 기도

> 사람이 기도로 하나님을 쉬지 못하시게 할 수 있다면(사 62:7), 기도 속에서 하나님께 명할 수 있다. 표현이 어색하긴 하지만 하나님의 사람은 기도 속에서 하나님께 감히 명령한다.

강청 기도란 말은 기도하는 자가 하나님께 강압적으로 요청하는 듯한 인상을 주어 오해를 많이 산다. 누가복음 18장의 과부가 드린 기도를 강청 기도의 예로 많이 인용하는데, 이는 부적절한 증거 본문이다. 과부의 기도는 강청 기도가 아니라, 끈질긴 기도의 한 예다. 강청 기도는 누가복음 11장의 벗이 드린 기도의 자세다. 강청이란 표현도 벗의 요청이 강청 기도임을 보여준다. 이는 막무가내식의 기도가 아니라, 확신 속에서 가질 수 있는 담대함을 나타내기 위한 비유다. 투정을 부리고 결판을 내자는 듯한 억지를 강청 기도에 빗대는 것은 오류다.

강청 기도는 확신에 근거를 둔 담대한 기도다. 강청을 어린아이가 부모에게 투정을 부리고 떼를 쓰는 것으로 여기는 것은 잘못이다. 이런 식의 강청 기도는 담대한 기도의 진수를 탐욕의 진흙탕에 두는 것과 같다. 오늘날 우리는 기도 생활에서 담대함을 잃어버렸다. 기도하면서도 괜히 주눅이 들고 심란하다. 이런 말씀이 있다.

> "이스라엘의 거룩하신 자 곧 이스라엘을 지으신 여호와께서 가라사대 장래 일을 내게 물으라 또 내 아들들의 일과 내 손으로 한 일에 대하여 내게 부탁하라"(사 45:11).

"내게 부탁하라"가 어떤 번역본에는 "내게 명령하라"로 되어 있다. 사람이 하나님께 명령할 수 있는가? 사람이 기도로 하나님을 쉬지 못하시게 할 수 있다면(사 62:7) 기도 속에서 하나님께 명할 수 있다. 표현이 어색하긴 하지만 하나님의 사람은 기도 속에서 하나님께 감히 명령한다. 이것은 오만방자함이 아니라 기도가 주는 특권이다. 하나님이 뜻하신 일에 대해 분명히 기도로 명할 수 있다. 표현이 명령일 뿐이지 그것은 하나님께서 기쁨으로 수용하신 기도의 한 틀이다. 부탁이 강조되면 명령의 형태를 띠기도 한다. 그럴 경우에 명령은 위에서 아래로 지시하는 유의 명령이 아니라 부탁을 거절할 수 없는 상태의 긴장감을 드러내는 표현이다.

용감한 자가 성을 얻는다. 갈렙은 높은 산지를 구하여 취했다. 갈렙의 딸 악사는 남방의 황무지로 나가면서 샘물을 구하여 윗샘과 아랫샘을 얻었다. 신실한 하나님의 사람도 간청하는 자의 요구를 들어준다. 하나님은 간절히 청하는 기도를 물리치지 않으신다. 결국 강청 기도란 간청 기도다. 어린아이가 부모에게 떼를 쓸 수 있지만 성숙한 사람은 떼를 쓰지 않는다. 성숙한 성도는 신앙 의지에 용기를 더해 대담하게 기도한다. 용감한 기도는 산쵸가 창을 비껴들고 돌아가는 풍차를 향해 내달리듯 그렇게 무작정 돌진하는 것이 아니다. 승기를 잡은 군대가 적을 궤멸시키기 위해 말을 달리듯 그런 확신과 의지에 용기를 실어 진격하는 것이다.

대담함(boldness)은 배짱이 두둑함을 뜻한다. 심하면 철면피에 가깝다. 이 표현은 그만큼 대담함이 나아갈 수 있는 영역의 넓음을 뜻한다. 벗에게 떡 빌리기를 청한 친구는 꼭 맡긴 것을 찾듯 배짱이 있었다.

(2) 관계 기도

아저씨에게 기도드리는 성도들이 의외로 많다. 하나님을 아버지로 고백하지만 뭔가 중요한 요청을 드릴 때면 아저씨에게 부탁하는 것 같은 태도를 보인다.

벗의 비유는 저 유명한 '구하라! 찾으라! 두드리라!'의 말씀 바로 앞에 있다. 주님은 비유를 끝내고 적용 편에서 관계 기도의 한 전형을 보여주셨다.

"너희가 악할지라도 좋은 것을 자식에게 줄 줄 알거든 하물며 너희 천부께서 구하는 자에게 성령을 주시지 않겠느냐"(눅 11:13).

이 반문은 반드시 주신다는 사실을 강조한 표현이다. 기도를 들으시는 분이 누구인가? 기도를 드리는 대상인 우리의 아버지시다. 하나님은 모든 선한 아버지들보다 선하신 아버지시다. 설령 나쁜 것을 구한다 할지라도 좋은 것으로 주실 수 있는 분이다. 하늘 아버지는 담대히 구하는 우리에게 좋은 것의 최선인 성령까지 주신다. 하나님은 좋은 아버지로서 최선의 것을 자녀들에게 주실 준비가 되어 있는데 우리는 과연 하나님께 사랑받는 아들로 서 있는가? 우리의 그리스도인 됨이 정녕 관계의 영원한 표식인가? 아들이라도 아버지의 뜻을 저버리면 담대함을 잃는다.

담대함을 잃으면 관계가 껄끄럽고 그런 비정상적인 관계에서는 제대로 기도드리기도 어렵다. 하나님이 실제로 육친의 아버지 이상의 친밀감으로 감지되지 못하면 기도는 무르익지 못한다. 아버지께 기도드린다는 마음이 없다면 우리의 기도는 그만큼 어려워진다. 그렇지만 관계성을 바탕으로 친밀감이 도타워지면 그만큼 우리의 기도도 수월하다. 아저씨에게 기도드리는 성도들이 의외로 많다. 하나님을 아버지로 고백하지만 뭔가 중요한 요청을 드릴 때면 아저씨에게 부탁하는 것 같은 태도를 보인다. 아들은 아버지에게 뻔뻔할 정도의 기도를 드리면서도 부끄러워하지 않는다. 아버지는 제 아들의 기도를 뿌리쳐본 적이 없으시다. 주님처럼 담대해진다.

> "……아버지여 내 말을 들으신 것을 감사하나이다 항상 내 말을 들으시는 줄을 내가 알았나이다……"(요 11:41-42).

하나님을 아버지라 부르면서 기도를 아저씨께 드리듯 함은 모순이요 비극이다.

기도는 친밀함의 표현이지만 관계가 밑바탕이 된다. 아무리 간절하고 담대하게 기도한다 해도 하나님과의 관계에 이상 전선이 형성되면 응답은 물 건너 간 격이다. 물론 하나님과 자녀 관계에 있는 우리의 영적 현실은 불변하다. 문제는 우리 스스로 하나님의 자녀 된 관계를 부정하는 현상이 비일비재하다는 점이다. 자녀에게는 자녀 된 권세만이 아니라 자녀로서 행해야 할 기본적인 책무가 있다. 모든 것을 제쳐두고 기도와 말씀의 잣대만 들이대도 우리는 부끄럽다. 우리가 아들로서 구해야 하나님도 아버지로서 응답하신다. 천만 마디를 외친들 아버지가 아니면 들으실 이유가 없다. 구하지 않아도 먹이고 입히는 것은 새와 백합화 같은 피조물이다. 이방인들은 의식주를 구해도 하나님의 자녀는 달리 구한다. 성도는 하나님의 나라와 의를 구할 때 하나님께서 친히 먹이고 입히신다. 하나님이 정하신 법칙이다. 하나님과 좋은 관계면 친밀도도 높다.

4. 끈질기게

 버티는 자가 승자다. 죽기까지 버티면 죽어서도 이긴 자가 된다. 끈질긴 기도의 정수란 그런 것이다.

네 번째 방식은, 끈질기게 기도드린다. 끈질김은 인내와의 싸움이다. 응답의 시기는 하나님이 조절하시기에 늦은 응답의 경우에 기도자는 낙심하기 쉽다. 끈기가 없으면 이내 기도는 시들해지고 기도의 정상 정복도 중도 포기하게 된다. 끈질기고 끈덕진 태도는 기도에서 큰 힘을 발휘한다.

"끈질기게 기도하라. 지옥이 엄청난 타격을 받기까지 기도하며, 두꺼운 철문이 열리기까지 기도하며, 산 같은 방해물이 사라지기까지 기도하며, 안개가 사라지고 구름이 걷히며 햇살이 비칠 때까지 기도하며, 아무 음성도 들리지 않는데 끈질기게 기도하며 기다리기란 여간 쉽지 않다. 그러나 하나님이 응답하실 때까지 기다려야 한다."

E.M. 바운즈의 말이다.

끈기란 일종의 접착력이다. 떨어지려는 찰나 분리와 절단의 위기를 극복하고 제자리를 지키게 만드는 힘이다. 거미줄은 가늘지만 특유의 점액으로 웬만한 크기의 곤충을 먹잇감으로 포획한다.

끈질긴 기도는 끝까지 살아남는 기도 정신이다. 끈질김은 죽음을 비웃고 사멸을 거부한다. 최후까지 버티고 끝까지 의도한 바를 포기하지 않는 불멸의 정신에서 끈질김이 싹튼다. 끈질긴 기도자는 영적 전쟁터에서 최후의 보루다. 끈질긴 기도의 저지선이 무너지면 승리를 장담할 수 없다.

얍복 나루터에서 야곱이 보여준 씨름은 끈질김이 어디까지 갈 수 있는지를 여실히 보여준다. 자신보다 강한 천사를 궁지에 몰아놓을 만치 야곱은 끈덕졌다. 천사의 마지막 가격이 그의 육신에 흠집을 내기까지 야곱은 끈질김에서 지독함을 보였다. 하나님이 야곱에게 질 수야 없겠지만 그에게 하나님과 겨루어 이겼다는 뜻의 이름을 하사하셨다. 그의 끈질김을 인정하신 결과다. 다니엘은 끈질긴 기도 끝에 천사장 가브리엘과 미가엘을 동원시키기까지 했다. 엘리야도 비를 부르는 작은 구름이 나타나기까지 끈질긴 기도 자세를 느슨하게 풀어놓지 않았다.

영국, 포르투갈, 스페인 3개 연합군이 1811년 스페인의 서북부에 위치한 알부에라(Albuhera)에서 프랑스군과 전투를 벌였다. 영국군 제57보병연대 병력이 프랑스군의 포화로 궤멸되어갈 때 연대장 잉글리스(Inglis) 대령도 빈사 상태에서 "버텨라, 57연대여! 최후까지 저항하라!(Die Hard!)"고 절규했다. '다이 하드'는 영웅적인 항거로 인해 얻은 부대 명칭이다. 〈다이 하드〉 시리즈는 할리우드의 제작자들에 의해 영웅이 사라진 시대의 조작된 영웅으로 세상에 소개되기도 했다.

끈질긴 기도는 버티는 기도다. 끝까지 견디는 자가 구원을 얻듯이 최후까지 버티는 자가 응답의 고지를 차지한다. 우리에게 절실히 요구되는 것이 죽음으로 죽기까지 버티는 다이 하드 정신이다. 버티는 자가 승자다. 죽기까지 버티면 죽어서도 이긴 자가 된다. 끈질긴 기도의 정수란 그런 것이다. 죽어가면서 기도의 단말마를 외치고 마지막 호흡을 기도로 장식한다.

우리가 자주 기도에 실패하는 이유는 끈질김에서 실패하기 때문이다. 끈질김은 처음부터 끝까지 이어져야 제 힘을 발휘한다. 마치 징검다리처럼 이편에서 저편까지 적당한 거리로 디딤돌이 놓이지 않으면 강을 건널 수 없다. 징검다리의 끝부분에 마지막 돌이 없으면 결국 돌아가야 한다. 마지막 한 걸음을 옮기지 못해 우리는 여전히 약속의 땅 밖에 머문다. 마지막 한 호흡을 지키지 못해 우리는 산 자의 땅에서 격리된다. 마지막 말 한 마디를 전하지 못해 가련한 영혼을 천국의 계단에서 지옥으로 굴러 떨어지게 한다. 마지막 시선을 붙들지 못해 베드로의 회개를 이루지 못하고 가룟 유다의 자살로 끝난다. 마지막 끈질김을 더하지 못해 응답의 보따리가 풀리다 만다. 마지막 괭이질을 포기하여 금맥을 제3자에게 넘겨준다. 우리의 끈질김은 언제나 최후의 끈질김 직전에 놓여 있음을 명심해야 한다. 한 발자국을 더 내딛는 끈기가 필요하다.

1) 파수꾼(사 62:6-7)

엘리야는 영적 호승심에 짓눌려 배후의 기도자들을 의식하지 못했지만 그들이야말로 이스라엘의 영적 변방을 지키는 간성이었다.

성경에서 파수꾼은 다양한 의미를 지니고 있다. 파수꾼은 높은 망루에서 온 밤을 지새며 성 안의 주민이 편히 잘 수 있도록 적의 동태를 감시하는 보초병이다. 적이 침공할 조짐이 보이면 휴대한 나팔을 불어 사람들로 하여금 전투에 임하도록 준비시킨다. 또한 시대적 사명을 지닌 자를 영적 파수꾼으로 부른다. 하나님께 부름 받은 자로서 사명에 충실함은 파수꾼의 으뜸가는 덕성이다. 이사야 선지자는 파수꾼의 일상에서 기도하는 사명자의 모습을 그려냈다.

> "예루살렘이여 내가 너의 성벽 위에 파수꾼을 세우고 그들로 종일 종야에 잠잠치 않게 하였느니라 너희 여호와로 기억하시게 하는 자들아 너희는 쉬지 말며 또 여호와께서 예루살렘을 세워 세상에서 찬송을 받게 하시기까지 그로 쉬지 못하시게 하라"(사 62:6–7).

자기 백성을 위해 파수꾼을 세운 분은 하나님이시다. 그들의 주요 사명은 기도로 하나님을 경성시키는 일이었다.

파수꾼은 언제나 다른 사람들을 위해 깨어 있다. 기도에 있어서도 마찬가지다. 파수꾼은 자신이 아닌 남을 위해 기도하는 자다. 기도의 파수꾼이란 말은 남이나 공동체나 나라와 민족을 위해 기도하기로 작정하고 실제로 간구의 무릎을 꿇는 자를 지칭한다.

다니엘은 예레미야 선지자의 서책에서 예루살렘이 17년 만에 황무함으로부터 벗어날 것을 알았다. 다니엘은 곧바로 민족 회복을 위한 간구에 돌입하기로 결심했다. 그가 자신의 죄와 민족의 죄를 끌어안고 통회 자복할 때에 칠십 이레의 비밀이 깨달아졌다.

파수꾼 다니엘의 기도는 한 민족만이 아니라 세상의 회복을 위한 메시지를 전해 주었다. 기도의 등불을 밝히며 하나님께 엎드린 자는 믿을 만한 파수꾼이다. 다니엘은 통회 자복을 통해 기도의 불을 밝혀 천상에까지 그 빛이 다다르게 만들었다. 은총의 사람 다니엘은 중보 기도를 통해 민족의 파수꾼이 되고 시대의 나팔수가 되었다.

파수꾼은 하나님의 말씀을 듣고 하나님을 대신하여 사람들을 깨우친다. 에스겔은 그렇게 민족의 파수꾼으로 세워졌다.

> "인자야 내가 너를 이스라엘 족속의 파수꾼으로 세웠으니 너는 내 입의 말을 듣고 나를 대신하여 그들을 깨우치라"(겔 3:17).

농익은 기도의 삶을 통해 받은 하나님의 말씀을 가감 없이 전하는 것이 파수꾼의 우선적 사명이다. 파수꾼의 주위에는 늘 기도와 말씀이 후광처럼 둘러쳐져 있다. 엘리야가 홀로를 외칠 때 하나님은 이스라엘 요처마다 기도의 파수꾼 칠천 인을 심어 놓으셨다. 엘리야는 영적 호승심에 짓눌려 배후의 기도자들을 의식하지 못했지만, 그들이야말로 이스라엘의 영적 변방을 지키는 간성이었다. 지금도 세계 곳곳에 하나님의 구원 사역을 위한 기도의 파수꾼들이 있다. 그들은 기도의 높은 망루에 올라 쉼 없이 민족과 열방을 위해 간구드린다. 세상이 파국에 처해도 기도의 파수꾼은 무릎을 펴지 않는다.

(1) 하나님께 기억되는 자

우리가 기도 속에서 하나님을 기억하면 하나님은 응답으로 우리를 기억하신다. 히스기야와 느헤미야는 평소에 쌓은 경건의 능력으로 천상의 응답을 끌어냈다.

성도의 기도로 인해 하나님은 기도자를 기억하신다. 기도 속에서 하나님을 기억하는 기도자를 하나님께서 잊으실 리 없다. 하나님은 결코 잊으시는 분이 아니지만 기도는 하나님으로 하여금 자신의 약속을 명심 불망케 하는 효과가 있다. 하나님은 성도들의 기도를 통해 잊지 않으시는 중에 더욱 기억하신다. 예배와 선행처럼 하나님께 기억되는 것들이 많이 있지만 기도만큼 강력하지 못하다.

기도하면 하나님의 기억은 최고조에 달한다. 기도 속에서 탄원하는 내용을 하나님은 기억하시고 가장 좋은 때에 응답하신다. 끈질긴 기도는 우리가 하나님을 여전히 기억하고 있다는 표식이다. 우리가 어떤 상황과 형편에서든 기도로 하나님을 기억한다면 하나님도 우리를 결코 잊지 않으신다. 설혹 부모가 잊어도 하나님은 잊지 않고 기억하신다. 잊지 않으시는 하나님을 기도 속에서 기억할 수 있음은 기도자에게 무한한 기쁨이며 영광이다.

느헤미야는 하나님께 바친 비망록에서 자신의 선행과 충성스런 사역 때문에 하나님께 자신이 기억되기를 거듭 간청했다 (느 13:14, 22, 31). 무엇보다 느헤미야는 기도로 하나님께 기억되었다(느 1:4-11, 2:4, 4:4-5, 5:19, 6:14). 그는 전천후의 기도자였다. 하나님의 성소와 연관된 그의 끈질긴 기도는 바벨론 포로들의 무사 귀환이라는 대업을 맡게 했다.

십자가의 강도는 주님께 "당신의 나라가 임하실 때에 나를 기억하소서!"라고 부르짖었고, 죽음의 자리에서 생명줄을 붙든 그의 끈질긴 기도는 주님에게서 "오늘 네가 나와 함께 낙원에 있으리라"(눅 23:43)는 응답을 얻어냈다. 아브라함의 중보 기도나 야곱이 얍복에서 환도뼈가 위골되기까지 천사와 겨룬 씨름도 끈질긴 기도자의 모습을 보여준다. 그 어떤 덕성이나 업적보다 기도 때문에 하나님께 기억됨은 가장 의미 깊은 일이다. 오늘도 기도에 끈질김을 더하는 것은 하나님께 온전히 기억되기 위함이다.

우리가 기도 속에서 하나님을 기억하면 하나님은 응답으로 우리를 기억하신다. 히스기야와 느헤미야는 평소에 쌓은 경건의 능력으로 천상의 응답을 끌어내는 기도를 드렸다. 하나님은 모든 기도를 들으시지만 모든 기도를 기억하지는 않으신다. 성경에 기록된 의인의 기도는 기념비처럼 제자리를 지킨다. 그들은 자신들이 드린 기도로 하나님께 기억되었기에 그들의 이름까지 성경에 수록되는 은총을 입었다. 끈질긴 그들의 기도는 불침항모처럼 지금도 뭇 영혼들 사이를 누비며 분쟁과 갈등의 해결사 노릇을 한다. 우리가 성경에서 기도의 모본을 찾는 것도 이런 연유에서다.

하나님께 기억된 기도는 우리의 가슴에 깊이 박힌다. 우리의 이름은 구속으로 인해 이미 하나님의 손바닥에 새겨졌다. 굳이 표현하면 기도는 하나님으로 하여금 손바닥을 펴서 우리의 이름을 살피게끔 한다. 말씀을 기억하고 기도를 쉬지 않는 것이 하나님을 기억하는 것이다.

(2) 하나님을 쉬지 못하게 하는 자

 우리는 끈질긴 기도를 드리지 않아서 하나님을 너무 자주 쉬게 만든다. 하나님이 쉬시면 대신에 우리가 바빠진다.

끈질긴 기도는 하나님을 귀찮을 정도로 쉬지 못하게 한다. 하나님은 졸지도 주무시지도 않는다. 그럼에도 굳이 "쉬지 못하게 하라!"는 명령은 기도로 하나님의 시선을 자신에게 집중시키라는 말이다. 끈질긴 기도자를 보면 그가 직면하여 씨름하는 현안이 무엇인지 금세 감지된다. 쉬지 않으시는 하나님의 시선이 끈질긴 기도자 위에 꽂힐 때 문제가 풀리고, 사슬이 끊어지며, 고민이 끝난다. 파수꾼의 절박한 외침과 같은 기도, 종일 종야 쉬지 않고 울부짖는 끈덕진 기도가 드려질 때 하나님은 그 기도의 응답을 이루기까지 쉬지 않고 일하신다.

우리가 드리는 모든 기도에 하나님이 쉬지 않으시는 것은 아니다. 쉼 없이 드리는 우리의 기도가 하나님을 쉬지 못하게 한다. 파수꾼은 밤낮으로 쉬지 않고 외친다. 적군의 도발 상황과 침투 의도를 살펴 부지런히 망루에서 성안 백성들에게 알려주어야 한다. 쉬지 말고 기도하라!

강한 기도가 있다면 그것은 바로 끈질긴 기도다. 모두가 나가떨어져도 끈질긴 영혼의 소유자는 찰거머리처럼 하나님의 약속에 달라붙어 떨어질 줄을 모른다. 끈질긴 기도자는 약속이 성취되기까지 약속을 붙든 그 손을 놓지 않는다. 짧은 기도일지라도 오랜 기간에 걸쳐 끈질기게 이어가는 것이 중요하다. 기도는 장거리 경주와 같다. 결승선에 들어서기까지 오래 계속 뛰어야 한다. 결승선을 밟기까지 거친 숨을 몰아쉬며 달리게 하는 것은 주자의 끈덕짐이다. 다윗과 다니엘은 하루에 세 번씩 기도했다. 바울은 밤낮을 가리지 않고 기도했다. 주님은 습관을 좇아 기도하셨다.

  기도가 우리의 습관이 되어야 한다. 하루의 시작과 맺음을 기도로 시작하고 기도로 마감해야 한다. 요람에서 무덤까지 성도는 오로지 기도로 일관한다. 모든 일에 앞서, 일의 매 과정에, 그리고 일이 끝난 후에도 기도한다. 끈질긴 기도가 하나님을 경성시킨다.

  영원히 깨어 계시는 하나님을 더욱 쉬지 못하게 하는 것은 파수꾼같이 경성하여 드리는 기도다. 그런 기도에 하나님은 지대한 관심을 쏟으신다. 그리고 기도자의 삶과 사역에 집중하고 그를 위해 최선의 길을 마련하신다. 부모는 피곤해도 자녀가 아버지 곁에서 귀찮을 정도로 보채면 자녀를 위해 뭔가 도모한다. 자녀가 요구하고 기대하는 이상의 좋은 것들을 친히 장만하시고 허락하신다. 피곤을 전혀 모르시는 하나님은 우리의 기도 듣기를 귀찮아하시지 않는다. 끈질긴 기도자의 기도를 들으시는 것이 하나님께는 더할 나위 없는 기쁨이다. 기도의 현실은 이렇다. 하나님이 쉬지 않으시면 기도자의 분주한 상황이 여유롭게 된다.

  우리는 끈질긴 기도를 드리지 않아서 하나님을 너무 자주 쉬게 만든다. 하나님이 쉬면 대신에 우리가 바빠진다. 하나님이 우리의 삶에서 일하시기를 그치면 기도는 삭막해지고 삶은 쉴 틈 없이 곤비해진다.

2) 과부(눅 18:1-8)

 너무 빨리 끝내고 너무 자주 중단하면 세상에 이룰 수 있는 것은 아무것도 없다.

주님은 항상 기도하고 낙망치 말아야 할 교훈을 하시며 한 과부의 비유를 말씀하셨다. 과부는 원수로 인한 마음의 원한을 풀기 위해 도시의 재판관에게 찾아가 하소연했다. 불의한 재판관은 애초에 거들떠보지도 않았다. 과부는 그가 번거롭게 느낄 만큼 자주 찾아가서 자신의 처지를 호소했다. 재판관은 과부의 원한을 풀어주었다. 주님은 말씀하셨다.

> "하물며 하나님께서 그 밤낮 부르짖는 택하신 자들의 원한을 풀어주지 아니하시겠느냐 저희에게 오래 참으시겠느냐"(눅 18:7).

거듭된 두 질문에 대한 답은 원한을 풀어주고 오래 참지 않으시겠다는 결론이다. 역시 끈질김이다. 과부의 기도에서 강조하는 바는 기도가 한풀이라는 가르침이 아니다. 과부가 원수 갚을 목적을 위해 끈질기게 졸라서 목적을 성취했기에 그렇게 기도해야 한다고 해석하면 이는 옳지 않다. 비유의 초점은 불의한 재판관의 손을 들게 만든 끈질김이다. 끈질긴 기도다.

마귀는 성도의 기도를 끈질기게 방해한다. 대적자는 우리의 기도가 지속되는 것을 두려워한다. 그래서 끊긴 실처럼 우리의 기도를 토막 내는 일에 열과 성을 다한다. 끈질긴 기도가 하나님의 응답을 가져옴을 누구보다 잘 아는 마귀로서는 온갖 술수를 다해서 저항한다. 끈질긴 기도가 사탄의 철옹성을 파괴하는 일임을 간파하고 있기 때문이다.

마귀와 그의 졸개들이 보여주는 끈질김에 비해 성도들의 끈질김은 너무 약하고 느슨하다. 비둘기의 순결만이 아니라 뱀같이 지혜로워야 할 필요처럼 성도는 끈질김에서 사탄보다 악착같음을 항상 유지할 수 있어야 한다. 우리는 사탄의 다양한 술책을 깨뜨리기 위해 금식 기도, 철야 기도, 통성 기도 등 다각적인 기도로 대항한다. 성도의 끈질긴 기도는 사탄의 끈질긴 방해를 극복한다. 끈덕짐이 마귀의 요새를 파괴하고 영적 진지를 구축시킨다. 끈질긴 사탄도 끈질긴 기도자를 당할 수는 없다.

과부의 비유는 간헐적인 기도 생활과 낙심이 사탄의 술수임을 보여준다. 이것을 깨는 무기가 끈질김이다. 과부는 마음에 쌓인 원한의 깊이로 재판관에게 끈기로 매달렸다. 재판관에게 번민을 안길 정도로 과부의 간청은 집요했다. 과부는 뒤로 물러가기를 포기한 사람이었다. 우리는 너무 자주 잰걸음을 하며 뒤로 물러나기를 습관처럼 반복한다. 뒤로 물러가면 주님이 기뻐하지 않으신다. 후퇴는 침륜에 빠지게 한다. 벌은 일생 동안 지구의 세 바퀴 거리를 날면서 꿀을 모은다.

우보만리(牛步萬里)는 끈질김을 잘 설명한다. 끈질긴 기도의 사람은 죽어가면서도 기도한다. 휘튼 대학의 에드먼드 레이먼드(Edmond Raymond) 학장은 평시에 "끝내기에는 너무 일러!"(Too soon to quit)란 말을 자주 했다. 너무 빨리 끝내고 너무 자주 중단하면 세상에 이룰 수 있는 것은 아무것도 없다. 거대한 쇠뭉치를 갈아 바늘을 만들려던 고사 속의 노인을 잊지 마라!

(1) 밤낮 부르짖음

우리가 하나님께 밤낮으로 부르짖지 않음은 우리의 상황 인식이 너무 낙관적이거나 기도의 능력을 수용하지 않기 때문이다.

비유 속의 과부는 슬프다. 괴로움이 많고 가슴속 원한이 하늘에 미칠 만큼 상처로 얼룩진 인생이다. 그 원한의 내용이 무엇인지 알 수 없지만 그녀는 해법을 찾아 나섰다. 도시에는 한 과부만이 아니라 불의한 재판관이 있었다. 그는 불의했지만 힘이 있었다. 과부는 '자주' 그에게 찾아가 원수에 대한 원한을 갚아주기를 호소했다. 과부에게는 밤낮이 따로 없었다. 잊을 만하면 찾아와 자신을 괴롭히는 과부의 간청을 재판관은 모른 체할 수 없었다. 재판관이 여인의 원한을 풀어준 건 법 논리도 아니요, 인간적 연민도 아니라 오직 자신의 편함을 위해서였다. 쉬면서도 쉴 수 없었던 재판관은 단지 번거로움을 피하고자 과부의 손을 들어주었다.

이 비유를 사실적으로 적용하는 해석자들로 인해 기도에 불

필요한 오해를 안기는 것은 대단히 유감이다. 거듭 말하건대, 비유의 핵심은 과부가 목적을 달성하기까지 보인 지칠 줄 모르는 끈질김이다.

비유가 끝나고 설명하신 적용 부분에서 하나님의 택하신 자들은 "밤낮" 부르짖는다. 원수 사탄이 지배하는 세상 한가운데서 의의 백성으로 살아가기란 쉬운 일이 아니다. 원수는 시도 때도 없이 택한 성도들을 괴롭힌다. 진을 빼고 기운을 없애 스스로 나가떨어지게 만든다. 주님께서 이 비유를 말씀하신 의도가 무엇인가? "항상 기도하고 낙망치 말아야 될 것"이다. 과부의 비유에서 배울 것은 여인의 끈질김이다. 자신의 원한을 풀어줄 수 있는 대상을 찾아 끈덕지게 조르는 것이다. 성도는 끈질김으로 밤낮 기도한다. 어둡고 밝은 때를 가리지 않는다. 기도하기 좋은 때와 나쁜 때를 저울질하지 않는다. 끈질긴 기도자는 환경의 차원을 벗어나서 기도드린다. 형편과 처지의 다름이 끈질긴 기도에 장애가 될 수 없음을 알기 때문이다. 살아 있는 동안 숨 쉬듯 기도하고 눈을 깜박이듯 간구한다면 필생의 소원이 이루어지지 않을 이유가 없다.

밤새워 기도해 본 적이 몇 번이나 되는가? 사람이 죽을 상황이 되면 밤낮이 따로 없다. 음식 먹을 겨를도 없이 금식하며 엎어져 부르짖는다. 잠들 틈이 없어 까만 밤을 새하얗게 밝히며 철야로 뒹굴며 호소한다. 살길이 하나뿐이면 누구나 지푸라기 붙드는 심정으로 거기에 매달린다. 우리가 하나님께 밤낮으로 부르짖지 않음은 우리의 상황 인식이 너무 낙관적이거나 기도의 능력을 수용하지 않기 때문이다. 기도하지 않아도 잘살고 기도하지 않아도 죽을 상황은 아니기에 사람들은 기도에 매달리지 않는다. 기도를 끈질기게 해도 중첩된 고난으로 아파하는 성도들이 주위에 있기에 기도의 매력을 잃어버린다. 사람들은 웬만한 것에 올인하면서도 기도에는 올인하지 않는다.

기도에 올인해야 기적을 본다. 밤낮을 잊고 기도해야만 하늘 문이 열린다. 줄기차게 끊임없이 하나님을 부르며 하나님께 시선을 못 박는 것이 해결의 열쇠다.

(2) 원한 섞임

아래로 흐르는 물은 아무리 물줄기가 약하고 장애물이 앞을 막아도 자신의 몸을 휘어서라도 흐른다. 끈기란 그런 것이다.

비유 속의 과부만이 아니라 하나님의 택하신 자들에게도 원한이 있다. 물론 이 원한이란 증오와 살의로 똘똘 뭉친 그런 것이 아니다. 원한으로 여길 만큼 가슴에 맺힌 소원이다. "꿈에도 소원은 통일"이란 노랫말처럼, 비유 속의 원한이란 곧 불 같은 소원의 다른 표현이다. 끈질김을 포기하지만 않으면 소원의 성취는 불원간 들이닥칠 것이다. 불의한 재판관도 여인의 '잦은' 괴롭힘에 사법권을 동원했는데, 하물며 공의로운 하나님께서 택하신 자들의 "밤낮" 부르짖는 마음의 소원을 들어주지 않으실 리 없다. 속히 들어주신다. 하나님은 성도들의 기도를 듣기만 하지 않으신다. 오래 기다리지 않고 지체 없이 응답의 보따리를 푸신다.

그런데 과부의 끈질김보다 끈질기지 못한 믿음의 결여가 주님의 마음을 아프게 한다. 아래로 흐르는 물은 아무리 물줄기가 약하고 장애물이 앞을 막아도 자신의 몸을 휘어서라도 흐른다. 끈기란 그런 것이다.

"그러나 인자가 올 때에 세상에서 믿음을 보겠느냐"는 말씀은 강한 반어법으로서 부정의 대답을 기대한다. 주님이 세상에 다시 오실 때 믿는 자에게서 믿음을 보기 어렵다. 메신저의 외침에서는 메시지를 찾아보기 어렵고, 주님의 몸인 교회에서는 건강한 지체를 만나보기 어렵다. 그러기에 더욱 기도해야 하고 그런 때일수록 더욱 끈질김을 유지해야 한다. 낙심하지 않고 밤낮 부르짖으면 하나님의 응답이 반드시 주어진다. 마음에 품은 한처럼 끈질긴 마음으로 달라붙어 하나님께 기도드리면 지체없이 응답하신다.

비유 속의 한 과부는 원한을 풀게 되었는데 현실 속의 수많은 그리스도인들은 여전히 응답이 없는 밤낮을 계속 보낸다. 왜 그럴까? 그들은 밤낮 부르짖지 않는다. 밤에는 부르짖고, 낮에는 부르짖지 않는다. 마음의 소원을 고하지만 원한 수준이 아니다. 응답이 오면 감사지만 응답이 없어도 그만이다. 끈질긴 믿음이 아니다.

우리에게는 깊은 원한이 없다. 원이 되고 한이 될 만한 그런 일들이 없어서 적당히 기도한다. 많이 기도하고 자주 기도하면서도 끈질기게 기도하기를 꺼린다. 어느 정도까지 기도하다가도 이내 제 풀에 꺾여버린다. 버티는 끈기가 없다. 오래 기도하지만 접착력이 약하다. 끈질김의 접착력이 약하니 하나님과의 신비로운 조우를 만드는 접촉력도 희미하다. 자주 접촉해야 접속될 텐데 맺어진 관계만으로 만족한다. 끈질김은 관계를 넘어 친밀감을 돋우는 과정에서 내구성을 키운다. 시간만 오래가 아니라 근성을 키워야 한다.

오늘 우리는 기도에 있어 끈질김의 저력을 잃었다. 우리에겐 사무치는 열정으로 기도하되 응답되기까지 물고 늘어지는 근성이 요구된다. 야곱은 끈질긴 기도로 '하나님을 이긴 자'라는 새 이름을 얻었다. 손에 칼이 붙기까지 적군을 베던 다윗의 세 용사 중 하나인 엘르아살처럼 끈질긴 기도자가 영적 전쟁의 선봉이다.

3장 나는 기도하던 사람인가?

한나가 가로되 나의 주여 당신의 사심으로 맹세하나이다 나는 여기서 나의 주 당신 곁에 서서 여호와께 기도하던 여자라 이 아이를 위하여 내가 기도하였더니 여호와께서 나의 구하여 기도한 바를 허락하신지라 그러므로 나도 그를 여호와께 드리되 그의 평생을 여호와께 드리나이다 하고 그 아이는 거기서 여호와께 경배하니라 (삼상 1:26-28)

들어가는 말

기도는 현실의 문제에 짓눌리지 않고 그 무거운 압력을 견디며 하나님을 앙망하는 것이다. 또 그 시선을 깊이 하는 것이며, 영혼의 눈물을 주님의 병에 담는 일이다.

우리는 기도하고 있다. 그런데 묻고 싶다. 우리는 기도하던 자인가? 나는 과연 여호와께 기도하던 자인가? 응답의 열매를 갖고 와서 한나처럼 이전에 여호와께 기도하던 자라고 고백할 수 있는가? 오늘의 기도는 어제까지 쌓인 기도의 연속이어야 한다. 오늘 우리가 기도하며 응답을 기대할 수 있는 것은 오늘 드리는 기도에만 있는 것이 아니다. 숱한 밤과 낮의 시간을 보내면서 기도의 무릎을 꿇고 하나님께 마음을 토한 세월이 중첩되어 있다.

오늘 우리는 우리 앞에 있는 하나님의 사람에게 무엇이라 말할 것인가? 한나와 같이 기도 응답의 열매를 보이면서 "전에 여호와께 기도하던 자"라고 말할 수 있는가? 우리가 하나님께 응답의 열매를 내보일 수 없다면 응답의 씨앗인 기도를 시작할 수 없다. 습관적으로 자신의 기도를 드릴 수야 있겠지만, 하나님이 들으시는 그런 기도는 아니다. 기도의 보자기를 풀기 전에 응답을 보아야 한다.

오늘 감사드리고 응답의 열매를 헌신의 제물로 드리기 위해서는 어제도, 그제도 우리는 기도했어야 한다. 오늘이 있기 전에 기도의 시간들이 실타래처럼 이어지지 못했다면 오늘 우리의 입술에서 나오는 것은 저수지의 물이 아니다. 물이 없어 샘을 파야 하는 그런 기도를 드려야 한다. 이삭은 그랄 골짜기에 장막을 치고 아브라함이 팠던 우물들을 다시 팠다. 대를 이은 기도의 샘 줄기다. 기도는 종교 행위의 퇴적물이 아니며, 영성의 기념비를 쌓는 것도 아니다. 기도는 현실의 문제에 짓눌리지 않고 그 무거운 압력을 견디며 하나님을 앙망하는 것이다. 또 그 시선을 깊이 하는 것이며, 영혼의 눈물을 주님의 병에 담는 일이다. 기도는 현재 진행형이지만 지난 기도의 시간들이 무시되어선 곤란하다. 지난 기도의 시간이 없으면 현재의 기도가 아무리 절박하고 대단하다 할지라도 하나님은 침묵하실 수 있다. 기도의 분량을 반드시 채워야 한다.

사탄은 성도의 기도가 앞뒤로나 아래위로 틈이 없기를 원치 않는다. 그래서 이삭이 아비의 우물들을 다시 팠을 때 시비를 걸었다. 이삭은 샘을 빼앗겼지만 새로운 샘을 팠다. 자신의 장소를 넓힐 르호봇을 얻기까지 계속 팠다. 르호봇을 얻어야 영생하시는 하나님을 부를 브엘세바에 이른다.

하나님은 우리의 기도가 하나님의 포도주 잔에 가득 채워지길 원하신다. 기도는 주님과의 친밀함을 통해 얻은 포도송이를 포도주 짜는 틀에 넣고 좋은 술을 만드는 과정이다. 묵은 포도주가 좋듯, 깊고 오랜 기도에서 하나님의 잔에 채울 향기 진한 포도주를 얻는다. 한나의 품에는 사무엘이란 포도주가 준비되어 있었다. 한나는 자신의 기도를 들으신 하나님의 잔에 가장 좋고 유일한 포도주를 드리고 싶어했다. 자신의 간절한 기도가 응답되기까지 한나는 기도로 자신의 상황을 극복했고, 엘리 앞에서 당당하게 "전에 하나님께 기도하던 자"로 고백했다.

1. 마음이 슬픈 여자

언제나 기도를 적게 한 사람이 기도를 많이 하는 사람에게 시비를 건다. 기도가 한나보다 길어야 했을 엘리의 기도는 짧았고 그런 그의 눈에 비친 한나의 모습은 술주정으로 보일 수밖에 없었다.

오늘날 우리에게 한나는 기도의 어머니로 기억된다. 그녀는 엘가나의 부인이었으나 자식이 없었다. 엘가나는 한나를 사랑했지만 그녀의 빈 마음을 채워주지 못했다. 그의 사랑은 마음의 위로와 말의 성찬(盛饌)에 그쳤다. 그가 한나를 아무 조건 없이 사랑했다면 무자한 채로 지내야 옳았다. 엘가나는 대를 잇기 위한 수단으로 첩을 맞이했다. 아무리 한나의 동의를 얻었다 해도 그것은 엘가나의 불의함이었다.

이렇게 엘가나의 집안에 들인 브닌나는 한나를 여러 모로 괴롭혔다. 한나는 무자한 고통에 더하여 브닌나가 주는 괴로움까지 견뎌야 했다. 엘가나는 한나와 함께 매년 실로를 찾았다. 한나에게 있어 실로행(行)은 쌓여서 사무친 자신의 고통들을 토해낼 수 있는 위로의 시간이었다. 법궤를 모셨던 성소에서 하나님께 제사를 드리고 한나는 그때마다 속 깊은 기도를 드렸다. 아이 낳기를 소원하며 서원 기도를 드리던 그녀의 기도는 간절했다.

엘리 제사장이 기도하는 한나의 모습을 보았다. 기도를 일찍 끝낸 엘리는 오래 기도하던 한나의 입술을 주목했다. 한나는 마음의 간절함을 이기지 못해 소리를 죽여 가며 기도했다. 기도에 집중하고 몰입되어 자연스레 몸도 심하게 흔들렸을 것이다. 한나의 입술이 쉬지 않고 움직였다. 엘리는 연로하여 시력도 약했고 기도와 술주정을 분간하지 못할 만큼 영적 분별력 또한 흐렸다. 엘리는 한나가 술에 취해 몸을 가누지 못하고 술주정하는 것이라고 생각했다.

이 장면은 그때의 일만이 아니다. 오늘도 기도의 전문가들이 간절한 기도자를 정죄한다. 언제나 기도를 적게 한 사람이 기도를 많이 하는 사람에게 시비를 건다. 기도가 한나보다 길어야 했을 엘리의 기도는 짧았고, 그런 그의 눈에 비친 한나의 모습은 술주정으로 보일 수밖에 없었다. 기도의 사람이었어야 할 엘리는 한나의 숨죽이며 드리는 기도의 안타까움을 알아채지 못했다.

한나는 마음이 슬픈 여자였다. 남편에게 아기를 낳아 안기지 못한 슬픔이 있었고 첩에게 시달림 받는 슬픔도 있었다. 자신에게 아기를 주지 않으시는 하나님께 대한 슬픔이 있었고, 자신의 안타까운 처지를 살피지 못하고 술주정뱅이로 단정하는 엘리에 대한 슬픔이 있었다. 서원 기도를 드렸지만 아직까지 응답이 없는 현실에 대한 슬픔이 있었고, 기약이 없는 내일에 대한 불안에서 느끼는 슬픔이 있었다.

마음이 슬프지 않으면 기도의 층이 얕다. 때때로 하나님은 우리를 슬픈 사람이 되게 하여 기도로 슬픔의 강을 건너게 하신다. 마음의 슬픔을 노래와 한숨으로 토해내거나 투정이나 하소연으로 땜질하는 이들도 있다. 성도는 슬퍼할 시간도, 이유도 없다. 슬퍼할 시간이 있으면 기도할 것이요, 슬퍼할 이유가 느껴지면 믿음으로 사정을 아뢸 일이다. 그게 생각처럼 쉬운 일이 아니라고 타박하려 들지 마라! 마음이 슬프면 곧바로 기도하라!

슬픔은 천국의 우중충한 날씨와 같다. 이를 천국의 화창한 날씨인 기쁨으로 바꾸려면 기도의 바람을 일으키면 된다. 기도는 슬픔 중에도 드릴 수 있다. 슬프기에 더욱 기도한다. 기도하면 눈물이 채 마르기도 전에 주님의 위로가 임한다. 태산 같은 말씀이 약속으로 주어진다. 주님은 정 급하면 부리는 천사들을 동원해서라도 자신의 종들을 보살피시고 성도들을 지키신다. 기도는 산 자의 몸부림이기에 죽어가면서도 드릴 수 있다. 마지막 호흡도 기도로 마감하는 것이 복이다. 삶은 슬픔의 궤적을 따라 움직이는 기계와 같아 기도로 기름칠을 잘해 줘야 한다.

기도는 슬픔을 곧장 벗어나게 만든다. 환경이 바뀌지 않으면 마음을 바꾸어서 슬픔을 색다른 눈으로 관조하게 만든다. 슬픔에서 시작한 기도가 슬픔으로 끝나는 법은 없다. 은혜 안에서 슬픈 기도는 기쁨으로 바뀐다. 그렇지 않다면 우리는 이미 오래 전에 이 지친 삶을 포기했을 것이다.

1) 불임의 고통

 영적 불임의 상태를 깨닫지 못하기에 영혼 얻는 일에도 별다른 감흥이 생겨나지 않는다.

한나가 느낀 슬픔의 가장 깊은 곳에는 불임이라는 현실이 자리 잡고 있었다. 불임은 유대 사회에서 저주로 통했다. 열매 맺지 못하는 땅(barren land)은 마치 불임한 여인의 태(barren womb)로 간주될 정도로 불임은 여자로서 견디기 힘든 치욕이었다. 한 집안의 가문을 이을 후손이 없다는 것은 거의 재앙 수준이었다. 아굴의 잠언에서 아이 낳지 못하는 태는 족한 줄을 알지 못하는 세상의 서넛 중에서도 으뜸을 차지했다. 불임은 이스라엘 여인들에게 한이요 저주며 악몽이었다.

한나가 느꼈을 무언의 압력과 핍박은 감당하기 힘들었을 것이다. 엘가나의 위로는 브닌나를 얻기까지 한나를 붙들어 주었지만, 그가 브닌나라는 대안을 들고 나왔을 때부터는 날카로운 창끝이 되어 한나의 폐부를 찔러 왔다. 남편의 아이를 밴 브닌나의 안하무인격의 언행은 한나의 손톱 밑에 박힌 가시와 다름 없었다. 이처럼 수치와 모욕이 늘 한나의 등 뒤를 따라다녔다.

한나는 고통을 고통으로 인식했지만 오늘날의 우리는 고통을 전혀 느끼지 못하는 불감증에 걸려 있다. 우리도 불임 상태에 있지만 그것을 고통으로 전혀 느끼지 못한다. 바울이 자신의 사역을 아이 낳는 고통에 견주었던 것처럼, 영혼을 얻고 양육하는 것이야말로 가장 존귀한 일이다. 그렇게 태어났으면서도 우리가 한 영혼도 얻지 못했다면 이는 치명적인 불임 상황이다.

실로 육체적 불임보다 영적 불임의 상태란 우리가 결코 간과할 수 없는 부분이다. 한나가 처한 불임 상황은 꼭 아이를 낳지 못하는 것만이 아니다. 우리의 육적 필요를 채울 수 있는 모든 것들이 여기에 포함되어 있다. 사업상의 성공, 명예를 얻음, 꿈과 비전을 성취하고 우리의 각종 소원이 이루어지지 않는 현상을 총망라한다. 이런 불임 상태의 현실에서 우리는 괴로워 탄식하고 안타까움으로 부르짖는다. 얼마나 절실하게 울부짖는지 모른다. 육적 불임은 고통이기 때문이다.

성도는 이보다 영적으로 출산 불능의 상태에 처해 있음을 통탄해야 한다. 그런데 현실은 육적 불임에 대해 느끼는 것보다 영적 불임의 현실을 제대로 인식하지 못한다. 영적 불임의 상태를 깨닫지 못하기에 영혼 얻는 일에도 별다른 감흥이 생겨나지 않는다. 전도도 뒷전이요, 지난 시대의 흥미로운 유물로 기억할 뿐이다. 전도나 기도는 영적 생명을 탄생시키는 산고(産苦)와 같다.

영적 생명이란 열정적인 전도와 기도 생활을 통해 얻는 열매요 응답이다. 기도에만 국한시켜 생각할 때 기도의 열매를 얻지 못하고 숱하게 드린 기도에 비해 응답이 없다면 심각한 불임 현상으로 보아야 한다. 이는 말로 다할 수 없는 고통이다. 그런데 우리는 별반 고통을 느끼지 못하니 심각한 문제가 아닌가? 한 영혼을 얻기란 결단코 쉬운 일이 아니다. 천하보다 귀한 영혼을 제대로 얻으려면 피땀과 눈물을 쏟아 붓는 산고가 뒤따라야 한다. 그만한 가치는 있다.

(1) 성태치 못하게 하신 하나님

합리적인 대안이 언약의 자리를 꿰차고 성령의 운행보다 인위적인 수단에 마음이 동할 때 언약 밖의 생명과 더불어 비극은 잉태된다.

한나에게 아들을 주지 않은 분은 하나님이셨다. 한나의 불임은 생리학적인 것이 아니었다. 하나님이 자신의 영광을 위해 한시적으로 태의 문을 닫으셨다. 그런 사실을 아는 사람은 아무도 없었다. 만일 엘가나가 알았다면 사랑하는 아내에게 상처가 될 브닌나를 첩으로 들이지 않았을 것이다. 만일 한나가 그 사실을 알았다면 굳이 아들을 하나님께 바치려는 결심도 하지 않았을 것이다. 만일 브닌나가 알았다면 사무엘의 출생을 위해 거름처럼 쓰일 자신의 처지에 꽤나 망설였을 것이다. 만일 엘리가 알았다면 기도하는 여자를 술주정뱅이로 몰아붙이지는 않았을 것이다. 아무도 몰랐다. 한나마저 눈치 채지 못했다.

하나님은 사무엘을 의도하신 그릇대로 쓰고자 한나에게 불임의 고통을 견디게 하셨다. 사무엘은 그렇게 태어나야 했다. 한나는 불임으로 인한 심신의 고통을 잘 극복했다. 한나는 하나님이 닫으신 기간까지 잘 견뎠다.

하나님은 사라의 연고로 그랄 왕 아비멜렉의 집의 모든 태를 닫으신 적이 있다. 그때에는 저주의 수단이었으나, 한나에게는 영광과 축복의 수단으로 태를 닫으셨다. 하나님은 야곱의 두 아내 중 야곱의 총애를 받지 못하던 레아의 태를 여셨지만 라헬의 태는 닫으셨다. 라헬이 아들을 쑥쑥 낳는 언니를 질투하여 야곱에게 자식을 낳게 해달라고 앙탈을 부렸을 때 야곱은 사랑하던 라헬에게 노를 발했다.

"그대로 성태치 못하게 하시는 이는 하나님이시니 내가 하나님을 대신하겠느냐"(창 30:2).

하나님을 대신할 자는 세상 천지에 아무도 없다. 야곱도 자신이 사랑하던 라헬의 무자함을 안타까워했지만 하나님의 섭리를 받아들였다. 나중에 하나님이 태를 여시자 요셉이 나왔다. 요셉은 그렇게 태어나야 할 아이였다. 하나님이 우리 삶의 태를 닫으신 이유를 우리는 알지 못한다. 한 가지 아는 것은 모든 것을 합하여 선을 이루신다는 하나님의 약속이다.

사라는 아브라함과 마찬가지로 딜레마에 빠졌다. 땅의 모래와 하늘의 별처럼 번성하리라는 후손의 약속은 분명했으나 시간이 흐르고 몸은 노쇠해졌다. 사라는 합리적인 생각에 따라 자신의 여종 하갈을 아브라함에게 약속 성취의 방도로 제공했고, 달리 대안을 찾지 못한 아브라함도 거절치 않았다. 합리적인 대안이 언약의 자리를 꿰차고 성령의 운행보다 인위적인 수단에 마음이 동할 때 언약 밖의 생명과 더불어 비극은 잉태된다. 아브라함은 자식을 얻었으나 인위적으로 열린 태를 통해 출산한 아브라함의 씨는 하나님의 약속을 이어갈 씨앗으로 인정받지 못했다.

아브라함이 덮어버린 언약의 책장을 하나님이 뒤적이자 사라에게 생명의 씨앗이 잉태되었다. 하나님은 죽은 사라의 태에서 이삭을 출생시키셨다. 지팡이에 살구꽃이 피게 하신 하나님은 능히 죽은 자와 방불한 자에게서 약속의 씨를 틔우셨다. 태의 여닫음은 하나님의 주권이다.

(2) "일곱" 자녀를 주신 하나님

> 하나님 없는 풍요보다 귀한 것은 하나님의 임재 속에서 누리는 가난의 은총이다. 없어서 가난할 수 있지만 풍족해도 하나님의 이름을 위해, 하나님 까닭에 가난을 자취한다.

하나님이 한나의 태를 여시자 그토록 원하던 사내아이를 주셨다. 이스라엘의 한 시대를 마감하고 새 시대를 열 정금 같은 인물이었다. 한나는 젖을 뗄 때까지 사무엘을 품속에서 키우다 세 살 무렵에 아이를 엘리 제사장에게 데리고 갔다. 수년 전 엘리 앞에서 하나님께 드린 서원을 갚기 위함이었다. 약속에 신실하신 하나님께 사무친 기도의 삶을 통해 응답을 얻은 한나 역시 신실함으로 반응했다.

이렇게 하나님께 바쳐진 사무엘은 성소에 거하며 하나님을 섬겼다. 한나는 영감 어린 마음으로 하나님을 찬양했다. 그녀는 한 아들도 없던 자신에게 일곱 자녀를 주신 하나님을 찬양했다. 실제로 한나는 사무엘을 바치고 난 후에 3남 2녀를 선물로 받았다. '일곱'이란 하나님께서 주신 생명의 축복이 완전함을 상징적으로 표현한 것이다. 하나를 바치고도 다섯을 더 얻어 한나는 생명의 풍성함 속에 거했다. 모든 것은 풍족했고, 아무런 부족함이 없었다.

한나의 기도 내용이다.

"유족하던 자들은 양식을 위하여 품을 팔고 주리던 자들은 다시 주리지 않도다 전에 잉태치 못하던 자는 일곱을 낳았고 많은 자녀를 둔 자는 쇠약하도다"(삼상 2:5).

이는 개인적인 고백이면서 전복시키시는 하나님의 섭리를 보여준다. 여러 아이를 낳은 브닌나는 쇠약해지고, 무자했던 한나가 원래의 위치를 되찾았다. 하나님 없이 풍요를 노래하던 사람은 공수로 돌아가고 폐허 더미에서 눈물짓던 의인은 하나님이 풍족함에 거하게 하신다. 요셉과 욥이 그 대표적인 인물이다. 진토에 누운 가난한 자 한나를 거름 더미에서 일으켜 세우신 분은 태를 닫기도 하시고 열기도 하시는 하나님이었다.

하나님 없는 풍요보다 귀한 것은 하나님의 임재 속에서 누리는 가난의 은총이다. 없어서 가난할 수 있지만 풍족해도 하나님의 이름을 위해, 하나님 까닭에 가난을 자취한다. 이는 부요하신 자로서 스스로 가난을 취하신 주님(고후 8:9)을 본받는 것이다.

우리에게 하나도 없음을 이상히 여기거나 여럿 있는 사람을 향해 입을 비쭉이면 하나님이 기뻐하지 않으신다. 하나님을 진정으로 모신 사람은 광야에 홀로 처했어도 고독감을 느끼지 않는다. 모든 것을 소유하고 누려도 하나님이 없으면 천국의 중심에서도 외로움에 떠는 것이 인간 영혼이다. 하나님은 없는 데서 있게 하시며, 소자를 들어 대인을 부끄럽게 만드시는 분이다. 하나님이 삶의 태반을 황무지(barren land)처럼 닫으시면 (barren womb) 사막의 모래바람과 뜨겁고 차가운 기온을 마땅히 견뎌야 한다.

하나님의 때가 성숙하기를 기다리면서 기도로 많은 밤을 밝혀야 한다. 문을 닫으신 하나님이 문을 여신다. 열면 닫을 사람이 없고 닫으면 열 사람이 없는 분이 하나님이시다. 사막에서 꽃을 피우는 분은 전능하신 하나님이시다. 반석에서 물이 솟게 하시는 분도 능하신 하나님이시다. 하나님이 닫혔던 태의 문을 여시면 '일곱'이나 쏟아진다.

2) 마음의 고통

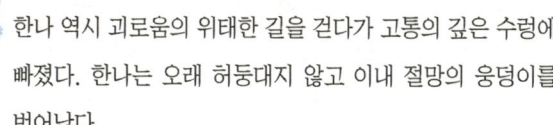
한나 역시 괴로움의 위태한 길을 걷다가 고통의 깊은 수렁에 빠졌다. 한나는 오래 허둥대지 않고 이내 절망의 웅덩이를 벗어났다.

　인간은 중첩되는 고난의 환경에 흔들리기 쉽다. 이를 악물고 버티지만 한계 상황에 부딪히면 시간적 차이를 두고 허물어지기 시작한다. 담즙 같은 고통에 시달리면서 빛난 얼굴을 간직하기란 믿음을 갖고도 지난한 일이다. 한나의 외성(外城)은 문제될 것이 없었지만, 내성이 고통으로 들끓었다. 마음의 슬픔이 지나쳐 극심한 고통에 잠겼다. 그녀의 마음은 쓰디썼다. 괴로움이 쓸개즙처럼 온 마음을 적셨다. 만병의 근원은 마음에서 시작된다. 마음에 병이 생기면 심통(心痛)이 되고 이내 전 장기에 영향을 미친다. 무자식은 상팔자가 아니다. 무자식이 근심의 원인이 되었고, 마음이 감당할 수 없을 만큼 커지자 마음에 통증을 유발시켰다.
　한나의 바로 곁에 우군과 적군이 머무르고 있었다. 남편 엘가나의 위로는 한나를 붙들어주었지만, 첩 브닌나의 의도적인 자극은 한나를 무척 힘들게 했다. 마음의 괴로움은 기도할 때 통곡이 되어 터져 나왔다.

브닌나는 질이 나쁜 여자였다. 위치로는 정실부인에게 생사가 걸려 있는 첩의 운명이었지만 브닌나의 다산 능력이 그녀의 높아진 마음을 더욱 모질게 만들었다. 브닌나는 아기를 낳지 못하는 한나를 심하게 자극했다. 평소라면 있을 수 없는 일이었다. 그녀의 자극 행위는 언동에 진하게 묻어 있었다. 도발적인 언사와 도도한 표정이 가시가 되어 한나의 여리고 상한 마음을 마구 찔러댔다. 한나보다 마음의 상처가 심한 것은 브닌나였다. 그도 심통을 앓고 있었다.

한나는 '마음의 고통'(心痛)을 기도로 승화시켰으나, 브닌나는 '마음의 고통'(心痛)을 심통으로 전환시켰다. 브닌나의 심통은 야멸치고 짓궂었다. 브닌나는 자신의 유리한 국면을 이용해 남편의 사랑하는 아내에게 큰 상처를 주었다. 그것은 심각한 자충수였다. 하갈의 경우에도 아들을 낳고 여주인을 멸시하다가 결국 집에서 쫓겨나지 않았던가! 도도한 브닌나의 코는 이내 납작해진다.

모든 사람들은 고통을 달가워하지 않는다. 개중에는 고통을 어느 정도 견디다 이기지 못하면 고통 속에 스스로를 함몰시킨다. 간혹 소수의 사람이 고통을 새로운 삶을 위한 전기로 삼는다. 마음의 고통은 괴로움에서 출발한다. 한나 역시 괴로움의 위태한 길을 걷다가 고통의 깊은 수렁에 빠졌다. 한나는 오래 허둥대지 않고 이내 절망의 웅덩이를 벗어났다. 사무엘상 1장 10절에 묘사된 괴로움은 그녀를 하나님 앞에 무릎 꿇게 했고,

기도는 어느새 통곡으로 바뀌었다. 한나의 통곡은 신세타령에서 끝나지 않고 진지한 기도와 서원으로까지 나아갔다.

11절에서 이미 그녀의 괴로움은 실제적인 고통이 되어 나타났다. 기도에 전념했던 한나는 눈이 어두웠던 엘리의 오판을 뒤집으면서 자신의 원통함과 격동됨이 많음을 토로했다. 하나님의 여종으로 자처했던 한나는 하나님이 종으로 세우신 엘리의 영적 권위를 인정하면서 자신의 부끄러운 내면을 직고했다.

(1) 심히 격동시키는 브닌나

결국 한나를 하나님 앞에 무릎 꿇게 한 것은 브닌나의 격동이었다. 브닌나는 옆구리의 가시 같은 존재다. 그런데 이 가시가 우리를 무릎 꿇린다.

브닌나는 격동의 챔피언이었다. 한나를 정신적으로 굴복시켜 그녀가 울며 식음을 전폐하게 만들었다. 안팎의 공격에 시달릴 대로 시달린 한나의 상태는 파국 직전이었다. 정실부인의 위치도 남편의 사랑도 아무 위로가 되지 못했다. 사철의 변화도 한나에게 아무런 감흥을 주지 못했고 숨 쉰다는 것이 괴로움 자체였다. 그런 한나를 구한 것은 매년 여호와의 집을 방문하는 순례 여행이었다.

실로에는 하나님의 현존이 뚜렷했다. 하나님과의 독대는 한나를 무너지지 않게 지탱시켜 준 최후의 보루와 같았다. 한나는 실로에서 평안을 누렸다. 실로에서 먹고 마신 후에 엘리는 의자에 앉았어도 한나는 기도의 무릎을 꿇었다. 브닌나의 격동으로 인한 마음의 고통과 그로 인한 설움이 복받쳤기 때문이다. 결국 한나를 하나님 앞에 무릎 꿇게 한 것은 브닌나의 격동이었다. 브닌나는 옆구리의 가시 같은 존재다. 그런데 이 가시가 우리를 무릎 꿇린다.

바울에게 평생 괴로움을 주었던 육체의 가시는 하나님의 은혜를 머물게 하는 은총의 수단이었다. 아브라함에게 롯은 조커(Joker) 같은 조카였으나 아브라함이 광야 길을 끝까지 걷게 한 일등공신이었다. 그가 만일 광야를 택했다면 기름진 소돔의 들판은 아브라함의 차지가 되었을 것이다. 생각만 해도 아찔한 일이다.

다윗에게 사울은 브닌나였다. 다윗이 하나님께 묻고 되묻기를 지속할 수밖에 없었던 데는 하나님께 묻지 않고 행하던 사울의 까닭도 컸다. 바로는 하나님의 노를 격동시켜 이스라엘 백성에게 열 가지 기적을 행케 만들었다. 사탄이 하나님을 격동시켜 욥을 치게 했지만, 불요불굴의 욥은 하나님의 자존심이 되었다. 바람이 불어 바다를 격동시켜도 하나님의 사람은 파도를 밟고 바람과 물결을 꾸짖는다. 하나님은 자신이 사랑하는 자의 온전함을 위해 곁에 브닌나를 두신다. 브닌나의 격동이 극심할수록 기도자의 무릎은 강하다.

에서의 400인 자객단은 야곱을 무릎 꿇게 했으며, 얍복의 어두운 밤을 브니엘의 광명한 새 아침으로 맞아들이게 했다. 13년간을 고난의 내리막길만 걷던 요셉이 할 수 있는 일은 자신을 저 높은 곳에 세워주실 하나님께 엎드리는 일뿐이었다. 먹구름은 단비를 부르고 이물질의 습격은 영롱한 진주를 키운다. 사탄이 반역하지 않았으면 십자가의 사랑은 상상조차 할 수 없는 일이었다. 가룟 유다는 제자 공동체의 가시였지만 십자가의 사랑을 드러낸 도구였다. 사람이나 환경으로 인한 격동의 세력은 성도들을 파멸로 이끌지 못한다. 그것들은 보다 높고 깊은 하나님의 은혜로 이끄는 축복의 장치다.

오늘 우리에게 브닌나가 있음은 마음에 괴로움을 일으키기 위함이다. 마음이 괴로우면 주님께 무릎 꿇는다. 격동이 극심할수록 우리의 기도는 더욱 깊고 간절하다. 사람의 영혼은 마음이 괴로움에 시달리기 전에는 스스로 무릎 꿇기를 싫어한다.

(2) 언행이 불일치한 엘가나

엘가나는 없는 아이 때문에 있는 아내 사랑의 길을 접었다. 입술의 사랑은 최상의 컨디션이었지만 실제 사랑은 그 반대편에 있었다.

엘가나는 한나를 사랑했다. 자신을 열 아들보다 나은 존재로 상기시킬 만큼 엘가나는 한나에게 특별한 존재였다. 그의 사랑이 거짓은 아니었지만 한나의 처지를 배려하는 면에서는 한참 모자랐다. 아이를 낳지 못하는 핸디캡을 가진 아내 앞에서 자식을 잘 낳는 첩을 들인 것은 엘가나가 품은 사랑의 한계였다. 엘가나는 아내에게 신실했으나 사태 수습에는 신중하지 못했다. 언어로 포장된 사랑의 고백은 감미로웠으나, 그의 행위는 껄끄럽기 짝이 없었다.

자식은 현실적인 문제였다. 그는 한나처럼 하나님께 기도하지 못했다. 매년 하나님의 집을 찾아 실로를 방문했지만 그의 매년제는 습관적인 종교 행위에 머물 뿐 단 한 번도 한나처럼 믿음의 변신을 이루지 못했다. 그는 하나님이 계신 실로에는 가까이 갔으나, 실로의 하나님께로는 한 발짝도 나아가지 못했다. 만일 엘가나가 한나와 함께 기도에 전념했다면 이야기는 많이 달라졌을 것이다.

모든 것을 브닌나보다 한나에게 갑절을 주고 더 많이 사랑한 것은 틀림없었지만, 엘가나는 한나와 더불어 고통의 짐을 분담하지 않았다. 형통을 나누고 고통을 나누지 못하는 삶이 행복을 느끼게 할 수 있을까? 엘가나는 밝은 면에서 늘 아내와 하나가 되었으나, 어두운 면에서는 하나가 되지 못했다. 그는 한나와 함께 웃을 수 있었으나 함께 울지 못했다. 그가 한나를 사랑함이 믿음의 신실함에 거했다면 아내가 울면 같이 울고, 아내가 고통당하면 같이 고통당해야 옳았다. 그랬다면 한나가 엎드려 통곡할 때 엘가나 역시 기도하는 마음으로 울며 구했을 것이다.

기도의 자리에는 한나만 있었다. 엘가나가 선택한 최선은 브닌나의 영입이었다. 자기의 자식을 여럿 낳은 첩을 외면할 수는 없었으리라. 그렇다면 엘가나의 아내 사랑은 금이 갔다. 사랑의 대상은 두셋으로 나뉠 수 없는 것이다. 브닌나를 둔 만큼 엘가나의 사랑은 식어 버렸다.

위기의 끝자락에서 사람은 본 모습을 보인다. 아브라함의 아내 사랑도 많은 허점을 보였고, 롯의 딸 사랑도 온전치 못했다. 목숨을 부지하기 위해 분신 같은 아내를 팔아먹은 아브라함이었고, 나그네를 보호하기 위해 광란의 무리들에게 사랑하는 딸을 내주려던 롯이었다. 사랑하는 아내가 아이를 갖지 못하면 아이를 포기해야 옳다. 하나님이 아이를 주지 않으시면 달리 방도를 강구해야 한다.

입양은 깊이 생각할 면이 있지만, 현실적으로 아이를 갖지 못하는 가정에는 희망이다. 당시에 입양 제도가 없었지만 아이를 갖기 위해 다른 여자를 들인 것은 명백한 잘못이었다. 엘가나는 없는 아이 때문에 있는 아내 사랑의 길을 접었다. 입술의 사랑은 최상의 컨디션이었지만, 실제 사랑은 그 반대편에 있었다. 다산 능력이 있는 브닌나로 인해 아이는 얻었지만 아내에겐 크나큰 상처를 안겼다. 그의 언행 불일치는 한나의 고통을 더욱 가중시켰다.

2. 통곡하는 여자

기도로 통곡하면 휘둘리는 환경 가운데서도 방향성을 잃지 않는다. ······욥은 고뇌했지만 하나님 앞에서 통곡하는 영혼의 자리를 지켰다.

마음의 괴로움이 차곡차곡 쌓이더니, 여백이 없을 만치 빼곡하게 들어찼다. 터질 것 같은 마음의 고통을 이기지 못하자, 한나는 하나님께 무릎을 꿇었다. 한나는 마음의 슬픔을 브닌나에 대한 앙갚음으로 발산하지 않았다. 엘가나의 배신을 가슴속의 한으로 개켜두지도 않았다. 한나는 기도로 고통을 삭였다. 기도의 물꼬가 터지자 흐느끼던 기도가 금세 커지는가 싶더니 어느새 걷잡을 수 없는 통곡으로 변해 버렸다. 한나의 통곡은 실로의 장막을 휘감고 천지 사방으로 퍼져 나갔으며, 급기야 하늘 보좌에까지 미쳤다.

하갈은 사라의 분노를 사서 브엘세바 광야로 내쫓겼다. 하갈은 그곳에서 어린 이스마엘과 함께 방성대곡했다. 에서는 팥죽 한 그릇에 장자권을 바꾸는 망령된 행동을 했다. 뒤늦게 뉘우쳐 무르려 했지만 거절당하자 방성대곡했다. 그들의 큰 울음이 한나의 것과 차이를 보인 것은 하나님 앞에서 기도함으로 통곡했다는 점이다.

욥은 세 친구와의 마지막 논박에서 이렇게 고백했다.

"내 수금은 애곡성이 되고 내 피리는 애통성이 되었구나"(욥 30:31).

하나님이 주신 부요를 누리면서 삶을 노래하고 찬양했던 욥은 모든 것을 잃어버린 붕괴의 현장에서 통곡의 사람이 되고 말았다. 욥의 고난은 묵상하면 할수록 숨이 막힌다. 임 사모님은 2년 전 목회자였던 남편을 잃고 뇌성마비의 아들을 기도로 키운다. 유방암과 심장 수술을 해서 신장이식이 불가능한 가운데 이틀마다 피를 갈아 넣는 고통을 6년째 이어오고 있다. 생각하면 긍휼이 마음속에서 불길처럼 치솟는다. 악어는 배가 부르면 눈물을 흘리지만, 사람은 배가 고프면 통곡한다. 하나님의 자녀는 마음의 고통을 통곡으로 푼다. 예루살렘에서는 유일하게 보존된 옛 성의 서벽에 수많은 사람들이 매일 모여 기도드린다. '통곡의 벽'이다. 사람들의 영혼에는 저마다 하나님 앞에서 마음껏 울 수 있는 통곡의 벽이 있다.

한국과 미주 지역에서 간혹 시국과 관련하여 나라와 민족을 위한 통곡 기도회를 연다. 두어 차례 참석해 보았다. 큰 함성의 부르짖음이 있고, 눈물이 섞여 있었지만 통곡은 없었다. 인위적인 이런 모임에서 하나님을 향한 통곡의 기도가 메아리칠 수 있을까? 주님 당시에는 전문 애곡꾼들이 있어 슬픔을 당한 사람들의 아픔을 극대화시키기도 했지만, 우리 시대에는 그런 사람들이 없다. 예레미야처럼 통곡하는 예언자가 그리운 시대다. 우는 시늉을 하고 눈물을 강수처럼 흘린다고 해서 하나님의 마음이 동할 리 없다. 애통하는 심령이 없이 나오는 통곡은 기도가 아니다. 종교적 몸짓(gesture)에 불과하다.

하나님 앞에서의 통곡은 보다 자연스럽고 성령의 감동을 따른다. 자신의 영혼을 위해 울어본 자만이 남을 위해 울 수 있다. 자신의 영혼을 위해 통곡한 자만이 남을 위해 통곡할 수 있다. 하나님 앞에서 통곡해야 할 대상은 우리 자신이다.

통곡하는 영혼은 가난하다. 의지가 없는 영혼이 아니면 통곡은커녕 눈물 한 방울 나오지 않는다. 사람은 감당할 수 없는 삶의 환경에서 마음이 더욱 완악해지고 지독해지기 쉽다. 하늘이슬에 젖고 바람을 벗 삼아 평안한 삶을 찬양하던 사람도 곤고한 삶에 짓눌리면 웃음을 잃고 차디찬 영혼의 소유자로 급변하곤 한다. 사는 것이 매우 힘들어서 그런지 사람들은 이제 남을 위한 눈물에 매우 인색하다. 통곡 기도라면 비웃거나 비아냥거리기 일쑤다. 통탄스런 현실이다. 기도로 통곡하면 휘둘리는 환경 가운데서도 방향성을 잃지 않는다. 넘어질 때 넘어지더라도 올바른 방향으로 넘어지는 것이 지혜다. 욥은 고뇌했지만 하나님 앞에서 통곡하는 영혼의 자리를 지켰다.

통곡은 눈물을 영혼의 비명으로 뒤덮는 것이다. 영혼의 비명은 기도로 내지를 때 가장 창조적이 된다. 주님은 최악의 상황에서 울며 통곡했기에 통곡하는 영혼들을 온전히 아신다.

1) 한나에게 심통 부리는 브닌나

브닌나는 심통을 부렸다. 브닌나의 심통이 한나에게 심통

(心痛)을 일으키게 했지만, 한나는 이를 하나님께 나아가는 계기로 삼았다.

브닌나는 한나에 비해 젊고 매력 있는 여자였다. 그녀는 한나가 갖지 못한 것을 지니고 있었다. 젊음과 미모, 게다가 비할 데 없는 출산 능력이었다. 그녀는 '홍보석', '진주', '산호'와 같은 이름에 걸맞게 미모가 출중했음이 틀림없다. 브닌나는 보석처럼 빛나는 아름다움과 건강으로 인해 엘가나의 눈에 띄었을 것이다.

브닌나는 엘가나의 기대를 저버리지 않았다. 자식을 줄줄이 낳았다. 남편의 유업을 이을 자식도 여럿 낳은 브닌나의 위치는 집안에서 견고했다. 문제는 엘가나였다. 원하던 자식을 낳아주었음에도, 젊고 아리따움이 한나에 비할 바 아니었음에도 불구하고 여전히 엘가나의 마음은 한나에게 있었다. 사실 브닌나의 일을 제외한다면 엘가나는 한나에게 완벽한 남편이었다. 브닌나는 엘가나의 마음이 한나에게 기울어진 것을 알고 있었기에 마음이 편치 않았다. 브닌나의 마음이 가마솥처럼 들끓었다. 그녀의 분노는 매서웠다.

브닌나는 주어진 처지에서 만족해야 했음에도 남편을 독차지하려는 욕심에 이끌려 여우에서 독사로 탈바꿈했다. 브닌나의 앙칼진 마음은 질투 감정을 넘어 한나의 자존심을 건드리는 데까지 나아갔다. 아이 낳지 못하는 약점을 들쑤시면서 약을 바짝 올렸다. '격동시킴'은 감정을 충동질하여 화를 북돋우는 태도를 말한다. 브닌나는 한나의 상한 마음에 부채질을 하여 묵은 상처를 더욱 덧나게 만들었다. 브닌나의 의도는 적중했고, 경건한 한나의 마음을 어지럽혀 쉬 벗어날 수 없는 번민에 휩싸이게 만들었다. 아이를 여럿 낳아도 분깃의 배분이나 사랑의 강도에서 늘 밀려난 억울함을 브닌나는 자기 식대로 풀려고 했던 것이다.

브닌나는 심통을 부렸다. 브닌나의 심통이 한나에게 심통(心痛)을 일으키게 했지만, 한나는 이를 하나님께 나아가는 계기로 삼았다. 결과적으로 한나는 하나님께 엎드려 마음의 병도 고치고 원하던 아들도 얻었다.

브닌나는 힘쓰고 애쓰지 않아도 아이를 잘 낳았다. 한나에게 없는 유일한 것을 가졌지만 브닌나에게는 없는 것이 너무 많았다. 남편의 사랑과 하나님의 은혜 면에서는 한나를 따라잡을 수가 없었다. 남편의 총애를 받지 못하고 영적인 은혜와 사랑의 길에서도 멀었던 그녀는 단지 반짝이는 보석에 불과했다. 브닌나는 자신의 보석이 남편의 사랑 부재라는 한 가지 흠으로 인해 최고에 이르지 못함을 분히 여겼다. 에서는 부유하고 강성했으나 자신의 것이었다가 동생의 것이 되어버린 장자권으로 인해 야곱에게 심통을 부렸다. 야곱의 귀향 소식을 듣자마자 에서는 400명의 군사와 함께 살기를 내뿜으며 달려갔다.

우리에게 없는 것에 집착하면 자신도 모르는 사이에 심통을 부린다. 여호야김은 유다 왕국의 말기에 젊은 나이로 왕위에 올라 11년을 통치하면서 나라를 결딴냈고, 심술궂은 행적은 사기에 기록될 만큼 악랄하기 그지없었다(대하 36:8).

(1) 사랑에서도 밀림

> 개인의 영성이나 은사는 뒤지지 않는데 사역의 열매는 늘 기운다. 마음에 통증이 일어난다. 이를 극복하지 못하면 우리도 심통 사나운 존재로 전락한다.

　엘가나가 브닌나를 미워했을 리 없다. 한나가 낳아주지 못한 자신의 씨를 여럿 낳아준 당사자가 아닌가! 가문의 고민을 한 방에 날려버린 브닌나를 엘가나는 귀하게 여기고 사랑했다. 브닌나는 탄탈루스(Tantalus)처럼 늘 목이 갈했다. 브닌나는 남편 엘가나의 사랑에 목말라했다. 한나보다 젊고 아름다웠던 브닌나는 첩이라는 신분상의 한계를 넘어 남편의 사랑을 독차지하기를 원했다. 남편의 사랑이 드러나는 때가 해마다 있었다. 매년제를 드리는 때였다.

　엘가나는 한 번도 브닌나를 실로 여행에 동참시키지 않았다. 실로에서 매년제를 드리고 나면 엘가나가 제물의 분깃을 나누는데 한나에게 갑절을 주었다. 그것은 정기 행사처럼 바뀌지 않고 해마다 반복되었다. 제물의 분깃은 단순히 음식물의 배분율이 아니라 사랑의 저울이었다. 브닌나는 양이 적은 제물 때문이 아니라, 그것에 반영된 엘가나의 사랑이 반쪽인 사실을 더욱 못 견뎌 했다.

　브닌나는 한나가 할 수 없는 일을 했음에도 불구하고 늘 사랑에서 한나에게 밀렸다. 브닌나가 아무리 한나를 격동시켜 마음을 번민케 해도 그 당시만 심리적 만족을 얻을 뿐이었다. 사색이 된 한나의 얼굴을 살피며 쾌재를 불렀지만, 그것이 브닌나의 마음 깊숙한 곳에 뿌리 박힌 사랑의 핍절을 달래지는 못했다. 음부같이 잔혹하며 불같이 일어나는 강한 투기가 브닌나를 투쟁적으로 만들었다. 첩 주제에 조강지처를 괴롭힐 생각은 감히 할 수 없는데, 브닌나는 주저하지 않고 저주했다. 더 이상 잃을 것도 없다는 심정으로 브닌나는 물불을 가리지 않고 한나를 향해 격동의 강펀치를 날렸다. 사라와 하갈의 이야기를 구전으로 들어 알고 있었을 브닌나였지만 막무가내였다.

브닌나의 격동은 단발성이 아니라 지속적이고 전략적이었다. 적당한 정도를 넘어 한나를 '심히' 격동시켰다. 브닌나를 통한 사탄의 격동은 지속적이요 전략적이었다.

브닌나는 후사를 가졌지만 엘가나의 마음을 얻지 못했다. 집안에서의 위치는 견고했지만 정작 갖기 원하는 사랑싸움에서는 패배했다. 조강지처에 대한 남편의 애정이 브닌나의 정신을 어지럽혔고 마음에 통증을 일으켰다. 무엇으로도 치유될 수 없는 앙화가 마음에 생겨났다. 브닌나는 속이야 어떨지 몰라도 겉으로 보아 흐트러짐 없는 한나의 반응에 더욱 부아가 끓어올랐다. 싸움을 걸어도 피하기만 하는 한나와의 격전이 이루어지지 않아서 싸움꾼인 브닌나를 더 허탈하게 만들었다. 그래서 부지런히 칼날만 별렀다.

브닌나의 모습은 우리의 경우와 얼마나 흡사한가? 브닌나가 곧 우리다. 우리도 밀리면 마음에 울화가 치민다. 객관적인 전력으로 봐서는 필승인데 맞붙기만 하면 진다. 개인의 영성이나 은사는 뒤지지 않는데, 사역의 열매는 늘 기운다. 마음에 통증이 일어난다. 이를 극복하지 못하면 우리도 심통 사나운 존재로 전락한다.

(2) 분깃에서도 밀림

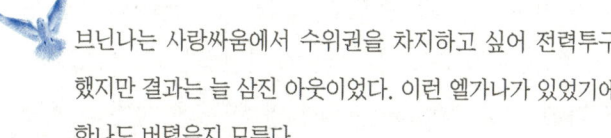
브닌나는 사랑싸움에서 수위권을 차지하고 싶어 전력투구 했지만 결과는 늘 삼진 아웃이었다. 이런 엘가나가 있었기에 한나도 버텼을지 모른다.

'분깃'은 재산이나 땅이나 음식에 이르기까지 삶의 여러 부분에서 각자에게 할당된 몫을 의미한다. 이는 '기업'이란 뜻과 같다. 요셉은 형제 상봉을 앞두고 베푼 연회석에서 베냐민에게 다른 이복형들에 비해 다섯 배나 많은 자신의 음식을 차려주었다. 이스라엘 백성은 가나안 땅을 지파별로 나누어 분깃으로 삼았다. 아무 분깃도 받지 못한 아론에게 하나님이 말씀하셨다.

"나는 이스라엘 자손 중에 네 분깃이요 네 기업이니라"(민 18:20).

도망자의 신세였을 때 다윗의 추종자들은 불타버린 시글락의 폐허를 뒤로하고 하나님을 힘입은 다윗을 따라 추격전에 나섰다. 적을 궤멸시키고 포로로 잡혀간 식솔들을 되찾았으나 나아간 자와 머무른 자 사이에 전리품 문제로 갈등이 생겼다. 다윗은 두 그룹에 차별을 두지 않고 균등하게 나누어 전범으로 삼았다. 분깃은 매우 중요한 일이었다. 브닌나는 이 분깃 배정에서 늘 밀려나 울화가 치밀었다.

부부의 사랑에서도 밀린 브닌나는 매년제 후에 나누던 제물의 분배에서도 밀렸다. 물론 나중의 재산 상속에서도 밀릴 것은 뻔한 이치였다. 사랑과 음식물 분배에서 뒤처짐은 브닌나로서는 견디기 어려운 수치였다. 그것은 단순히 음식물 정도에 그칠 문제가 아니었다. 브닌나는 분깃이 지닌 각별한 의미를 알았기에 늘 두 번째 자리에 머물러야 하는 자신의 입지에 불만을 품었다. 평생을 그렇게 살아가야 할 자신의 처지를 비관하며 브닌나는 질투와 저주의 칼을 갈았다. 그것이 한나를 괴롭히는 악취미로 나타났다. 브닌나의 작전은 한나를 침몰시키기에 충분했다. 한나가 엘리 제사장에게 자세히 술회한 내용을 음미하면 브닌나의 괴롭힘이 대단했음을 미루어 짐작할 수 있다.

"나의 원통함과 격동됨이 많음을 인함이니이다"(삼상 1:16).

한나가 토로한 '많은 격동'은 브닌나의 한나 공격이 전방위적으로 이루어졌고 연속적이었음을 보여준다.

분깃은 사랑의 증표였다. 자식이 없어도 한나는 엘가나의 분복이었다. 엘가나가 집안의 기둥이었다면, 한나는 지붕이었다. 서로가 서로를 지탱시키고 덮어줌으로 붕괴를 막고 외풍을 막아주었다. 한나에게서 자식을 얻지 못하고 브닌나에게서 그토록 원하던 자식을 얻었지만 엘가나의 마음은 해바라기처럼 한나를 향했다. 사랑에 밀렸어도 분깃에서 앞섰다면 브닌나의 마음이 어느 정도 위로가 되었을 것이다.

그러나 브닌나의 현실은 한나로 인해 계속 밀려났다. 자식이 있어도 브닌나는 엘가나의 분복이 될 수 없었기에 썩어 버려질 지푸라기 같은 자신의 신세가 한없이 원망스러웠을 것이다. 기름진 소돔 들판을 뒤로하고 거친 광야를 택했던 아브라함처럼 한나를 택한 엘가나는 브닌나를 밀어냈다. 브닌나는 사랑싸움에서 수위권을 차지하고 싶어 전력투구했지만, 결과는 늘 삼진 아웃이었다. 이런 엘가나가 있었기에 한나도 버텼을지 모른다.

2) 주님께 심정을 통하는 한나

그녀가 자신의 문제를 하나님께만 아뢴 것은 오직 하나님께만 마지막 희망의 닻을 내리겠다는 표시였다.

사무엘상은 본격적인 왕정 시대를 알리는 첫 책이다. 사사 시대가 끝나고 이스라엘의 왕정 정치가 시작되고 사울 왕조의 흥망 과정을 세밀하게 다루었다. 사무엘상의 첫 장은 이스라엘 왕국의 초석인 사무엘의 출생 배경이 되는 어두운 가정사를 다루고 있다. 그 한가운데 한나가 있었다. 한나는 경건한 가장 엘가나의 사랑받는 아내였으나, 그녀에게는 결정적인 아픔이 있었다. 태의 문이 닫힌 것이었다.

사라는 출산 불능의 노년기에 하나님이 성태케 하셨지만, 한나는 출산 시기였음에도 하나님께서 성태치 못하게 하셨다. 자신의 불임이 징조 있는 하나님의 개입임을 눈곱만치라도 알았다면 한나는 오히려 감격으로 세월을 보냈을 것이다. 이 사실을 알 턱이 없는 한나는 좌절과 실의에 빠질 수밖에 없었다. 눈이 감긴 한나는 고통에 방임되었다. 하나님이 한 사람을 다루시고 그의 삶을 섭리의 마차에 태워 이리저리 이끄심은 참으로 신비롭기 짝이 없다.

한나는 '사랑스러움', '은혜로움'을 뜻한다. 브닌나가 육적으로 모든 것을 지니고 부족함이 없었지만, 한나는 육적으로 핍절함 속에 거했다. 한나가 느낀 핍절함은 보통 사람의 부족과는 달랐다. 남편의 넘치는 사랑과 풍요로운 물질이 그녀 곁에 있었지만, 남편의 이름을 전할 자식을 갖지 못한 것은 치명적인 흠이었다. 이것이 한나에게 깊은 절망감을 주었고, 마음에 괴로움으로 쌓여갔다.

브닌나가 갖지 못한 것을 소유하여 브닌나의 질시를 한 몸에 받을 정도였지만, 한나는 그런 것들로 만족할 수 없었다. 세상의 모든 것을 다 준다 해도 바꿀 수 없는 생명의 씨앗이 한나에게는 없었다. 한나의 번민은 깊어지고 괴로운 마음의 고통은 날이 갈수록 극심해졌다. 근심에 상한 마음은 초췌한 얼굴 모습으로 투영되었고, 해가 뜨면 어서 빨리 해가 지기만을 고대하게 되었다. 세월은 속절없이 흐르면서 한나의 심신은 지칠 대로 지쳐만 갔다.

한나는 자신의 결격 사유를 붙들고 평생 씨름하지 않았다. 얼마 동안 수심에 싸여 지내다가 그 문제를 들고 하나님 앞에 나아갔다. 남편에게도 알리지 않고 누구에게도 털어놓을 수 없는 마음의 괴로움을 기도로 쏟아내었다. 한나는 엘리에게조차 도움을 요청하지 않았다. 그녀가 자신의 문제를 하나님께만 아뢴 것은 오직 하나님께만 마지막 희망의 닻을 내리겠다는 표시였다. 몸부림치는 한나의 모습을 보고 술주정으로 착각한 엘리

제사장에게 한나는 이렇게 털어놓았다.

"여호와 앞에 나의 심정을 통한 것뿐이오니"(삼상 1:15).

이 짧은 서술이야말로 한나의 고민이 더 이상 고민일 수 없는 이유를 알려준다. 기도는 괴로운 심정을 하나님께 털어놓는 것이다. 일단 솔직히 털어놓으면 통한다. 막혔던 마음의 벽들이 환하게 트이고 잠겼던 하나님과의 소통도 재개된다. 놀랍게도 한나는 사방이 막힌 환경에 놓였으나 기도로 하나님과 소통을 이루었다.

(1) 엘리의 축복을 받음

오늘 우리 주변에 엘리 같은 자가 많음은 유쾌한 일이 아니다.
오늘 우리는 남을 위한 기도에 진심으로 마음을 열지 않는다.
누군가를 위한 기도는 명색에 그치고 시늉만 할 뿐이다.

엘리는 자신의 선입견이 틀렸음을 알자 마음이 슬펐던 여자, 주님께 마음의 괴로움을 통했던 여자, 기도하던 여자인 한나를 위해 복을 빌었다.

"평안히 가라 이스라엘의 하나님이 너의 기도하여 구한 것을 허락하시기를 원하노라"(삼상 1:17).

단지 그뿐이었다. 엘리는 한나를 위해 중보 기도하지 않았다. 안수 기도하지 않았다. 무릎을 꿇고 잠시라도 기도하지 않았다. 그는 한나가 드린 기도가 이루어지기를 바란다는 말만 전했다. 그렇게 무성의할 수가 없다. 국사를 다루고 나라의 대사를 놓고 기도하던 엘리 사사에게 아들 낳기를 소원하는 한나의 기도는 너무 지엽적이고 하찮은 내용이었는지 모른다. 엘리는 한나의 기도하는 모습은 주목했으나, 한나의 기도에 실린 슬픔의 깊이는 주목하지 않았다. 그렇지만 한나는 그런 엘리의 덕담을 기도 응답의 증표로 받아들였다. 불성실한 주의 종이었지만 그의 말을 주님에게서 나온 말로 수용했다.

오늘 우리 주변에 엘리 같은 자가 많음은 유쾌한 일이 아니다. 오늘 우리는 남을 위한 기도에 진심으로 마음을 열지 않는다. 누군가를 위한 기도는 명색에 그치고 시늉만 할 뿐이다. 입으로는 기도하지만 마음에서는 멀다. 기도에 인색한 자는 그 속에 기도의 내공이 쌓이지 않아서다. 기도의 삶에 익은 자는 그렇게 돌려보내지 않는다. 남을 위해 기도해야 할 위치에 있는 자가 여러 가지 이유를 내세워 기도해 주기를 꺼리는 것은 잘못이다.

기도를 배운 자에게는 기도를 가르칠 영적 책무가 있다. 기도를 아픔 속에 익힌 자는 아픔에 놓인 자들을 위해 기도해야 한다. 통곡의 기도 속에서 출생한 사무엘은 자기 백성을 위해 기도하기를 쉬는 죄를 여호와 앞에 결코 범치 않을 것을 공언했다. 그렇게까지 할 필요가 없었지만 중보자 사무엘은 그렇게 자신을 속박시켰다. 그런 엘리를 통해서 이런 사무엘이 나온 것은 측량할 수 없는 하나님의 인자였다.

한나는 하나님을 신뢰했기에 하나님께서 세우신 엘리를 신뢰했다. 그의 입에서 나오는 무성의한 말을 성심으로 받아들였다. 하나님은 그런 한나의 중심을 보셨다. 불성실한 종이었지만 그도 한나의 기도를 듣고 복을 빌 때를 위해 하나님이 그때까지 남겨두셨고 그 자리에 있게 하셨다. 하나님은 의인의 날을 위해 악한 자도 적당히 쓰기 위해 세우신다. 하나님의 역사의 경륜은 행성들이 태양을 따라 움직이듯 언제나 의인 중심으로, 기도하는 자를 중심으로 움직인다.

다윗이 사울 죽이기를 꺼려하고 끝까지 손에 피를 묻히지 않은 것도 하나님의 기름 부으심 때문이었다. 사울은 전쟁터에서 정해진 죽음을 당하기 전에 살아 있어야 했다. 그를 통해 이룰 선악 간의 많은 역사가 있었기 때문이다. 하나님의 기름 부음 받은 자였던 엘리가 한나에게 빈 복은 곧 하나님의 복이었다. 종이 비아냥거리며 축복할지라도 믿음으로 받으면 복이 된다.

(2) 얼굴에 수색이 없음

한나의 단순함은 그녀의 믿음이 순전했다는 증거다. 순전하지 않으면 단순할 수 없다. 우리는 너무 복잡해서 근심에서 자유롭지 못하다.

한나의 믿음이 대단한 것은 엘리의 단순한 덕담을 하나님의 음성으로 받아들였다는 점이다.

"당신의 여종이 당신께 은혜 입기를 원하나이다 하고 가서 먹고 얼굴에 다시는 수색이 없으니라"(삼상 1:18).

엘리의 말을 듣는 순간 마음의 번민을 모두 훌훌 털어버렸다는 말이다. 마음을 짓누르던 무거운 짐을 벗어버리고 심령이 평온함에 거했다. 결코 의기소침하거나 우울해하지 않았다. 엘리의 말을 아멘으로 수용한 한나는 얼굴에서 근심의 표정을 말끔하게 지웠다. 폭풍우가 끝나고 맑게 갠 새 하늘을 맞이했다. 여전히 무자한 상태였고 브닌나의 격동이 앞으로도 계속될 것이지만, 한나는 슬픔에 이별을 고했다.

한나는 매우 단순한 마음의 소유자였음에 틀림없다. 그렇지 않고는 찰나에 이루어진 그녀의 대변신을 설명할 길이 없다. 아니면 기도가 복잡한 마음을 단순하게 만들어 버린다. 하나님만 바라기에 대적자의 격동도 결코 두렵지 않다.

육체에 병이 있거나 마음에 근심이 있으면 느헤미야의 얼굴에서처럼 수색이 어린다. 수색은 다른 사람에게 보여 마음의 병통을 알리는 조짐이다. 한나가 엘리를 만난 것은 행운이었다. 그녀가 찾아가기 전에 엘리가 제 발로 찾아왔다. 그의 발길을 옮기게 한 것은 한나의 기도하는 모습이었다. 결국 한나의 기도가 자석처럼 엘리의 발걸음을 자신에게로 끌어당겼다. 정상인과는 다른 몸동작으로 기도하는 한나가 엘리의 눈길을 사로잡았다.

기도에는 문제 해결자를 끌어당기는 힘이 있다. 하나님이든지 하나님의 사람이든지, 아니면 희한한 사건과 적절한 환경이 기도자를 위해 구비된다. 마음의 근심과 얼굴의 수색을 사라지게 하는 것은 오직 기도다. 한나가 그렇게 기도하지 않았다면 예년과 마찬가지로 그녀는 무거운 발걸음으로 귀가 행렬에 오르며 내년의 매년제를 기다려야 했을 것이다. 한나는 작은 징조를 놓치지 않고 꽉 붙들었다.

얼마나 단순한 믿음이었으면 엘리의 한마디 말에 평생의 근심이 사라졌을까? 한나의 단순함은 그녀의 믿음이 순전했다는 증거다. 순전하지 않으면 단순할 수 없다. 우리는 너무 복잡해서 근심에서 자유롭지 못하다. 믿으면서도 이것저것 잰다. 순전하지 못한 까닭이다. 순전하지 못하다 함은 우리의 믿음과 기도에 불순물이 섞였다는 뜻이다. 하나님은 섞인 것을 싫어하신다. 한 밭에 두 종자가 섞이는 것을 싫어하시고, 두 재료로 직조한 옷 입는 것을 원치 않으신다(레 19:19). 우리의 입술에는 '할렐루야'와 '아멘'이 있는데, 우리의 얼굴에는 근심 빛이 사라지지 않는다. 성전을 위해 수색에 잠긴 느헤미야는 왕의 마음을 움직인 하나님으로 인해 얼굴빛을 고쳤다.

여호와를 기뻐함이 근심을 이긴다. 우리는 기쁨을 웃음으로 표현하지만 마음은 수심으로 병든다. 남을 살리는 순간에도 자신의 죽어감을 고민하며 산다. 성령의 사람은 단순하다.

3. 기도하던 여자

우리는 기도하던 자인가? 발등에 떨어진 불을 끄고자 허겁지겁 기도의 무릎을 꿇은 자가 아니라 이전부터 계속해서 기도해 오던 자인가? 우리가 여전히 기도한다면 우리도 언젠가 "나는 전에 하나님께 기도하던 자"라고 외칠 수 있을 것이다.

사무엘을 얻고 나서 한나는 매년 찾던 실로 방문을 당분간 쉬었다. 젖 뗄 때까지 아이 양육에만 전념하기 위해서였다. 엘가나는 한나의 뜻을 존중하고 축복했다. 3년쯤 되었을 때 한나는 사무엘을 데리고 실로의 엘리에게로 나아갔다. 하나님께 드린 서원을 이행하기 위해서였다. 한나는 육친의 정을 억제하고 기도 응답의 산물인 사무엘을 다시 하나님께 드리고자 했다. 이 아이 사무엘을 통해 엘리의 집안이 쇠락할 것이라는 예언을 듣게 될 줄 누가 상상이라도 했으랴! 한나는 엘리를 찾아온 자초지종을 낱낱이 고했다.

"나는 여기서 나의 주 당신 곁에 서서 여호와께 기도하던 여자라 이 아이를 위하여 내가 기도하였더니 여호와께서 나의 구하여 기도한 바를 허락하신지라 그러므로 나도 그를 여호와께 드리되 그의 평생을 여호와께 드리나이다"(삼상 1:26-28).

기도의 사람 한나는 여전히 엘리를 하나님의 종으로 깍듯이 예우했다. 한나는 거룩한 자의식을 지닌 사람이었다. 한나는 이스라엘의 자존심이었던 엘리 제사장 앞에서 당당히 고백했다.

"나는 여호와께 기도하던 여자라!"

이보다 아름다운 자기정체성의 고백을 어디에서 찾아볼 수 있을까? 물론 엘리 제사장도 그 특이한 기도 모습 때문에 한나를 기억하고 있었다. 원문은 기도의 장면을 생생하게 묘사하는 진행형인데 "나는 당신 곁에 서서 여호와께 기도하고 있었던 바로 그 여자!"라는 뜻이다. 엎드릴 수조차 없는 고통을 안고 가만히 서서 여호와께 속삭일 수밖에 없었던 한나가 응답의 열매를 한아름 안고 하나님을 찾았다. 예전에는 기도했으나 이제는 기도의 열매를 갖고 복을 빌었던 자를 찾았다. 기도했기에 하나님의 총애를 입은 여인으로서 한나는 기도의 자리를 다시 찾았다. 이번의 실로 방문은 아이를 영원히 잃는다는 상실감보다 자신의 영적 운명을 뒤바꾼 기도 현장을 순례하는 것에 의의를 두었다.

한나는 미처 엎드리지도 못하고 서서 기도드릴 만큼 절박했다. 함성을 내지를 수 없을 만큼 마음의 괴로움이 모든 소리를 짓누르고 있었다. 환경이, 마음의 고통이 한나를 윽박질렀지만 한나의 영혼을 제압하지는 못했다. 자유한 영혼으로서 한나는 영혼의 주인이신 하나님께 기도드렸다. 한나의 묵언 기도는 하늘의 보좌에 들릴 정도로 크고 우렁찼다. 바로 곁의 엘리가 듣지 못한 한나의 울부짖음을 하나님께서는 귀담아 듣고 계셨다.

한나는 "여호와께 기도하던 자"였다. 이 얼마나 가슴 벅찬 묘사인가?

하늘의 하나님께 기도하던 땅의 여자는 응답의 증표를 보이며 하나님의 선하심을 만방에 선포했다. 매일 기도하던 엘리는 한나처럼 기도하던 자라는 고백을 하지 못했다. 그가 더 많이 기도드린 것이 분명하지만 한나처럼 사무친 슬픔을 기도로 쏟아낸 경험이 없었기에 엘리는 '기도하던 자' 한나의 감격에 겨운 고백을 들을 뿐이었다.

우리는 기도하던 자인가? 발등에 떨어진 불을 끄고자 허겁지겁 기도의 무릎을 꿇은 자가 아니라 이전부터 계속해서 기도해 오던 자인가? 우리가 여전히 기도한다면 우리도 언젠가 "나는 전에 하나님께 기도하던 자"라고 외칠 수 있을 것이다.

기도하던 자가 되기 위해 우리는 부단히 기도해야 한다. 호흡을 쉴망정 기도를 쉬지 않겠다는 다부진 태도로 기도의 전선에 임해야 한다. 기도는 전투다. 영원의 관점에서 영혼의 생사를 두고 벌이는 영적 전쟁의 최전선이다. 기도하던 자가 되기 위해 우리는 마음을 토하고, 진정을 고하며, 하나님께 자신의 삶을 내놓아야 한다. 상처도, 고민도, 아픔도, 근심도 가리지 말고 하나님의 제단에 올려놓아야 한다. 우리가 지금 기도하면 언젠가 응답의 열매를 안고 하나님께 나아가는 복된 여행길에 설 수 있다. 지금은 기도할 때다. 기도하던 자는 기도를 들으시는 하나님 앞에서 기도를 쉴 수가 없다.

1) 통곡 기도

 하나님의 심판이 이르면 말 못하는 성과 곽도 통곡하는데 (애 2:8) 통곡하지 않는 사람의 심령은 재앙이다. 통곡은 아름답다.

마음이 슬픈 여자 한나는 하나님께 통곡 기도를 드렸다.

"한나가 마음이 괴로워서 여호와께 기도하고 통곡하며"(삼상 1:10).

마음이 괴롭고 슬픔을 이기지 못하면 사람들은 운다. 구곡간장이 끊어질 듯하던 애절한 울음은 이내 통곡으로 바뀐다. 통곡은 울음의 마지막 단계다. 인간은 늘 벼랑 끝에서 통곡한다. 베드로는 주님을 세 번씩이나 모른다고 부인하며 저주에 맹세까지 했다. 그의 말이 마치기 전에 닭이 울었고 엉겁결에 뒤돌아본 그의 시선에 주님의 눈길이 보였다. 주님의 예언이 생각난 베드로는 밖에 나가서 심히 통곡했다. 회개의 통곡 기도가 그를 회복시켰다.

우리는 사랑하는 이를 잃었을 때 그 지극한 슬픔을 통곡으로 표현한다. 장례식장에서의 통곡이 가장 구슬프게 느껴지는 것도 만인의 공통된 감정이기 때문에 그렇다. 한나는 가졌던 것을 잃어서가 아니라 한 번도 가져보지 못한 생명의 씨앗 때문에 울고 통곡하며 기도했다.

신약의 예레미야라 칭할 수 있는 사도 바울은 여러 곳에서 사역을 펼치는 중에 많은 눈물의 씨를 뿌렸다. 아라비아 광야에서의 3년을 기도로 보내며 눈물샘이 터진 이후로 바울의 사역 중에서 눈물을 떠나 이루어진 경우는 하나도 없었다. 어쩌면 은총의 머무름을 위해 견뎌야 했던 육체의 가시는 많은 눈물로 인한 안질이었을지도 모른다. 그가 빌립보 교회 성도들에게 보냈던 편지에 이런 표현이 있다.

"내가 여러 번 너희에게 말하였거니와 이제도 눈물을 흘리며 말하노니 여러 사람들이 그리스도 십자가의 원수로 행하느니라" (빌 3:18).

계속되는 경고와 권면에도 불구하고 돌이키지 않는 일단의 무리들이 바울의 눈물을 쏟게 했다. 십자가의 원수로 행하는 배도의 현실을 바울은 그치지 않는 눈물 곧 통곡 기도로 맞섰다. 하나님의 심판이 이르면 말 못하는 성과 곽도 통곡하는데(애 2:8) 통곡하지 않는 사람의 심령은 재앙이다. 통곡은 아름답다.
통곡 기도는 슬퍼 드리는 기도만은 아니다. 감사 감격이 넘쳐도 통곡 기도가 나온다.

"내가 다윗의 집과 예루살렘 거민에게 은총과 간구하는 심령을 부어주리니 그들이 그 찌른 바 그를 바라보고 그를 위하여 애통하기를 독자를 위하여 애통하듯 하며 그를 위하여 통곡하기를 장자를 위하여 통곡하듯 하리로다"(슥 12:10).

우리에게 필요한 통곡의 원형은 우리 자신을 위한 기도보다 주님의 몸 되신 교회와 우리 위해 죽임 당하신 주님을 위한 통곡이어야 한다. 슬픈 통곡의 기도가 아니라, 감사의 통곡 기도여야 한다. 우리를 위해 통곡하시며 죽음의 길을 택하신 그분을 바라보며 통곡해야 한다. 매일 갈급한 영혼으로 하나님 앞에 숨죽여 기도드림은 통곡의 영이 몰려와 주야로 통곡하고 싶은 마음이 거세게 타오르기 때문이다. 지금이라도 통곡하며 기도드릴 수 있다. 그러나 통곡 기도의 첫 점화를 성령께서 붙여 주시기를 기다리며 부르짖는다.

(1) 히스기야

울면 안 되는 일도 된다. 울어도 안 될 때에는 통곡할 일이다. 통곡은 하늘의 밀실 그 깊은 문도 열게 한다.

히스기야는 죽음을 선고받자 하나님 앞에 엎드렸다. 그는 이사야 선지자에게 안수 기도를 부탁하지 않았다. 땅을 치며 자신을 버리신 하나님을 원망하지도 않았다. 선고는 내려졌으나 아직 집행되지 않은 상황에서 히스기야는 최종적으로 하나님 앞에 자신을 드렸다. 면벽 기도의 자세는 그가 세상을 의지하지 않고 하나님의 처분만 바란다는 마음의 표시였다. 그는 세상을 뒤로하고 생사의 제단에 자신을 눕혔다. 그는 자신이 하나님 앞에서 진실과 전심으로 행했던 삶을 회상하면서 하나님의 자비만을 구했다. 하나님께 자신이 기억되기를 바라며 히스기야는 심히 통곡했다. 이사야가 성문을 채 빠져나가기도 전에 하나님의 응답이 즉각적으로 임하였다.

> "왕의 조상 다윗의 하나님 여호와의 말씀이 내가 네 기도를 들었고 네 눈물을 보았노라 내가 너를 낫게 하리니"(왕하 20:5).

하나님은 히스기야의 통곡을 듣고 그가 흘린 눈물을 바라보셨다.

히스기야는 신앙의 용장이었지만 죽음의 선고 앞에 허물어졌다. 그의 연약함은 주님의 자비에만 매달리게 했고, 그를 통곡 기도자로 변모시켰다. 연회로 떠들썩하던 궁궐에서 웃음이 그치고 처절한 통곡 소리가 궐 밖으로까지 퍼져나갔다. 친족 히스기야 왕에게 하늘의 선고를 전하고 성문을 빠져 나가려던 이사야 선지자도 그 곡성을 들었다. 이사야로서도 어쩔 방도가 없었다. 하나님이 손수 나섰다. 무거운 발길을 옮기던 이사야가 성읍 중간에 이르기도 전에 하나님께서 그를 돌려 세우셨다. 이사야는 히스기야에게 달려가 하나님의 응답을 전했다.

울면 안 되는 일도 된다. 울어도 안 될 때에는 통곡할 일이다. 통곡은 하늘의 밀실 그 깊은 문도 열게 한다. 영혼을 거두기로 작정하신 하나님의 의지까지 바꿀 정도로 히스기야의 통곡 기도는 힘을 발휘했다. 한 번 통곡에 15년의 생명이 연장되었다. 시간의 길이보다 더 중요한 것은 하나님의 응답이었다.

구레네 시몬이 십자가를 지고 갈 때 힘겹게 앞장서 걸으시는 주님을 뒤따르며 많은 여인들이 울었다. 주님이 돌이키며 말씀하셨다.

"예루살렘의 딸들아, 나를 위하여 울지 말고 너희와 너희 자녀를 위하여 울라"(눅 23:28).

우리는 주님을 위해 울면서 정작 자신을 위해 통곡하지 못한다. 울어야 할 대상은 주님이 아니라 우리와 우리의 아이들이다. 내 영혼의 확실한 구원을 위해 우리는 뜨거운 눈물을 아끼지 말아야 한다. 더욱 깊어질 흑암의 시기를 지날 자녀들을 위해 눈물 흘리지 않는다면 우리가 과연 믿음을 지닌 부모라 할 수 있겠는가? 예루살렘의 패망을 내다보며 슬픈 눈물을 흘리셨던 주님은 우리가 섬기는 교회와 조국을 위해 울기 바라신다. 자신을 위해 통곡하지 못한 자는 주님을 위해 울 수 없다. 애통의 대상은 나와 내 교회와 내 민족이다. 내 가족, 내 교회, 내 조국, 내 민족을 위해 우는 자만이 세상을 위해 울 수 있다.

(2) 에스라와 백성들

> 부흥은 거저 오지 않는다. 위대한 부흥일수록 거기에 부합된 통곡이 천상에 메아리쳐야 한다. 통곡의 거친 행보 없이 하나님의 부흥을 꿈꾸는 것은 백일몽이지 비전이 아니다.

포로 생활을 끝내고 나중에 귀환한 제사장 에스라는 방백들의 보고를 통해 제사장들과 레위 사람들이 이방인들과 혼인하여 백성들의 영적 타락에 앞장섰고, 그 선두에 방백들과 두목들이 있음을 알았다. 에스라는 속옷, 겉옷을 찢고 머리털과 수

염을 뜯으며 하나님 앞에 엎드렸다. 에스라는 다니엘처럼 민족의 죄악을 짊어지고 회개의 기도를 드렸다. 70년 포로 생활은 이유 있는 담금질이었음을 깨달았다.

완고한 그 백성을 다시 고토로 이끄신 하나님의 자비로운 손길 앞에서 에스라는 마음을 전부 쏟았다. 거룩한 자기 동일시로 민족과 하나로 동여매어진 에스라는 울고 또 울었다. 에스라의 기도는 통곡으로 변했고, 하나님의 전 앞에서 오열하는 그의 통회 자복에 많은 백성이 덩달아 통곡했다. 순간적으로 회개의 영이 임했다. 남녀노소 가릴 것 없이 성령이 마음을 쥐어짜자 그들은 깨졌다. 한 사람의 진정한 통곡이 대중을 깨우친다.

한 사람의 회개가 만백성을 회개의 자리로 이끌었다. 하나님의 율법을 무시하고 제멋대로 행하던 지도자들이 죄를 깨닫고 하나님 앞에 엎어졌다. 한 사람의 진정한 통곡이 이스라엘 백성 모두를 통곡의 도가니로 몰아넣었다. 하나님의 전 앞 광장에서 울려퍼진 통곡의 함성은 메아리가 되어 하늘 보좌에까지 미쳤다. 에스라의 통곡 기도는 살을 베는 심정으로 이스라엘 중에서 섞인 것을 도려내는 대수술로 이어졌다. 결사적인 반대 집단이 있었지만, 에스라의 법령 공포에 따라 족장들과 백성의 두목들을 중심으로 이방인 출신 아내를 버리기로 결심했다. 포로 귀환에서 남아 있던 자들을 이끌고 왔던 에스라는 이 마지막 귀환자들을 통해 영적 부흥의 역사를 일구었다.

부흥은 거저 오지 않는다. 위대한 부흥일수록 거기에 부합된 통곡이 천상에 메아리쳐야 한다. 통곡의 거친 행보 없이 하나님의 부흥을 꿈꾸는 것은 백일몽이지 비전이 아니다.

학자 겸 제사장인 에스라는 탁월한 지도자였다. 어둔 시대에 별빛처럼 빛나는 존재였다. 그는 민족의 죄악을 자신의 것으로 동일시하여 무릎 꿇기를 망설이지 않았다. 그의 통회 자복은 많은 백성들의 마음을 움직여 집단적인 통곡으로 이끌었다. 통곡은 시도해서 되는 일이 아니다. 연습된 연출에는 감동은 있으나 변화가 따르지 않는다. 하나님을 갈망하면 하나님이 주신 시선으로 민족과 역사를 살피고, 각성된 지각으로 인해 심령이 깨어진다.

깨어진 옥합 사이로 향유가 흘러 온 집안에 향유 냄새를 퍼뜨렸던 것처럼, 깨진 심령에서 통곡이 흐른다. 한 사람의 진심이 하늘에 닿으면 하늘의 기운이 모여든 회중들의 가슴을 뒤집어 엎고 하나님을 대면시킨다. 남녀노소의 큰 무리가 에스라 앞에 모인 것은 그의 기도가 그들을 자석처럼 이끌었기 때문이다. 길선주 장로가 공중 앞에서 행한 통회 자복이 한국 교회의 부흥을 불러오지 않았던가!

(3) 주님

내가 살면 나는 구원을 받아도 세상은 여전히 죄 가운데 있다. 내가 죽으면 구원의 길이 세상에 열린다.

성경은 주님의 웃으시는 모습에 대해서는 침묵하고 있지만, 우는 모습에 대해서는 여러 곳에서 기록하고 있다. 예루살렘을 내려다보시며 장차 멸망의 잿더미 속에 파묻힐 처참함을 아신 주님은 통곡의 눈물을 아끼지 않으셨다(눅 19:41-44).

"예루살렘아 예루살렘아 선지자들을 죽이고 네게 파송된 자들을 돌로 치는 자여 암탉이 그 새끼를 날개 아래 모음같이 내가 네 자녀를 모으려 한 일이 몇 번이냐 그러나 너희가 원치 아니하였도다 보라 너희 집이 황폐하여 버린 바가 되리라"(마 23:37-38).

암탉의 비유로 묘사된 주님의 이 짧은 기도문에는 억만 년을 이어가더라도 한 소절을 끝낼 수 없는 그런 중보의 영이 도사리고 있다. 거부당한 사랑의 손길보다 더 마음 아픈 것은 엄청난 고통으로 시달릴 민족의 역사였다. 모르면 몰라도 알면 울지 않을 수 없다. 주님은 이 십자가의 쓴잔을 앞에 두고 겟세마네 동산에서 진액을 짜내시며 통곡 기도를 드리셨다.

겟세마네 동산에서 외롭게 기도의 밤을 밝히시던 주님의 모습을 히브리서 기자는 이렇게 기술했다.

"그는 육체에 계실 때에 자기를 죽음에서 능히 구원하실 이에게 심한 통곡과 눈물로 간구와 소원을 올렸고 그의 경외하심을 인하여 들으심을 얻었느니라"(히 5:7).

아홉 제자와 세 제자가 멀고 가까운 거리에 있었지만, 아무도 주님의 고통에 동참하지 않았다. 한 번, 두 번 주님의 하소연을 민망하게 듣긴 했지만 제자들은 그 밤에 유독 졸음을 이기지 못했다. 주님 홀로 깨어 계셨다. 고립무원의 상황에서 주님은 기도의 손을 힘껏 쥐셨다. 찬 바위를 부둥켜안고 오열하시던 주님의 머리는 이슬에 젖고 얼굴은 피눈물에 젖었다. 아버지의 뜻에 초점을 맞춘 주님의 기도는 장렬했다. 천사가 나타나 힘을 북돋워주었다. 얼마나 힘쓰고 애써 기도하셨던지 땀방울이 핏방울로 변할 정도였다. 황송스럽게도 하나님의 아들이 죄 많은 인간을 위해 통곡하셨다.

주님의 통곡하시는 모습은 상상만 해도 감격스럽다. 만인의 눈에서 눈물을 씻어주실 그분이 통곡하며 오열하셨다. 히브리서 기자는 주님의 통곡을 미화하지 않았다. 주님은 죽음에서 자신을 능히 구원하실 하나님께 통곡의 눈물로 부르짖었다. 살려주기를 위한 기도가 아니라 잘 죽기 위한 기도를 드렸다. 주님은 십자가의 죽음을 잘 통과하여 인류 구속의 대의를 이루도록 기도하셨다. 그것이 아니라면 구태여 그렇게 우실 필요가 없었다. 보통 사람도 죽음 앞에서 초연할 수 있는데 주님이 죽기 싫어서 통곡함이 아닌 것은 분명하다.

그렇다면 주님의 통곡은 전적으로 우리를 위한 것이었다. 그것이 주님의 통곡에 감격하는 이유다. 하나님은 아들을 십자가에서 구원하지 않으시고 그를 죽게 함으로 구원자가 되게 하셨다. 내가 살면 나는 구원을 받아도 세상은 여전히 죄 가운데 있다. 내가 죽으면 구원의 길이 세상에 열린다.

2) 서원 기도

 서원할 때는 신중에 신중을 요해야 하고 갚을 때는 미루지 말고 신실하게 임해야 한다. 서원 기도는 잘못하면 올무가 된다. 매이지 않음이 중요하다.

　서원 기도는 흔하거나 쉬운 기도가 아니다. 우리가 드리는 많은 기도 중에서 서원 기도가 차지하는 비중은 그리 크지 않다. 그러나 서원 기도는 매우 중요한 시기에 드려진다. 우리는 자주 서원하고 제대로 이행하지 않는 잘못을 자주 범한다. 서원 기도는 그만큼 하기는 쉽고 이행하기는 어렵다. 서원 기도를 하기 쉬운 것은, 문제 상황은 심각하고 우리는 연약하기 때문이다. 이행하기가 어려운 것은 우리가 너무 이기적이기 때문이다.

　조수 간만의 차이처럼 들 때 마음과 날 때 마음이 다른 것이 사람이다. 우리 중에 평생을 살아오면서 서원 기도를 한두 번 안 해본 사람은 없을 것이다. 서원을 지킨 기억보다 선명한 것은 우리가 드린 서원 기도들이다. 서원 불이행의 오랜 역사를 아시지만 주님은 서원 내용에 아무 제약을 두지 않으신다. 인간의 어떤 상황도 문제가 안 된다. 서원을 철폐하지 않고 남겨두신 것은 삶에 힘들어하는 우리를 위해서다.

　서원에 대한 중요 구절이 있다.

"네가 하나님께 서원하였거든 갚기를 더디게 말라 하나님은 우매자를 기뻐하지 아니하시나니 서원한 것을 갚으라 서원하고 갚지 아니하는 것보다 서원하지 아니하는 것이 나으니 네 입으로 네 육체를 범죄케 말라 사자 앞에서 내가 서원한 것이 실수라고 말하지 말라 어찌 하나님으로 네 말소리를 진노하사 네 손으로

한 것을 멸하시게 하랴"(전 5:4-6).

말씀의 취지는 분명하다. 서원은 함부로 하지 말 것이며 서원했다면 반드시 이행해야 한다. '갚음'은 서원이 일종의 채무임을 뜻한다. 서원은 스스로 하나님께 빚지는 것이다. 하나님의 탕감은 확실하지만 채무 이행에 대해서는 칼날 같으시다. 서원을 갚지 않으면 죄로 여기실 만큼 서원에 대한 하나님의 입장은 단호하다. 바울은 서원을 이행하고자 겐그레아에서 머리를 깎았다. 부지불식간에 잊어버린 서원에 대해서는 기억을 위해 기도할 필요가 있다.

서원은 맹세와 비슷하나 맹세의 의미를 훨씬 능가한다. 맹세는 인간 사이에서 다툼이 일어났을 때의 최후 확정이다(히 6:16). 서원은 맹세 중의 맹세다. 인간이 하나님께 거는 약속이다.

> "네 하나님 여호와께 서원하거든 갚기를 더디 하지 말라 네 하나님 여호와께서 반드시 그것을 네게 요구하시리니 더디면 네게 죄라 네가 서원치 아니하였으면 무죄하니라마는 네 입에서 낸 것은 그대로 실행하기를 주의하라 무릇 자원한 예물은 네 하나님 여호와께 네가 서원하여 입으로 언약한 대로 행할지니라"(신 23:21-23).

서원을 이행치 않으면 죄가 된다. 사람은 잊어도 하나님은 잊지 않으신다. 서원의 내용은 만일을 위해 기록할 필요가 있다. 서원은 마음을 제어하기로 서약하는 일종의 맹세다(민 30:2). 서원할 때는 신중에 신중을 요해야 하고 갚을 때는 미루지 말고 신실하게 임해야 한다. 서원 기도는 잘못하면 올무가 된다. 매이지 않음이 중요하다.

(1) 야곱

 서원 기도는 하나님과의 거래나 흥정이 결코 아니다. 하나님과의 관계를 이용하여 이해득실을 따지며 주판알을 굴리는 것을 혐오하는 우리들이지만, 매일의 삶에서 서원을 방패 삼아 하나님과 줄다리기를 하고 있는 우리 자신을 본다.

야곱이 서원한 계기는 그가 꾼 꿈 때문이었다. 벧엘의 들녘에서 꿈속에 나타나신 하나님은 야곱에게 축복과 보호의 약속을 하셨다. 잠에서 깬 야곱은 즉시 돌단을 쌓고 하나님께 제사를 드렸다. 죄를 짓고 도망자가 되어 먼 길을 떠나는 자신에게 나타나 감당할 수 없고 상상치 못할 약속을 주신 하나님 앞에서 무엇이라도 자신의 마음을 표하고 싶었다. 너무 엄청난 내용들인지라 악착같은 야곱으로서는 확정받고 싶은 마음도 있었을 것이다. 과연 약속은 위대했으나, 야곱은 지금 정처없이 피난길을 떠나는 중이었다.

꿈에서 받은 약속을 서원으로 재확인하면서 만일 하나님이 자신을 축복하고 보호하면 어떻게 할 것인지 구체적으로 서원했다. 20년 피난살이를 통해 야곱은 하나님의 축복과 보호 속에 거했다. 하나님은 약속을 이행하셨다. 귀향길에 오른 야곱은 서원을 까마득하게 잊었지만 하나님이 회상시키심으로 다시 벧엘을 찾았다.

현실의 사람 야곱은 서원기도를 드림에 있어서도 매우 구체적이었다. 세 가지 조건을 충족시켜주시면 자신도 하나님을 위해 세 가지 일을 행할 것이라고 약속했다. 여행길에서의 동행과 의식주의 공급과 무사 귀환을 조건으로 내걸고, 만일 성취되면 하나님을 자신의 하나님으로 삼고 벧엘에 세운 단이 하나님의 전이 될 것이며, 십일조를 드리겠다고 약속했다. 하나님은 야곱과 계약을 체결하심으로 야곱의 하나님이 되셨다. 하나님은 야곱이 제시한 모든 소원을 들어주셨다.

그럼에도 벧엘에 하나님의 전은 세워지지 않았다. 하나님은 그를 벧엘로 다시 부르셨고, 야곱은 뒤늦게 약속을 지켰다. 자신의 꿈을 성취함에는 한 발 앞서고 약속 이행에는 한 발 뒤지는 야곱이었지만 하나님은 그런 야곱을 책망하지 않으시고 받아주셨다. 아삽의 시처럼 야곱은 하나님께 서원하고 갚았다(시 76:11). 뒤늦긴 했지만 야곱은 서원을 이행했다. 늦어도 서원은 갚아야 한다.

서원은 절박한 상황에서 드리는 기도다. 누구나 위기를 당하면 다급한 상황을 모면하기 위해 불을 끄는 심정으로 하나님이 행하실 특단의 조처를 구한다. 크고 조속한 응답을 위해 일종의 배팅을 한다. 큼지막한 선물을 약속하고 하나님의 관심을 유도하려 한다. 이는 서원의 변질이다. 서원 기도는 하나님과의 거래나 흥정(deal)이 결코 아니다. 하나님과의 관계를 이용하여 이해득실을 따지며 주판알을 굴리는 것을 혐오하는 우리들이지만, 매일의 삶에서 서원을 방패삼아 하나님과 줄다리기를 하고 있는 우리 자신을 본다.

야곱의 서원에서 우리는 서원의 동기를 제대로 파악해야 한다. 야곱이 서원하기 전에 하나님의 말씀이 먼저 약속으로 임했다. 평소에 말씀으로 서지 않으면 서원은 무의미하다. 서원의 파종은 하나님의 말씀으로 시작된다. 말씀에 거해야 서원의 변질과 남용의 위험에서 자신을 구한다. 서원에 욕심이 섞이면 영혼이 상한다.

(2) 입다

 사람들은 너무 쉽게 서원을 하고 단숨에 철회하곤 한다. 서원은 그렇게 매고 풀 수 있는 것이 아니다.

입다는 암몬 자손과의 전쟁에 앞서 서원했다. 불가능한 승전을 허락하시면 누구든 자기 집 문에서 나와 자신을 영접하는 자를 번제로 바치겠다고 말했다. 입다는 경솔하게 서원을 했다. 자신을 영접한 자가 자신의 무남독녀임을 알자 그는 슬픔을 이기지 못했다. 그의 서원이 진중치 못했음을 보여주는 대목이다. 그런 아비에 비해 딸의 희생적 죽음은 아름답고 존귀했다. 입다는 주저했으나, 딸은 서원의 제물로 바쳐지기를 마다하지 않았다. 입다의 서원은 딸의 호응으로 빛날 수 있었다. 입다의 서원에 희생된 딸을 기리는 나흘의 애곡은 이때로부터 이스라엘의 규례가 되었다. 입다는 서원 기도로 이스라엘에 큰 승리를 안겼지만 가장 귀한 것을 희생시켜야 했다. 번제물의 내용을 미리 알았다면 입다는 이스라엘이 패망한다 할지라도 서원하지 않았을 것이다. 미래에 어둡고 눈앞의 일도 예견할 수 없는 인간의 한계가 서원에 기대게 만든다.

입다의 서원은 잘못된 것이었다. 사람의 희생을 언급한 것 자체가 인간 제물을 금하시는 하나님의 뜻에 어긋났다. 그럼에도 하나님은 입다의 서원을 받으시고 승리를 주셨다. 이 모든 과정의 의미를 정확히 알기는 어렵지만, 입다의 딸은 장차 제물이 되어 죽으실 그리스도의 예표가 되었다. 입다는 사사로 부름을 받아 이스라엘의 구원을 위해 애쓰는 중에 하나님의 구속 의지를 깨달았을 것이다. 그는 자신을 통해 이루어진 불완전한 구원이 아니라, 온전한 구원자의 도래를 소망했다. 입다의 서원과 딸의 희생은 그리스도의 희생적 죽음에 대한 밑그림이 되었다.

입다는 여호와의 모든 백성 앞에서 자신의 서원을 여호와께 갚았다(시 116:4). 값비싼 희생의 저 건너편에는 사랑하는 무남독녀를 번제로 바쳐야 했던 아버지의 피맺힌 서원이 자리하고 있었다. 오늘에 와서 우리는 입다의 서원과 딸의 희생을 논단하지만 가볍게 다룰 일은 아니다.

부지불식간에 내뱉은 서원으로 인해 스스로 족쇄에 매여 힘들게 신앙 생활하는 이들이 있다. 사람들은 너무 쉽게 서원을 하고 단숨에 철회하곤 한다. 서원은 그렇게 매고 풀 수 있는 것이 아니다. 서원을 하는 순간 하나님이 받으시기에 서원의 철폐 역시 하나님이 풀어주셔야 자유롭다. 주님은 고르반의 맹세를 악용하는 세태를 엄히 경고하셨다.

"너희는 가로되 사람이 아비에게나 어미에게나 말하기를 내가

드려 유익하게 할 것이 고르반 곧 하나님께 드림이 되었다고 하
기만 하면 그만이라 하고"(막 7:11).

서원이 개인적 욕심이나 야망을 위해 악용되면 최악의 기도
다. 아나니아와 삽비라는 재산을 하나님께 바치기로 하고 일부
를 숨겼다가 저주받았다. 잘못된 서원은 기도로 고치면 된다.
독신서약을 했던 루터와 칼뱅은 교정의 의미로 나중에 결혼했
다. 복음 안의 자유를 오용해서도 안 되지만 잘못된 서원은 은
혜 안에서 고칠 수 있다.

(3) 다윗

 우리도 다윗처럼 자신만의 문제가 아니라 하나님을 위한 근
심으로 서원하여 온 밤을 지새우며 불편한 삶을 택할 수는
없을까?

다윗은 범죄의 대가로 인해 사랑하던 아들 압살롬에게 왕위
를 뺏기고 고난의 행군 길에 나서야 했다. 다윗 자신은 우리아
의 아내를 은밀히 범했으나, 하나님은 압살롬의 사악함을 통해
다윗의 후궁들을 백주에 범하게 하는 악으로 징치하셨다. 나
단 선지자의 꾸짖음에 통회 자복한 다윗을 하나님은 즉각적으
로 용서하셨으나 징벌까지는 거두지 않으셨다. 이런 다윗이 무
슨 서원을 했는지 알 길은 없지만 아마 안전한 환궁이었을 것
이다. 어쨌든 그는 자신의 서원을 이행했다(시 61:8). 다윗은 서

원에 대한 분명한 태도를 갖고 있었다. 손해를 보더라도 반드시 갚는 것이었다.

"그 마음에 서원한 것은 해로울지라도 변치 아니하며"(시 15:4).

숱한 고난을 겪으며 하나님을 배워갔던 다윗은 누구보다 많은 서원을 했을 것이다. 사울의 추격을 피해 도주할 때의 위급한 상황에서 다윗은 자주 서원 기도를 드렸을 것이고 서원 이행에도 적극적이었으리라.

우리에게 서원 기도가 있음은 궁지에 몰린 우리의 숨통을 트이게 하기 때문이다. 서원 기도는 평상시가 아닌 비상시를 위해 중요한 기도 방법이다. 자주 이용할 성질의 것은 아니지만 서원 기도에 대해 정확히 이해할 필요는 있다. 환난 때에는 누구나 서원 기도를 드릴 수 있다. 문제는 기도가 응답된 이후에 우리가 자주 서원 내용을 잊어버린다는 사실이다. 서원을 이행하지 않아도 우려할 만한 중벌이 시행되지 않기에 사람들은 서원 이행에 적극적이지 않다. 우리는 익명의 저자가 고백한 대로 우리의 입술로 발한 모든 서원을 이행함에 있어 신실히 처신해야 한다.

"내가 번제를 가지고 주의 집에 들어가서 나의 서원을 갚으리니 이는 내 입술이 발한 것이요 내 환난 때에 내 입이 말한 것이니이다"(시 66:13-14).

위기의 절정에서 내뱉은 말을 평안할 때에 기억하는 것은 귀한 일이다. 하나님이 서원 불이행을 트집 잡지는 않으시겠지만 갚음은 우리의 책무다.

다윗이 가드에서 블레셋 군사들에게 잡혔을 때 생명의 구속을 위해 하나님께 서원했다. 다급한 다윗으로서 할 수 있는 최선의 일은 서원이었다. 다윗은 사망에서 건짐 받자 즉시 서원했던 대로 하나님께 감사제를 드렸다(시 56:12-13). 다윗은 법궤를 찾아 성막에 두기까지 왕궁에 들어가지 않고 침상에 오르지 않을 것을 서원하고 한동안 불편한 삶을 이어갔다(시 132:1-7). 다윗은 이처럼 서원을 철저하게 이행했고, 하나님의 복이 그와 후손들에게까지 두루 미쳤다. 다윗의 서원은 비단 자신의 문제에 국한되지 않았다. 하나님의 임재를 사모하는 열정이 넘쳐 서원에다 자신을 매달기도 했다.

우리도 다윗처럼 자신만의 문제가 아니라 하나님을 위한 근심으로 서원하여 온 밤을 지새며 불편한 삶을 택할 수는 없을까? 손해보고 희생하며 하나님 나라를 위해 서원할 수는 없을까? 서원을 지키면서 기뻐할 수는 없을까? 진정 그러기를 소원한다.

3) 응답 기도

 어미의 마음에서 아들을 영원히 지우고자 한나는 사무엘을 나실인으로 바쳐 하나님께 가까운 만큼 자신에게서 멀어지게 하는 길을 택했다.

한나는 기도하는 자였고, 응답을 쟁취한 여자였다.

"이 아이를 위하여 내가 기도하였더니 여호와께서 나의 구하여 기도한 바를 허락하신지라"(삼상 1:27).

한나의 오랜 숙원이 풀렸다. 사무엘이 태어나는 날 번민과 슬픔은 사라지고 오랫동안 마음을 무겁게 내리누르던 고통도 제거되었다. 인생의 고민이 사라졌다. 기도 이후에 기다림의 시간은 영원처럼 길었으나 응답 이후에 누림의 시간은 너무 짧았다. 응답의 기쁨도 잠깐이었고 한나는 기도로 얻은 그 아들을 다시 하나님께 되돌려드려야 했다. 서원이 있었기에 한나는 머뭇거릴 수 없었다. 미적거리면 미적거릴수록 서원 이행의 의지가 굳어지기보다는 결심이 무너지기 쉬웠다.

기도의 사람 한나는 기쁨으로 사무엘을 하나님께 드리기로 했다. 이를 위해 실로의 연차 방문도 미룬 채 오직 아이 양육에만 매달렸다. 사랑하는 젖먹이를 키우며 함께한 3년은 한나의 인생에서 지울 수 없는 황금기였다.

한나의 믿음은 자신이 드린 기도를 뒷받침하는 것이었고, 엘리의 기원에 따라 그 해에 아이를 가졌다. 한나는 아이의 이름을 사무엘이라 하여, 하나님께 기도해서 낳은 응답의 표징임을 만천하에 선포했다. 사무엘이 젖을 떼게 되었을 때 한나는 어린 사무엘을 대동하고 풍성한 제물과 함께 서원제를 치르기 위해 실로의 성소를 찾았다. 한나의 통곡에 젖은 서원 기도는 응답을 가져왔고, 기도로 아이를 얻은 축복의 주인공이 되게 했다.

한나는 축복에 취해 서원을 잊는 실수를 저지르지 않고 서원한 대로 사무엘을 하나님께 드렸다. 한나는 그를 단순히 드리지 않고 나실인으로 바쳤다. 구별된 자 중에 구별된 자로 하나님께 귀속시켰다. 어미의 마음에서 아들을 영원히 지우고자 한나는 사무엘을 나실인으로 바쳐 하나님께 가까운 만큼 자신에게서 멀어지게 하는 길을 택했다. 한나는 서원 이행을 위해 이처럼 자신에게 지독할 만큼 모질었다.

우리의 기도는 응답되었는가? 기도 노트에 응답의 사례가 분명히 수록되었는가? 우연의 산물이 아니라 기도에 대한 정확한 응답이라 자신 있게 말할 수 있는 그런 크고 작은 기적들이 있는가? 우리의 응답들은 일반 기도의 열매인가? 아니면 서원 기도의 특작물인가? 우리는 여전히 응답을 기대하며 확신 가운데 기대감으로 기도하는가? 응답되지 않은 기도로 인해 시험에 들거나 절망감을 느끼지는 않는가? 그래서 서원의 둔중한 철문을 열고 하나님의 특별한 역사를 기대하지는 않는가?

기도의 응답은 우리의 기도 생활을 풍성케 하고 담대함과 간절함과 끈질김에 활력을 준다. 응답 없는 기도 생활을 청산하라! 성경적인 기도는 반드시 응답을 약속한다. 부르기 전에 응답하시고 말을 마치기 전에 들으신다(사 65:24). 아무리 기도해도 묵묵부답이거든 서원 기도를 시도해 보라! 성경은 흔치 않은 서원 기도가 불응된 사례를 말하지 않는다.

(1) 오래 기도함

우리가 기도에 실패하는 이유 중의 하나는 오래 기도하지 못하기 때문이다. 너무 조급해서 일찍 무릎을 일으키고 너무 초조해서 기도의 문을 닫는다.

한나는 진지하게 기도드렸고 오래 기도했다. 한나는 엘리 곁에 서서 여호와께 오래 기도했다. 엘리가 한나의 입술을 주목하고 있는 동안 하나님은 한나의 기도를 듣고 계셨다. 주님은 밤이 새도록 오래 기도하셨다. 금식 기도도 유익이 있지만 철야 기도는 많은 유익이 있다. 졸며 자는 그런 철야가 아니라, 온 밤을 지새며 드리는 기도는 오랜 기도의 훈련에 기도자를 익숙하게 만든다. 충분히 기도하려면 오랜 시간을 바쳐야 한다.

이 '오래'는 시간에 있어서의 길이만이 아니라 기간에 있어 장구함도 뜻한다. 오래 기도할 수 있는 사람이 오랜 기간에 걸쳐 기도할 수 있다. 우리가 기도에 실패하는 이유 중의 하나는 오래 기도하지 못하기 때문이다. 너무 조급해서 일찍 무릎을 일으키고 너무 초조해서 기도의 문을 닫는다. 포도주나 장맛만 오랜 것이 좋은 것은 아니다. 기도도 오랜 것이 좋다. 오래 길게 기도하는 훈련을 익혀라!

기도를 한참 했다고 생각하는데 눈을 떠보면 얼마 지나지 않은 경험을 하며 초보자들은 많이 당혹스러워한다. 오랜 기도는 장구한 기도의 결정체다. 처음부터 오래 기도하기란 어려운 일이다. 기도 시간이 짧아 고민하는 이들은 초조해하지 말고 서서히 기도 시간을 늘리는 훈련을 터득하는 것이 좋다. 오래 기도한다 해서 했던 기도를 다시 하고 기도 속에서 세계 일주를 하는 것은 옳지 않다. 기도 훈련이 몸에 배기 전에는 오래 하느라 중언부언하기 쉬우므로 주의를 요해야 한다.

철야는 좋은 훈련법 중의 하나다. 방언 기도는 장시간 기도에 유익하다. 기도 훈련에 임할 때는 기도의 강자 곁에서 차근차근히 배우는 게 안전하다. 기도는 학습이요 훈련이다. 하루에 몇 시간씩 기도하는 것이 경건의 표징은 아니지만, 기도의 깊은 세계를 확보하려면 반드시 거쳐야 할 관문이다. 오랜 기도는 우리의 기도가 응답되기까지 끈질기게 기도하게 만든다.

기도할 때마다 오래 기도할 수 있음은 그런 기도를 오래 훈련해 왔기 때문에 가능하다. 기도 시간이 길어 오랜 기도인 것은 아니다. 오랜 기도는 간절함과 담대함과 끈질김이 어우러진 기도다. 기도 시간의 길고 짧음은 기도의 내용이나 상황에 따라 얼마든지 변동될 수 있다. 기도를 짧게 해야 할 상황에서 자기만의 오랜 기도를 고집하는 것은 바람직하지 않다. 그것은 경건을 가장한 야만이다. 바른 기도자는 기도의 길이를 얼마든지 조절할 수 있다. 오랜 기도 중에 확신이 서면 기도를 일찍 끝낼 수 있다. 오랜 기도는 분명히 강점이 있지만 거기에 매이지 않음이 중요하다.

기도에 있어 길고 짧음은 기도자의 깊은 내공에 달렸다. 주님은 대제사장적 기도에서처럼 길게도 기도하셨고, 겟세마네에서처럼 짧게도 기도하셨다. 가장 짧은 기도를 드리려면 평소에 길게 기도하는 법을 익혀야 한다. 주님의 가상칠언은 오랜 기도 끝에 얻은 열매였다.

(2) 사무엘의 열매

 열매 없이 잎사귀만 무성한 가을나무는 부끄러운 겨울을 지 난다. 기도는 그에 합당한 열매를 맺어야만 한다.

응답의 열매는 사무엘이었다. 엘리의 말에서 잉태의 씨앗을 본 한나는 확신과 소망으로 응답의 움을 돋게 하고 싹이 나게 해서 사무엘의 열매로 드러나게 했다. 사무엘은 엘가나와 한나의 자식에 그치지 않았다. 그는 이스라엘이란 나무에 선민다운 의미를 부여한 튼실한 열매였다. 기도 응답의 열매인 사무엘은 사사기 밖의 마지막 사사요 모세 이후에 최초로 나타난 이스라엘의 예언자였다.

사무엘은 기도 응답으로 얻은 자식답게 어린 시절부터 여호와께 은총을 입었다. 이상이 흔치 않은 시대에 눈이 어두운 엘리 대신 이상을 보았고, 잠든 엘리 대신에 깨어 있었다. 사무엘은 사울이 왕이 되기 전까지 왕(사사)의 역할을 감당하면서 예언자와 제사장이라는 삼중직을 훌륭히 소화해낸 기름 부음 받은 자였다. 기도 응답의 아들답게 그의 기도에 하나님은 응답하셨다. 하나님이 함께하심으로 사무엘의 말 한마디도 땅에 떨어지지 않았다.

응답이 응답을 낳는다. 한나는 사무엘 이후에 자식을 여럿 얻었다. 우리는 기도로 얻은 사무엘처럼 응답의 흔적이 새겨져 있는가? 그것이 사무엘처럼 생명의 선물이든 사건이나 문제의 해결이든 '하나님께 기도하여 얻은' 무엇이 있는가? 하나님이 주셔서 함께하던 것을 하나님께 다시 드려 더 많은 것으로 보답 받은 경험이 있는가? 사무엘은 이스라엘 왕국의 시작을 함께하면서 사울 왕조의 쇠퇴를 예언했고 다윗 왕조의 기틀을 놓았다. 하나님은 사무엘의 존재감을 모세와 대등한 위치에 두셨다(렘 15:1).

그는 중보의 용사였다. 모세가 생명책에서 자신의 이름이 지워지기 원했던 마음이나 백성을 위해 기도하기를 쉬는 것을 죄로 여겼던 사무엘의 마음은 하나님 앞에서 동일한 비중이었다. 이스라엘 백성에게 사무엘은 위대한 시대적 응답이었다. 사무엘이 없었다면 엘리 이후의 이스라엘 역사는 사사기 이전 시대로 역행했을지도 모른다.

한나의 기도가 시작되었을 때 사무엘의 응답도 바로 시작되었다. 한나의 기도가 끝났을 때 하나님은 이미 사무엘의 미래 사역을 그려놓고 계셨다. 실로에서 돌아오자마자 한나에게 응답의 씨앗이 잉태되었다. 한나는 뱃속의 아이가 자라는 동안 응답의 기쁨을 그 누구보다 절감했다. 그녀는 기도해서 얻은 생명의 성장을 몸으로 느끼며 열 달을 지냈다. 엘리의 말을 믿음으로 받아들인 한나에게 응답의 씨앗이 열매로 익었다. 그것은 엘리의 능력이 아니라 한나의 믿음이었고, 그 믿음을 따라 엘리의 말을 성사시키신 하나님의 긍휼이었다.

"하나님께서 들으셨다"란 뜻의 사무엘의 이름은 기도 응답에 대한 한나의 신앙 고백이었다. 열매 없는 나무는 가지가 아무리 무성해도 소용없다. 열매 없이 잎사귀만 무성한 가을 나무는 부끄러운 겨울을 지난다. 기도는 그에 합당한 열매를 맺어야만 한다. 기도 생활에서 응답이 지상 목표는 아니지만 열매로서 귀중하다.

(3) 기도의 어머니가 기도의 용사를 얻음

 기도의 용사 곁에는 기도의 용사가 따라붙는다. 깃발이 세워지면 사람들이 모인다.

예전엔 택시 운전석 앞에 "오늘도 무사히"라는 글귀와 함께 무릎 꿇고 다소곳이 기도하는 어린 사무엘의 사진액자를 걸어두곤 했다. 믿지 않는 사람들에게까지 사무엘은 기도하는 소년으로 널리 알려졌다. 사무엘은 기도로 얻은 아들이었고, 유아기 때부터 성소에 맡겨져 기도와 묵상 속에 훈련받은 아이였다. 사무엘은 출생 이전부터 평생을 시계추의 진자운동마냥 하나님과 백성 사이를 기도로 오가며 살았다. 그가 이스라엘의 첫 선지자가 되어 사역할 때 그의 바쁜 일정들은 기도 중심으로 이루어졌다. 사무엘은 완고한 이스라엘 백성을 위해 중보기도 드리는 일을 필생의 사명으로 알았다. 그의 고백에는 기도자의 영광과 자부심이 서려 있다.

> "나는 너희를 위하여 기도하기를 쉬는 죄를 여호와 앞에 결단코 범치 아니하고 선하고 의로운 도로 너희를 가르칠 것인즉"(삼상 12:23).

기도가 선행된 그의 가르침은 초기 이스라엘의 등불이었다.

기도하는 어머니 한나는 기도하는 아들 사무엘을 얻었다. 여호와 앞에 기도하던 여자 한나에게 평생을 중보 기도에 헌신한 아들이 생겨났음은 우연이 아니다. 기도하는 사람에게는 기도하는 사람이 연결된다. 기도자들이 모인 자리에는 기도의 영이 상승 작용으로 인해 더욱 강력해지고 기도의 훈기가 감돈다. 유유상종이다. 끼리끼리 모인다.

기생의 아들인 입다는 큰 용사였다. 그가 이복형제들의 핍박을 피해 타향에 거처를 잡았을 때 그의 곁에는 모험심이 강한 잡류들이 몰려들었다. 다윗이 사울의 추격을 피해 도망자 신세가 되었을 때 그에게 몰려든 이들은 환난당한 모든 자, 빚진 자, 마음이 원통한 자들이었다. 그들은 제각기 마음에 울분을 품었으나 싸움에 능한 용사 집단이었다. 그들 600명의 용사가 없었다면 다윗의 왕국 건립은 요원했을지도 모른다. 기도의 용사 곁에는 기도의 용사가 따라붙는다. 깃발이 세워지면 사람들이 모인다.

하나님은 사무엘을 위대한 중보자 모세와 대등하게 여겨 그의 중보적 사역을 인정하셨다.

> "모세와 사무엘이 내 앞에 섰다 할지라도 내 마음은 이 백성을 향할 수 없나니 그들을 내 앞에서 쫓아 내치라"(렘 15:1).

물에서 건짐 받은 모세나 통곡의 눈물로 얻은 사무엘이나 마찬가지로 누군가의 기도에 싸여 출생한 사람은 귀하디귀하다. 부모가 수고로이 낳지 않은 자식이 없지만 기도로 낳은 자식은 더욱 귀하다. 사무엘은 나라를 새롭게 하고자 백성들을 미스바로 소집했다. 미스바에 모인 이스라엘 백성은 기도의 사람 사무엘에게 자신들을 위해 기도해 줄 것을 요청했다. 사무엘은 그들을 위해 기도드렸다. 그의 기도가 있었기에 미스바와 센 사이에 '여기까지 우리를 도우셨다'는 에벤에셀의 돌을 세울 수 있었다. 사무엘은 중보로 얻은 중보자였다. 우리에게 위로부터 주어진 중보의 영이 있다면 민족을 회집하여 세상을 새롭게 할 수 있다.

4. 찬송하는 여자

기도의 능선을 지킨 자들은 응답의 고지를 밟았고, 어김없이 응답의 정상에서 하나님께 존귀와 영광을 돌렸다. 한나는 응답에 대한 찬양을 고백하는 가운데 깊이 있는 예지의 능력으로 하나님의 성품을 읽어냈다.

한나는 자신의 기도를 찬송으로 마무리했다. 고난 속에서 기도의 무릎을 꿇는 자는 응답의 기쁨을 맛본다. 응답의 현장에서 기도의 사람은 반드시 찬송으로 하나님께 영광을 돌린다. 고난의 종착역을 아직 벗어나지 못했지만, 한나는 기도로 평안을 느꼈다. 엘리사벳은 마리아의 방문을 받고 복중의 아이가 기쁨으로 뛰노는 것을 느끼고 마리아를 축복했다. 이에 대한 화답으로 마리아는 찬가(Magnificat)로 하나님께 영광을 돌렸다. 한나의 찬송은 마리아의 찬가에 버금갈 정도로 은혜의 깊이가 있다. 찬송의 내용은 전적으로 한나가 경험한 하나님께 대한 고백으로 이루어져 있다. 마음이 슬펐던 여자 한나는 기쁨이 충만한 찬양자로 변했다.

언제나 기도의 끄트머리에는 찬송이 도사리고 있다. 찬송으로 귀결되지 않는 기도는 2%가 부족한 기도다. 시편을 몇 번이고 읽어보라! 깊은 기도에는 반드시 풍성한 찬양이 바늘과 실처럼 연결되어 있다.

울며 씨를 뿌렸던 한나는 기쁨의 단을 거두었다. 눈물의 기도로 파종을 했던 한나는 웃음으로 수확하는 은혜에 거했다. 처녀의 몸으로 만삭이 되어 늘 스캔들에 시달려야 했던 마리아는 임마누엘의 출생으로 말미암아 마음의 짐을 한꺼번에 날려 보냈다. 마리아는 기쁜 찬양을 믿음으로 불렀다. 한나와 마리아의 찬양은 시편 113편과 유사한데 한나에게는 기도문으로, 마리아에게는 찬가로 드러났다.

성경은 한나의 찬양을 기도라고 밝히지만(삼상 2:1) 기도보다는 찬양이라고 불러야 옳다. 기도라면 아름다운 곡조가 붙은 기도다. 한나의 찬양은 단순히 기도 응답에 대한 감사의 표시만이 아니었다. 그녀의 찬양에는 범접할 수 없는 하나님의 영광이 음각되어 있었다. 찬양에 묘사된 예언적 선포는 한나의 영성이 얼마나 깊은 단계에 있었는지를 웅변적으로 전해 준다. 기도자의 영성은 응답과 함께 자란다. 기도자의 찬양은 곡조보다 노랫말이 더 은혜롭다.

모세의 누이 미리암은 이스라엘 여인들과 함께 이스라엘을 구원하시고 애굽의 군대를 홍해에 수장시키신 하나님을 찬양했다(출 15:21). 드보라는 군대장관 시스라를 죽이고 가나안 왕 야빈을 진멸케 하신 하나님을 찬양했다(삿 5장). 예루살렘의 여인들은 나오미에게 기업 무를 자가 생긴 것을 기뻐하면서 하나님을 찬양하며 룻이 보아스에게서 낳은 아들 오벳을 축복했다(룻 4:14-15). 기도는 응답을, 응답은 헌신과 찬양을 선사한다.

우리는 찬송하는 자인가? 우리의 입술에 하나님을 찬양함이 있듯 삶도 찬양일색인가? 아니면 음울한 노래와 탄식으로 가득

한가? 영혼의 울림으로 터져나오는 찬양이 아니면 천상에 이르기 전에 공중에 흩어지고 만다. 올바르지 못한 기도가 하늘에 닿지 않고 사탄과 그의 졸개들이 즐기는 간식거리가 되듯 영혼의 감격이 없는 찬양 역시 사탄의 흥만 돋우고 만다. 기도나 찬양 모두 바른 영성에 거해야 한다.

  응답의 언저리에서 우리는 하나님께 찬양한다. 찬양은 하나님을 경험한 자의 마땅한 행위다. 응답이 찬양을 이끈다. 찬양 없는 응답은 있을 수 없는 일이다. 기도자의 생애를 자세히 살펴보라! 기도의 능선을 지킨 자들은 응답의 고지를 밟았고, 어김없이 응답의 정상에서 하나님께 존귀와 영광을 돌렸다. 한나는 응답에 대한 찬양을 고백하는 가운데 깊이 있는 예지의 능력으로 하나님의 성품을 읽어냈다. 그것은 여덟 개의 빛나는 보석을 하나의 실에 꿰는 것과 같았다. 한나의 찬양은 감성을 자극하기 이전에 지각의 영을 깨우기에 충분할 만큼 진리의 서술로 가득하다. 한나는 그 짧은 기도의 여정에서 하나님의 성품을 깊숙이 경험했다.

  우리는 응답의 열매에서 지난 문제를 회상하거나 해결의 알맹이를 묵상하는 것보다 하나님의 성품으로 눈을 돌리는 혜안이 필요하다. 기도자가 부르는 찬양의 능력에서 열쇠는 응답하시는 하나님이다.

1) 구원의 하나님

 한나는 응답 자체에 취해 응답의 알맹이 속에 감춰진 구원의 속살을 간과하는 잘못을 범하지 않았다. 그녀는 열매를 보면서 씨앗을 기억해 냈고, 씨앗을 키워 열매로 자라게 만든 뿌리의 노고 또한 잊지 않았다.

"내가 주의 구원을 인하여 기뻐하나이다"(삼상 2:1).

한나는 구원의 여망이 전연 없는 상태에 있었다. 아들을 낳지 못한 죽은 태는 그녀의 수치였고 아픔이었다. 한나는 절망의 수렁에서 허우적거리며 아무런 희망도 없는 삶을 나날이 보내고 있었다. 기도하던 여자 한나는 그렇게 자신의 인생을 흘러가게 할 수 없었다. 한나는 결연한 의지로 일어섰다. 그녀는 지혜롭게 마지막 소망의 닻을 하나님께 던졌다. 한나는 살아 계신 하나님 앞에서 그동안 찢기고 상했던 마음을 낱낱이 쏟아 냈다. 그녀는 계속 기도하면서 마음의 괴로움을 주님께 토했고, 통곡의 간구로 막혔던 심정을 하나님께 통했다.

구원은 그렇게 시작되었다. 한나는 여호와를 인하여 즐거워하는 마음의 고백으로 자신의 찬양을 시작했다. 그 이유가 1절 하반부에 나오는 "주의 구원"이다. 한나가 경험한 하나님은 구원의 하나님이셨다. 절망과 상처로부터의 구원, 무자한 상태로부터의 구원 그리고 심령의 고통으로부터의 구원이었다.

하박국 선지자의 기쁜 찬양을 연상시키는 한나의 기쁜 고백은 구원의 확신 가운데 쏟아지는 강물 같은 기쁨이었다. 막을 수도 주체할 수도 없는 기쁨은 폭포수처럼 한나의 삶 속에 마구 쏟아졌다. 이 구원은 한나 개인의 구원이기도 하지만 기도로 얻은 아들 사무엘을 통한 민족적 구원과 더 나아가 만민의 구세주를 통한 인류 구원에 대한 예언이었다. 구원의 불가능으로 인해 기도를 포기할 수밖에 없는 순간에도 하나님께 무릎 꿇은 한나는 자신의 구원 자체보다도 자신을 건지신 구원자 하나님을 제대로 인식했다. 구원의 경험 자체보다 구원을 주신 하나님께 무게를 둔 것은, 한나의 인식이 개인의 체험보다는 하나님께 있었음을 보여주는 대목이다. 구원자이신 하나님의 존재는 한나에게 즐거움 자체였다. 속박과 좌절, 고뇌와 아픔에 괴로워하며 죽음을 동경하던 이도 하늘로부터 임한 구원에 접어들면 가벼운 맘에 삶은 기쁨 일색이다.

한나가 고백한 마음의 즐거움과 기쁨은 순전히 구원에 대한 경험에 근거하고 있었다. 자식이 없다는 현실적인 고통보다 한나를 더욱 괴롭힌 것은 하나님의 은혜에서 차단되었다는 영적인 자각이었다. 엘가나가 던진 상처나 브닌나의 야비한 괴롭힘도 영적 어둠의 현실과는 비교할 수 없었다. 그런 한나에게 사무엘의 출산은 엘가나로 인한 아픔을 보상받는 것이었고, 괴로움의 뿌리였던 브닌나의 격동에서 벗어남과 동시에 하나님의 외면으로부터 돌이킴이었다.

일상에서의 구원을 경험한 한나는 더 깊은 구원의 의미를 깨닫게 되었다. 슬픔과 고통에서 건짐 받은 한나는 만민 앞에 높이 들려진 들소의 뿔처럼 자신을 세워주심이 하나님에 의한 것임을 알았으며, 이것이 봉한 샘처럼 침묵 속에 있던 그녀를 구원의 선포자로 나서게 만들었다. 구원보다 큰 것은 구원자이신 하나님이셨다. 하나님의 현존 자체가 한나에게는 구원의 모든 것이었다.

마음이 원통한 자를 돌아보아 참담한 고통에서 벗어나게 하신 구원의 하나님은 오늘 우리에게 동일한 모습으로 다가오신다. 한나의 하나님은 우리 모두의 하나님이시다. 하나님의 구원을 다양하게 경험했던 바울은 과거, 현재, 미래를 통틀어 우리를 온전히 구원하시는 하나님의 모습을 그렸다.

"그가 이같이 큰 사망에서 우리를 건지셨고(과거) 또 건지시리라(현재) 또한 이후에라도 건지시기를(미래) 그를 의지하여 바라노라"(고후 1:10).

기도 응답은 영원한 구원을 얻은 자기 백성에게 베푸시는 하나님의 선물이다. 응답의 배후에 구원이 있다. 한나는 응답 자체에 취해 응답의 알맹이 속에 감춰진 구원의 속살을 간과하는 잘못을 범하지 않았다. 그녀는 열매를 보면서 씨앗을 기억해 냈고, 씨앗을 키워 열매로 자라게 만든 뿌리의 노고 또한 잊지 않았다. 구원의 겉옷을 보고 구원자 하나님을 생생하게 그려낸 한나의 예지가 참으로 아름답고 귀하다.

이 시점에서 우리는 자신의 진면목을 진지하게 살필 필요가 있다. 지난 생애를 회상하면 필시 구원의 하나님이 감격으로 다가온 적도 있다. 구원자 하나님께 감사하고 그분이 이루신 영단번의 구원을 소리 높여 전한 적도 있다. 그런데 구원의 의미가 희미해진 오늘 우리의 삶은 핍절하기 그지없다. 구원의 하나님마저 도통 보이지 않는다. 우리는 기억 속에 편린처럼 자리한 과거의 경험에 목을 매달고 있는 것은 아닌지! 한 번 구원은 영원한 구원의 보장이 아닌데, 우리에게 주신 구원을 날마다 이루어야 하는데, 우리는 너무 안일한 생각에 사로잡혀 구원이 아닌 자질구레한 일들에 매달려 있다. 온전한 구원을 향해 나아가며 하나님이 주신 구원을 이루어 감을 자력 구원이라 단언함은 성경적 구원의 진리를 모르는 것이다. 나의 구원을 이루실 분은 주님이시다. 구원의 시작과 구원을 이루는 매 과정과 구원의 최종 완성은 오직 주님께만 있다.

2) 거룩한 하나님

> 한나는 격동의 챔피언인 브닌나와도 구별되었고, 잠든 기도자인 엘리와도 구별되었다. 사무친 한을 기도로 승화시켜 구별됨을 보인 한나는 침묵 속에서 구별되게 일하시는 하나님을 보았다.

"여호와와 같이 거룩하신 자가 없으시니"(삼상 2:2).

하나님은 가까이할 수 없는 빛 가운데 거하시는 거룩하신 분이다. 영원하신 단독자로서 하나님은 죄에서 격리되어 영원에서 영원까지 거룩함 가운데 거하신다. 하나님은 거룩하신 분으로서 성도를 아끼시고 거룩한 자들의 발을 지키신다. 한나는 거룩하신 하나님으로 인해 거룩한 걸음을 옮겼다. 매년 드리는 제사를 통해 경건한 삶을 유지했던 한나는 하나님의 거룩하신 품성을 경험했다.

한나는 여호와를 섬기는 제사를 통해 유일하신 하나님의 존재를 절감했고, 초월적인 하나님의 구별됨을 당당히 고백했다.

한나가 경험한 하나님은 거룩한 하나님이셨다. 말씀으로 지어져 기도로 보존되는 세상 만물은 말씀과 기도로 거룩해진다(요 17:17; 딤전 4:5). 존재가 거룩하면 사역도 거룩하고, 속성이 거룩하면 임재도 거룩하다.

거룩함은 하나님의 도덕적 본질이다. 본성적으로 죄를 싫어하시는 하나님은 홀로 거룩함 가운데 계신다. 어떤 존재도 하나님 곁에 거할 수 없다. 거룩이 손상을 입으면 만물이 화를 입는다. 거룩하지 않은 것과 영원히 구별되시는 하나님은 유일무이하다. 하나님의 거룩을 체험하면 누구나 그분의 거룩하심을 찬양한다. 여섯 날개를 가진 스랍들은 하나님의 보좌에서 "거룩하다! 거룩하다! 거룩하다!"로 서로 화답했다(사 6:3). 보좌 앞의 네 생물은 쉬지 않고 "거룩하다! 거룩하다! 거룩하다!"를 외쳤다(계 4:8). 홍해를 건넌 직후 부른 노래에서 모세는 거룩함에 영광스러운 자가 신들 중에 아무도 없음을 고백했다(출 15:11).

한나는 동일한 거룩을 접했다. 한나는 격동의 챔피언인 브닌나와도 구별되었고, 잠든 기도자인 엘리와도 구별되었다. 사무친 한을 기도로 승화시켜 구별됨을 보인 한나는 침묵 속에서 구별되게 일하시는 하나님을 보았다.

한나의 찬양 일색인 기도가 특이한 것은 기도 응답에 대한 감사를 넘어 응답을 주신 하나님을 그렇게 다양하고 깊이 있게 인식했다는 점이다. 한나의 영적 자각은 놀라웠다. 사무엘을 품에 안은 한나는 지각의 영을 사용하여 하나님을 더욱 깊이 알아갔다. 한나는 하나님의 기대를 저버리지 않고 하나님을 제대로 인식했다. 많은 경우에 사람들은 기도 응답에 묻혀 응답을 주신 하나님을 금방 잊어버리곤 한다. 한나의 감사는 수박

겉핥기식의 고백이 아니라, 내면의 알맹이를 모조리 훑는 그런 감사였다. 표피적이고 상투적인 하나님 인식을 지나 하나님의 품성과 본질을 이해하는 자리까지 나아갔다. 거룩하신 하나님은 한나에게 영구한 반석처럼 신실한 분으로 깊이 각인되었다. 하나님을 깊이 알아가면서 한나 역시 진리로 거룩함을 덧입게 되었다.

자신의 존대함과 거룩함을 열국 가운데 나타내어 자신을 알리시는 거룩하신 하나님은 우리가 좇을 유일하신 주님이시다. 우리가 능력으로 하나님을 본받을 수는 없지만 거룩한 품성에 동참함으로 거룩함의 먼 발치에서나마 주님을 우러를 수 있음은 흔치 않기에 구별된 은혜다. 하나님은 우리를 거룩한 부르심으로 부르셨다(살전 4:7). 거룩하게 하시는 자와 거룩함을 입은 자들이 다 한 뿌리에서 났다. 우리는 누룩 없는 떡을 먹음으로 부패한 교리와 상관없는 참 진리에 거한다. 우리를 물로 씻어 말씀으로 깨끗하게 하신 것은 거룩하게 만들기 위함이다(엡 5:26). 거룩함이 떠난 진리는 보혈의 정결과 무관하므로 사이비다.

주님의 보혈은 우리를 거룩하게 하는 피다. 주님은 거룩함 까닭에 우리를 형제라고 부르신다. 부정한 자의 핍박을 거룩한 기도의 옷으로 막은 한나는 결국 사무엘의 존재를 통하여 거룩하신 하나님의 실체를 인정하게 되었다.

스스로 자신을 구별하는 신이 없다. 세상의 모든 신은 그들을 섬기는 사람들이 신성하게 구별하여 거룩하다고 부른다. 우상은 사람 위에 군림하지만 사람들이 언제든 버리고 창작할 수 있는 조잡스런 작품이다. 정품이 아니다. 신들의 숫자나 추종하는 신도의 숫자가 그들이 섬기는 신의 진정성을 증명하지는 않는다. 천지간에 하나님만이 홀로 거룩하시다. 하나님이 우리를 불러 거룩하게 만드시려는 이유는 거룩하신 하나님과의 성품적 동일시를 원하시기 때문이다.

거룩은 두려운 경험이다. 하나님의 거룩을 조금이라도 접한 사람은 두려움에 떤다. 이사야는 그래서 화에 직면한 자신의 처지를 보고 떨며 외쳤다. 우리에게 경외심을 불러일으키는 분이 계심은 두렵고 황홀한 경험이다. 거룩함이야말로 우리가 세상에서 하나님을 가장 닮아갈 수 있는 부분이다. 세상 사람들과 구별된 존재로서 우리를 성도라 구별하여 부르는 이유도 바로 여기에 있다.

3) 지혜의 하나님

> 헝겊과 낡은 옷으로 만든 끈을 붙잡아 구덩이에서 나올 수 있었던 예레미야처럼 한나는 기도의 끈을 잡았다. 그 끈에 자신을 매달고 슬픔과 고통의 허공을 비행했다. 비행 끝에 도달한 곳은 지혜자의 품속이었다.

"여호와는 지식의 하나님이시라"(삼상 2:3).

이는 하나님의 전지하심을 나타낸 말이다. 사람은 교만해서 떠벌릴지라도 하나님의 전지하심을 아는 자는 경망된 언행을 삼간다. 모든 것을 아시는 하나님은 모든 인간의 행동을 저울에 달아보신다. 인간은 꾸미고 감출지라도 하나님의 저울은 진실을 근거로 정확한 무게를 재신다. 부족함이 드러나면 벨사살 왕의 경우처럼 나라가 나뉜다. 정하신 거리에 미치지 못하면 영광의 촛대를 다른 데로 옮기신다. 한나는 오만한 브닌나를 꺾으시고 결코 교만할 수 없는 자신을 돌아보신 하나님에게서 정확한 저울추를 보았다.

한나가 경험한 하나님은 전지한 하나님이셨다. 한나의 처지를 돌아보시고 한나 자신을 꿰뚫어보신 하나님의 지식은 어느 방향에서도 모나지 않고 두루 통하는 원만함이었다. 무수한 원의 한 점에 불과한 자신이었지만, 한나는 주인의 상에서 떨어지는 부스러기로 만족하려던 여인처럼 하나님의 지식 한 조각으로 만족했다.

하나님은 지혜와 지식의 근본이시다. 만물과 만사와 만인을 판단함에 있어 하나님의 저울추는 한 치의 오차도 없다. 자신과 브닌나를 달아보시고 저울추가 자신에게로 기울어지게 하신 하나님을 통해 한나는 지독한 상실감에서 벗어날 수 있었다. 한나는 브닌나가 아닌 자신의 손을 들어주신 하나님의 결정에서 그분의 공평무사하심과 모든 것을 헤아리시는 전지하심을 깨달았던 것이다.

한나는 대충대충 서원 기도를 드리지 않았다. 기도 응답의 열매인 그 자식을 하나님께 바칠 각오까지 한 그녀의 서원은 하나님의 전지하심을 믿는 신앙이 없었다면 불가능한 일이었다. 하나님의 통달한 지식을 어느 정도 인식한 한나는 사무엘의 잉태를 통해 이스라엘의 미래를 그릴 수 있었다. 기도 응답은 한나에게 다시 한 번 하나님의 전지하심을 재확인하는 절호의 기회였다. 하나님의 지식 안에 거한 한나의 행보는 더없이 자유롭고 넉넉했다.

하나님은 전지하시다. 전지란 모든 것을 알고, 알지 못하는 것이 하나도 없음을 뜻한다. 영원에서 시간을 관조하시는 하나님께는 역사도, 인간의 운명도 빛 가운데 환히 드러나기에 역사의 종결자와 구원의 완성자가 되신다.

> "여호와여 주께서 나를 감찰하시고 아셨나이다 주께서 나의 앉고 일어섬을 아시며 멀리서도 나의 생각을 통촉하시오며 나의 길과 눕는 것을 감찰하시며 나의 모든 행위를 익히 아시오니 여호와여 내 혀의 말을 알지 못하시는 것이 하나도 없으시니이다"(시 139:1-4).

하나님은 히브리 백성의 고통을 아셨고, 헌 수레를 끌던 요셉이 머잖아 버금수레에 태워질 것도 아셨다. 심장과 폐부를 살피시는 하나님(렘 17:10)은 사람의 깊은 곳을 통찰하시기에 아간과 삽비라의 비밀도 들추어 내셨다. 한나는 하나님께서 자신과 브닌나를 살펴 행실대로 보응하셨음을 알았다. 하나님께 전지가 없다면 모든 것이 합하여 선이 될 수 없다.

한나는 지혜로운 여인이었다. 용사의 활이 꺾이고, 부자의 재물도 날개 달린 새처럼 날아가고, 지혜자의 총명마저 석양의 어스름처럼 희미해져 갈 때 한나는 하나님의 밝은 지혜를 보았다. 한나는 자신이 소유한 것들로 자랑하지 않았다. 한나에게는 숨겨 놓은 보물 같은 자랑거리가 있었다. 그것은 남편의 사랑도 아니었고 기도 응답의 열매로 자신의 품 안에 안긴 사무엘도 아니었다. 한나에게 있어 가슴 벅찬 자랑거리는 자신의 하소연을 들으시고 원통함을 풀어주시는 하나님과의 관계였다.

한나는 벼랑 끝에 섰을 때 아무것도 붙들지 않았다. 그 어느 곳도 바라보지 않았다. 공중에서 밧줄처럼 내려온 기도의 끈만을 붙들었다. 헝겊과 낡은 옷으로 만든 끈을 붙잡아 구덩이에서 나올 수 있었던 예레미야처럼 한나는 기도의 끈을 잡았다. 그 끈에 자신을 매달고 슬픔과 고통의 허공을 비행했다. 비행 끝에 도달한 곳은 지혜자의 품속이었다.

하나님의 지혜와 지식은 깊고 넓다. 하나님은 잴 수 없는 충만함에 거하신다. 우리는 다만 하나님의 지혜와 지식을 '전지하심'이라고 간략히 언급하지만, 그것이 과연 무엇을 의미하는 것인지조차 모른다. 말씀을 간절히 연구하면 할수록 무궁무진한 하나님의 지혜와 지식을 무어라 형용할 길이 없다. 우리가 학자의 영을 받고 성령의 조명 가운데 깨달아 안 진리라 한들 광막한 우주에서 모래 알갱이 하나에다 견줄 정도일 테니 말이다.

> "깊도다 하나님의 지혜와 지식의 부요함이여 그의 판단은 측량치 못할 것이며 그의 길은 찾지 못할 것이로다"(롬 11:33).

하나님의 지혜와 지식은 실로 측량불가다. 지혜의 영이신 성령을 모심으로 하나님의 지혜 가운데 거함은 놀라운 은혜다. 한나는 자신의 생애 속에 개입하신 하나님, 자신의 영혼을 낮추었다 세우고 굶겼다 배불리시면서 온전한 형체로 만들어 가신 하나님의 절묘하심에 찬탄을 금할 수 없었다.

4) 섭리의 하나님

섭리를 믿는 믿음 안에서는 후회스런 과거가 있을 수 없다. 현실에서 겪는 다양한 삶의 경험은 아름다움을 더하는 색상이다.

> "여호와는 죽이기도 하시고 살리기도 하시며 음부에 내리게도 하시고 올리기도 하시는도다 여호와는 가난하게도 하시고 부하게도 하시며 낮추기도 하시고 높이기도 하시는도다"(삼상 2:6-8).

한나는 자신으로 하여금 성태치 못하게 하신 분이 하나님인 줄 뒤늦게 깨달았다. 고난과 절망의 현장에서는 자신의 처지가 곧 죽음이었고 음부에 떨어짐이었지만, 한나는 하나님의 긍휼로 생명과 소생을 경험했다. 죽었다 살아난 감격을 어디에 비할 수 있으랴! 한나는 비참한 추락과 영광의 비상, 빈곤과 풍요를 악순환처럼 겪지 않았다. 오랜 가뭄 끝의 해갈처럼 소생과 비상과 풍요는 삶의 끝자락에서 폭풍처럼 한꺼번에 몰려왔다. 섭리의 안경이 아니면 도저히 설명할 수 없는 일이었다.

자식 여럿을 낳아 마음의 부요를 자랑하던 브닌나에 비해 무자했던 한나는 가난한 형편에 있었지만 처지가 뒤바뀌는 역전의 은혜를 입어 여러 자식을 두게 되었다. 한나는 사람들 앞에서 한없이 낮추어졌지만 비굴하지 않았고, 끝까지 섭리의 하나님 앞에서 겸비함을 잃지 않아 존귀에 처할 수 있었다. 한나가 경험한 하나님은 곧 섭리의 하나님이셨다.

인간만사 모든 것이 전적으로 하나님의 주권적인 섭리에 의한 것임을 한나는 담대히 고백했다. 하나님께서 한나의 일생에 깊이 개입하신 것은 그녀로 하여금 성태치 못하게 했다는 거듭된 진술에서 알 수 있다(1:5, 6). 하나님의 정하신 때까지 브닌나의 격동은 계속되어야 했고, 한나의 괴로움과 슬픔도 중단되지 말아야 했다. 인간이 살면서 경험하는 모든 것들은 하나님의 섭리를 이루기 위한 장치다.

인간의 삶은 이룩한 업적이나 앉은 자리나 누리는 행운으로 측정되는 것이 아니다. 삶에 드리워진 영고성쇠(榮枯盛衰)에는 하나님이 그렇게 정하신 뜻이 있다. 은혜 안에서 모든 것은 감사뿐이고, 섭리 안에서 만사는 합당하다.. 이스라엘 백성이 애굽에서 430년 동안 고역에 시달렸음은 아브라함에게 하신 약속과 아모리 족속의 죄악이 관영치 않은 두 요건을 충족시키기 위한 계획이었다. 섭리를 알면 현실이 아름답고 미래가 기대로 찬다.

어느 누구도 하나님의 섭리의 그물에서 빠져나갈 수 없다. 하나님은 모든 것을 그리스도 안에서 예정하셨고 작정하셨으며 허용하셨다. 이런 크고 작은 흐름 속에서 인간역사와 개개인의 삶이 진행된다. 설령 인간의 실수로 하나님의 섭리라는 그물이 찢어지는 경우에도 하나님의 예비하신 보수가 기다리고 있다. 섭리는 하나님이 세상을 완벽하게 다스리시는 스케줄이다. 우리가 처한 현실이 비록 우리 자신의 선택에 따른 결과라 할지라도 그런 결정을 하게 하시며 그런 결과로 특정한 환경에 놓이게 하신 하나님의 섭리를 인정해야 한다.

삶의 모든 현실은 하나님의 손에 있다. 하나님의 섭리를 부정한다 해서 달라질 것은 하나도 없다. 믿음은 섭리 안에서 편하다. 한나에게는 하나님의 섭리가 역전의 모습을 띠어 그 의미를 더욱더 강화시켰다. 한나가 자신의 삶을 모두 이해했다고 보기 어렵지만 이제 한나는 섭리의 신앙을 고백한다.

섭리란 하나님께서 정하신 천상의 법칙에 따라 만물을 다스리시는 것이다(시 103:19). 충분히 설명하긴 어렵지만, 우주 만물이 어떤 거역할 수 없는 체계 속에서 유지되게 하신 것도 섭리의 작은 한 부분에 해당한다. 70억 인구라지만 모든 개인의 삶이 하나도 같지 않다. 비슷해 보여도 예외 없이 각양각색을 이룬다. 한나의 눈은 밝고 깊었다. 깨달음이 그의 영혼을 각성시켰다. 생사와 빈부 그리고 영욕의 부침이 인간상호 간에 부딪혀 나타나는 현상이 아니라 하나님의 손길임을 파악했다.

'섭리의 하나님'(Deus povidet)은 준비하시는 하나님을 가리킨다. 이삭 대신 번제로 드려질 수양을 예비하셨듯, 우리가 믿는 하나님은 자기 백성을 위해 만사와 만물을 두루 구비하시는 분이다. 한나는 불임의 고통으로 숱한 세월을 보냈지만 그것이 하나님의 완전한 선물인 사무엘을 준비함인 것을 깨달았다. 그녀도 요셉처럼 삶에 깊이 드리운 하나님의 섭리를 알았다.

하나님의 섭리와 경륜은 주도면밀하기 짝이 없다. 예정하고 작정하고 허용하시는 인간만사의 모든 일들이 너무도 오밀조밀하고 정교하여 상상조차 할 수 없다. 인간 신체의 DNA 구조 하나만 보아도 알 수 있다. 광막한 우주만이 아니라 물질의 최소 단위인 원자의 기본 입자들은 그 극미한 미세성(微細性)으로 인해 우리의 입을 다물게 만든다. 우리의 걸음을 헤아리고 머리털까지 세시는 하나님은 변화무쌍한 우리의 삶 중심부에 계시다.

섭리를 믿는 믿음 안에서는 후회스런 과거가 있을 수 없다. 현실에서 겪는 다양한 삶의 경험은 아름다움을 더하는 색상이다. 미래에 대한 불안이 있을 수 없고 하나님의 다스리심을 기대하는 마음으로 여유롭다. 이것이 아니라면 우리는 여전히 섭리 밖에 머물고 있다. 하나님의 섭리 안에서 우리는 변방의 거주민일 수 없다. 우리를 창조와 구속의 중심점으로 삼으신 하나님은 평생을 섭리 가운데 이끄신다.

5) 창조의 하나님

기도가 그녀의 운명을 뒤바꾸었다. 창조주 하나님을 믿는 그녀의 신앙이 공허와 혼돈으로 빽빽한 자신의 삶을 벗어나 성령이 운행하시는 삶의 경지로 나아가게 했다.

"여호와께서 세계를 그 위에 세우셨도다"(삼상 2:8).

세계의 주인은 인간이 아니라 하나님이시다. 세상을 창조하시고 인간을 세상의 주인으로 세우셨어도 타락 이전의 세상은 본질적으로 하나님께 속했다. 한나는 사람이 거하는 땅의 기둥들이 여호와께 속했고 그가 세상 만물과 인류를 창조하신 분임을 고백했다. 한나는 무자한 자신에게 많은 자식을 주시고, 많은 자녀를 두었던 브닌나를 쇠약하게 한 하나님에게서 무로부터 유를 창조하신 하나님을 보았다. 하나님은 한나를 무의 환경에 두어 창조의 은혜를 입게 하셨다.

한나는 진토에서 일으켜진 가난한 자, 거름더미에서 들린 빈 핍한 자 같은 자신의 처지에서 창조 직전의 공허와 혼돈을 보았다. 하나님께서 카오스의 환경을 바꾸셨다. 한나가 경험한 하나님은 창조의 하나님이셨다. 이 창조는 그녀의 삶에서 모든 흑암과 혼돈의 충만을 한방에 날려 보낸 빅뱅이었다. 세상에 대한 하나님의 주권을 깨달은 한나는 이제 하나님의 청지기로 세상을 본다.

하나님은 창조주로서 세상에 대한 통치권을 행사하신다. 창조는 하나님의 솜씨가 발현된 것이고, 통치는 하나님의 고유한 주권이다. 죽은 자와 같은 자신을 살려주신 하나님은 생명 부여자로서의 창조주 하나님이시다. 창조의 권능은 생명 부여의 능력이다. 만물에 생명을 부여하셨던 하나님, 인간에게 숨을 불어넣어 생령이 되게 하셨던 하나님은 버려진 땅 같던 자신의 태에 생명의 기운을 불어넣어 사무엘이라는 축복의 생명을 허락하셨다.

한나와 브닌나를 창조하신 하나님은 그들의 본질과 행위와 운명을 아셨다. 하나님은 죽은 것 같은 형편에서 자신에게 부르짖는 한나를 들으시고 살려주셨다. 브닌나는 생기발랄했지만 그 생명의 기운을 찌르고 자르고 죽이는 데 악용하였다. 무기력하게 찔리고 잘리고 죽어가던 한나는 하나님이 그녀의 지친 영혼에 생기를 불어넣으시자 충만한 생명 가운데 활보하기 시작했다. 이와 같은 반전을 이룬 것은 기도였다.

한나는 주어진 운명에 순응하지 않았다. 기도가 그녀의 운명을 뒤바꾸었다. 창조주 하나님을 믿는 그녀의 신앙이 공허와 혼돈으로 빽빽한 자신의 삶을 벗어나 성령이 운행하는 삶의 경지로 나아가게 했다. 우주 창조의 능력자를 개인의 삶에 끌어들이는 것은 기도의 힘이다. 기도가 한 사람의 운명을 뒤바꿀 하나님을 삶에 초청하게 만든다. 하나님은 만유의 창조주이시다. 세상을 하나님께서 창조하셨기에 세상은 하나님께 속했고, 생명을 하나님께서 창조하셨으므로 생명도 하나님께 속했다. 하나님께 창조된 한나는 처음부터 하나님께 속해 있었다.

한나는 창조 직전의 태초로 돌아가 하나님께 나직이 엎드렸다. 한나는 생명의 원천이신 하나님께 생명을 구했고, 하나님은 생명이 흐르지 않던 한나의 태에 생명의 기운을 불어넣으셔서 사무엘이라는 고귀한 생명을 품도록 하셨다. 창조주 하나님이 자신을 철저히 무(無)로 인식한 한나를 돌아보셨다.

하나님은 세상만물과 사람을 창조하셨다. 사람의 창조는 창조의 꽃이었다. 한나는 하나님이 자신을 지으신 목적을 알았다. 그것은 창조의 은혜를 입은 자로서 하나님이 보이신 창조의 능력을 세상에 널리 알리는 것이었다. 한나는 사무엘의 잉태로 재창조된 삶을 경험했다. 사무친 기도로 하나님과의 조우를 경험한 한나는 응답으로 하나님의 총애를 확인했다. 응답의 감격 속에서 한나는 하나님 찬양하기를 그치지 않았다. 사무엘은 하나님의 영광과 특별한 사역을 위해 주어졌고, 한나는 사무엘로 인해 하나님을 찬송하도록 지어졌다.

"이 백성은 내가 나를 위하여 지었나니 나의 찬송을 부르게 하려 함이니라"(사 43:21).

한나는 자신의 노래가 아니라 하나님의 찬송을 하나님께 돌려드렸다. 하나님은 자신의 찬송을 우상에게 주지 않으신다. 찬송은 정직한 자의 마땅함이며(시 33:1) 선하고 아름답다(시 147:1). 우리는 어떤 찬송을 부르는가? 자신의 노래는 아닌가?

하나님께 바치는 하나님의 노래란 하나님만이 홀로 영광을 받으시게 하는 찬송이다. 하늘의 천군과 천사들이 화답하고 사탄을 괴롭혀 지옥이 문지방을 뒤흔들게 만드는 찬송이다. 이제 하나님을 위해 지음 받은 존재로서 하나님을 기쁘시게 할 찬송을 부르려고 한다.

"나를 지으신 하나님을 찬양한다. 나를 다른 존재가 아니라 지금의 가장 나다운 나로 세우신 주님을 찬양한다. 나와 네가 어우러져 우리를 형성케 하신 하나님의 솜씨를 찬양한다. 우주 만물을 지으신 창조주께서 깨어지고 버려져 질그릇 조각 같던 우리를 다시 빚어 재창조하신 은혜를 찬양한다. 하늘과 땅이 드러낸 하나님의 창조를 노래한 다윗을 인해 찬양하고 창조한 세계에서 호흡하며 순간을 이어 영원에 가 닿으려는 이 작은 몸짓들로 인해 찬양한다. 혼돈과 공허를 벗어나 창조의 하나님을 찾은 한나로 인해 찬양하며 기도를 묵상하게 하신 주님을 찬양하고 또 찬양한다."

6) 승리의 하나님

하나님께 맡긴 한나의 생애였기에 한나가 브닌나를 꺾었을 때 그것은 바로 하나님의 승리였다. 한나는 자신의 작은 승리에서 승리하시는 하나님의 위대하심을 보고 찬양했다.

"힘으로는 이길 사람이 없음이로다"(삼상 2:9).

하나님은 사람과의 싸움에서 이기시는 분이다. 세상에서는 악이 잠시 성하나 결국 하나님이 악인들의 활을 꺾고 그들을 흑암 중에 가두실 것이다. 하나님은 그들의 도모를 파하시고 그들의 자랑을 부끄럽게 하실 것이다. 그 누구도, 그 무엇도 하나님을 대적하면 산산이 부서지고 만다. 하나님은 용사 중의 용사시며 영원한 승리자시다.

"여호와는 용사시니 여호와는 그의 이름이시로다"(출 15:26).

이 하나님이 한나를 붙들어주심으로 한나는 승자가 될 수 있었다. 한나는 자신의 삶을 통해 하나님 밖에서의 승자가 하나님 안에서의 진정한 승자에 의해 패자가 되는 현실을 목도했다. 하나님은 그를 끝까지 의지하는 자에게 승리의 깃발이다. 한나는 자식 경쟁에서 브닌나에게 연전연패했으나 역전승했다. 한나가 경험한 하나님은 승리의 하나님이셨다. 누구도 빼앗아 갈 수 없는 이 승리의 능력은 하나님을 자기 하나님으로 삼으신 이들의 깃발이 된다.

한나는 브닌나를 이겼다. 늘 지는 싸움의 현장에서 지칠 대로 지친 한나가 힘겨운 격돌에서 역전승을 일구어냈다. 하나님이 둘의 싸움에 개입하시기 전까지 한나는 연전연패였다. 한나의 승리는 곧 하나님의 승리였다. 브닌나를 내건 사탄의 흉계를 박살낸 하나님의 완승이었다. 브닌나가 자신이 향유하던 모든 것을 내걸고 싸움을 걸어왔을 때 한나에게는 입술뿐인 남편의 사랑밖에 아무것도 없었다. 남편의 깊은 총애는 오히려 브닌나의 질투심을 격발시킬 뿐이었다. 엘가나는 한나를 사랑하고 아꼈지만, 브닌나의 격동을 잠재우지 못했다. 그는 끝까지 관망자로 남았지만 하나님이 관전을 끝내시고 싸움 한복판에 뛰어드셨다.

한나는 모든 것을 하나님께 걸었다. 하나님께 맡긴 한나의 생애였기에 한나가 브닌나를 꺾었을 때 그것은 바로 하나님의 승리였다. 한나는 자신의 작은 승리에서 승리하시는 하나님의 위대하심을 보고 찬양했다.

대적의 입을 잠잠케 봉하시고 격동시키던 자의 발목 힘줄을 끊으신 하나님은 한나를 높은 곳에 앉히셨다. 브닌나는 한나의 대적이었다. 그의 역할은 성도를 하나님 앞에서 중상하고 삶의 현실에서 대적하는 사탄을 닮았다. 브닌나 자신이 사탄의 대리자로 하나님의 사랑하시는 자를 괴롭혔다. 스가랴 선지자의 환상에서 사탄이 대제사장 여호수아의 우편에 서서 그를 대적할 때에 하나님은 사탄을 책망하셨다. 하나님은 여호수아의 더러운 옷을 벗겨 아름다운 옷을 입히고 정한 관을 씌우셨다.

하나님이 브닌나의 대적이 되어 한나의 싸움을 대신 싸워주셨다. 하나님은 자신의 손을 드시는 대신에, 축 처져 있던 한나의 손을 높이 들어주셨다. 시련의 세월을 기도로 일관한 한나의 외로운 영혼을 하나님은 외면하지 않으셨다. 한나가 고뇌의 처지에서도 기도로 하나님의 싸움을 싸웠기 때문이다. 그 한나와 다투던 브닌나는 곧 하나님의 대적이었다.

우리 하나님은 겨우 승리가 아니라 넉넉한 승리의 원천이시다. 여호수아가 요단강 지역의 33왕을 진멸시켜 상승장군의 자리에 오른 것도 그의 승리가 되어주기로 약속하신 하나님으로 말미암은 것이었다.

> "너의 평생에 너를 능히 당할 자가 없으리니 내가 모세와 함께 있던 것같이 너와 함께 있을 것임이라 내가 너를 떠나지 아니하며 버리지 아니하리라"(수 1:5).

하나님이 우리에게 승리를 주실 뿐 아니라 승리가 되어주심이 은혜다. 승리이신 하나님 안에서 우리 자신이 승리의 주체가 된다. 우리 자신이 승리한 교회(church triumphant)의 지체이면서 승리를 보전코자 싸우는 교회(church militant)다. 이긴 자는 적에게 빼앗겼던 것을 되찾고 적의 소유물을 전리품으로 취한다. 주님이 한나로 하여금 대적의 문을 취하게 하셨다. 이제 한나를 비웃을 자는 세상 천지에 없다. 우리가 이긴 자라면 승리의 깃발 주위에 탈취물들이 쌓여 있어야 한다.

우리가 믿음 안에서 거두었던 승리의 첫 함성을 아직도 기억하는가? 우리가 마지막으로 거둔 승리가 언제쯤인지 혹 기억하고 있는가? 영적 전쟁의 현장에서 죽다 살아나기를 반복하면서 우리는 승리에 목말라한다. 우리가 거둔 승리의 목록을 들여다보면 우리 스스로 거둔 승리는 보이지 않는다. 스스로 거둔 '겨우'의 승리는 작고 보잘것없는 것이었다. 주님 안에서 주님과 더불어 거둔 '넉넉한' 승리는 당당하고 야무졌다. 아무리 작은 규모의 전투였어도 생사의 갈림길에서 우리를 고지에 우뚝 서게 하신 분은 주님이셨다. 주님이 주셨기에 승리는 항상 우리의 것이었다. 강적과의 승산 없는 싸움에서 늘 기도로 이기게 하시는 하나님은 신묘막측하시다.

우리는 오늘도 피 터지는 격전지마다 주님의 깃대를 꽂고 승리의 행군을 한다. 한나가 기도라는 비장의 무기를 꺼내지 않았다면 사무엘 없는 이스라엘의 역사는 더 어두웠을 것이다.

7) 능력의 하나님

우리 자신이 지성소가 되어 성소였을 때의 등불과 진설병과 금향단을 뛰어넘어 법궤를 안치하게 되면 우리의 대적자는 두려움에 떤다. 하나님이 거하시는 지성소의 삶이 능력이다.

"여호와를 대적하는 자는 산산이 깨어질 것이라……"(삼상 2:10).

능력의 하나님을 뉘 감히 대적할 수 있는가? 하나님이 위하시면 아무도 우리를 대적하지 못한다. 하나님께는 원수가 있어도 라이벌이 없다. 사탄은 하나님의 호적수가 아니다. 하나님의 반대편에서 늘 역사하기에 원수라는 이름을 얻지만 상대도 되지 않는다. 다곤의 신상은 법궤 앞에서 머리가 잘려 나뒹굴었다. 하나님의 현존은 신들의 무덤이다. 기도하는 한나를 대적하고 심히 격동시킨 브닌나는 여호와를 격동시켜 욥을 고난으로 괴롭힌 사탄의 그림자다. 사탄은 천상 회의에서 있을 곳을 얻지 못해 물러갔고, 욥은 사탄의 도모를 파하여 하나님의 자존심을 궁극적으로 지켰다.

하나님을 대적하는 세력은 피해 숨을 곳이 없다. 하나님은 이들을 하늘 우레로 치신다. 이는 마지막 심판 때의 정경을 보여준다. 한나가 경험한 하나님은 능력의 하나님이셨다. 만능의 사탄을 부끄럽게 만들고 인간의 모든 불가능을 가능으로 변신시키는 전능의 하나님이시다.

뜨인 돌이 느부갓네살의 금 신상을 산산이 조각내듯 하나님은 자신의 성도를 해치는 세력을 파멸시키신다. 브닌나 느부갓네살이 하나님의 대적자가 된 것은 그들이 하나님의 사랑하시는 자들을 대적했기 때문이다. 야곱은 에서에게서 한 순간 하나님의 얼굴을 보았지만, 세상에 대해 성도는 하나님의 얼굴(브니엘)이다. 하나님의 얼굴을 상케 하는 자는 세상에 발붙일 곳이 없게 된다. 바울이 능력 주시는 자 안에서 모든 것을 할 수 있음을 천명한 것은 자신이 이미 그리스도 안에 거함을 확신했기 때문이다. 한나가 엘리 제사장의 덕담을 하나님의 약속으로 받았음은 엘리가 직분상 하나님을 대변한다는 믿음 때문에 가능한 일이었다.

하나님은 엘리에게는 능력이 없어도 그를 자신의 종으로 받아들인 한나를 위해 능력을 베푸셨다. 문제는 어떤 환경, 어떤 사람을 대하든지 하나님의 시각으로 만사와 만물과 만인을 대하느냐의 여부에 있다.

하나님은 말라기 선지자를 통해 하나님을 섬김이 헛되고 말씀 준수에 아무 유익이 없다며 말로 자신을 대적한 자들을 향한 격노의 감정을 알려주셨다. 사울은 무지 속에 주님의 제자들을 핍박함으로 자신이 믿던 하나님을 대적하는 오류에 빠졌다. 하나님의 성도들을 대적하는 자는 그들을 자기 백성 삼은 하나님을 대적하는 자 곧 사탄에 속한다. 하나님을 대적하던 역사적 바벨론도 망했고, 요한계시록에 등장한 바벨론도 망한다. 우리 자신이 지성소가 되어 성소였을 때의 등불과 진설병과 금향단을 뛰어넘어 법궤를 안치하게 되면 우리의 대적자는 두려움에 떤다.

하나님이 거하시는 지성소의 삶이 능력이다. 나 자신이 하나님의 사랑하시는 예루살렘이면 거대한 바벨론도 어쩔 수가 없다. 바람에 나는 겨나 산산이 부서지는 돌처럼 파멸이 바벨론의 끝이기 때문이다. 하나님을 대적한 것의 결말을 안 가말리엘은 그래서 사도들의 처리에 신중을 기했다.

하나님의 능력은 신약에서 성령의 능력으로 더 구체화되었다. '능력'(dynamis)은 신약에서만 57회 나오는데, '다이너마이트'란 말이 여기에서 유래되었다. 다이너마이트는 밖으로 퍼져 가는 폭발력이다. '뒤나미스'에는 역동성(dynamics)이란 뜻도 포함되었다. 역동성은 안으로 응축되는 힘이다. 마치 원심력과 구심력, 원자 폭탄과 수소 폭탄의 원리가 서로 다름과 같다. 힘의 방향은 다르지만 원천은 같다.

한나의 응축된 기도가 사무엘이라는 폭발력으로 나타났다. 한나 자신이 기도로 깨어지자, 거기에서 사무엘의 향취가 흘러 세상에 퍼져나갔다. 자아가 파괴되면 세상을 변화시키는 창조적인 파괴자가 될 수 있다. 가녀린 여인의 몸으로 제 한 몸 제대로 추스르지도 못하던 한나가 엘리도 어찌할 수 없던 이스라엘에 희망의 불을 밝혔다. 우리가 기도의 방향을 제대로 잡으면 이런 능력 경험을 통해 능력의 하나님을 인지할 수 있다. 거룩한 파괴력이다.

성경에는 하나님의 능력을 경험한 사례가 유달리 많이 수록되어 있다. 성경은 능력의 책이다. 이 시대의 신자들은 성경을 더 많이 더 자주 인용하고 활용하지만 하나님의 능력이 잘 나타나지 않는다. 그들의 변화되지 못하는 존재가 그러하고 세상 사람들과 별 차이를 보이지 못하는 삶이 또한 그렇다. 세상 사람과 구별되지 못한 성도는 하나님의 매력이 되지 못한다. 문자는 빛이 나도 역사는 어두운 그림자. 잦은 기도가 머리를 쳐들지만 기적이 꼬리를 감춘다. 그래서 표적과 기사는 사도와 선지자 시대로 국한될 뿐이라는 입장이 고개를 들게 되었다.

신학적 견해 차이를 떠나서 능력의 나타남은 성경적이다. 지난 시대의 유물로 취급되지 않고 오늘과 내일을 위한 영원한 말씀으로 성경이 인정된다면 성경의 역사는 모든 시대를 위한 것이다. 표적과 기사는 오늘날도 가능하다. 단지 시대의 악함과 우리의 약함이 장애가 될 뿐이다.

8) 심판의 하나님

아무리 길어도 하나님이 참으시는 시간은 한계점이 있다. 한계에 이르면 긍휼의 햇빛이 거두어지면서 심판의 먹구름이 천지를 뒤덮는다. 한번 심판이 시작되면 끝까지 간다.

"……여호와께서 땅 끝까지 심판을 베푸시고……"(삼상 2:10).

하나님은 땅 끝까지 심판을 베푸시어 천하 만민 가운데 자신의 위대하심을 선포하신다. 이방 세력을 꺾으시고 만국을 다스리실 때 교만한 열왕들을 쇠약하게 하신다. 하늘 이 끝에서 땅 저 끝까지 세상은 하나님의 통치 영역이다. 하나님의 은총처럼 하나님의 심판도 세상 어느 곳이나 두루 미친다. 한나는 땅 끝까지 베푸시는 하나님의 심판을 선포하였다. 또한 이 부분에서 한나는 메시아 왕국에서 그리스도의 통치권이 견고할 것임을 예언한 셈이다.

하나님의 심판은 즉각 엘리의 집안에서부터 시작되었다. 심판과는 무관할 것 같은 엘리 가문의 심판은 이스라엘 백성에게 경종이 되었을 것이다. 엘리 가문의 심판에서 교훈을 받지 못한 이스라엘 백성은 과연 엄위하신 하나님의 심판으로 파멸의 길을 걸었다. 한나가 경험한 하나님은 공의로운 심판자이셨다. 후대의 유다 왕국 역시 형제국 이스라엘의 패망에서 아무 교훈을 얻지 못해 멸망의 화를 당했다.

한나는 마지막 심판의 정경을 노래하고 있다. 땅 끝까지 이르는 심판은 온 세상에 대한 심판을 말한다. 하나님의 심판에서 피하여 숨을 자는 아무도 없다. 하나님의 심판을 피해 숨을 곳도 없다. 스올도, 하늘도, 갈멜산 꼭대기도, 깊은 바다 밑도 심판의 피난처가 될 수 없다. 하나님이 반드시 찾아내신다.

하나님의 사랑이 대속의 죽음을 죽게 하셨다면, 하나님의 공의는 심판을 부른다. 성경적 상선 벌악(賞善罰惡)을 위해서도 심판은 불가피하다. 하나님은 범죄한 옛 세상을 용서치 않으시고 물로 심판하셨다. 돌이키기를 거절하는 인간을 향해 하나님은 줄기차게 심판의 임박함을 경고하셨다. 붕괴의 신호음이 들려도 사람들은 태평가를 부르며 오수를 즐긴다. 나팔 소리가 요란해도 사람들은 노아나 롯의 시대처럼 꿈쩍도 하지 않는다. 결국 돌이키지 않는 현 세상을 하나님이 지옥불로 심판하실 것이다. 듣고 보는 모든 것들이 불쏘시개감이다.

　죽음이 인간에게 정해진 이치이듯 만민의 심판은 하나님께서 정하신 것이다. 성경은 각 시대를 따라 나라와 민족에 대한 하나님의 엄위하신 심판을 보여주고 있다. 솔로몬은 자신의 저술을 "하나님은 모든 행위와 모든 은밀한 일을 선악 간에 심판하시리라"(전 12:14)는 선언으로 끝맺었다. 하나님은 우리의 말(마 12:36)과 행위(겔 33:20; 롬 14:12)와 마음의 은밀한 것(롬 2:16)을 심판하신다. 주님의 종말론 강화에는 장래의 심판이 언급되었다. 마지막 심판(계 20:11-15)이 우리 앞에 놓여 있다.

　한나의 찬양이 끝나자마자 이스라엘 집을 향하신 하나님의 심판이 엘리에게 임했다. 엘리의 심판으로도 깨우치지 않으면 나라를 멸하신다. 선민의 파멸로도 깨우치지 못하면 세상을 멸하신다. 파멸의 징조가 아직도 부족한가? 오래도록 심판을 유예하시는 하나님의 사랑을 받아들이지 않는다면 붕괴와 대파국의 재앙은 엄연한 현실로 우리에게 들이닥칠 것이다.

　하나님의 심판은 편벽되지 않다. 심판의 기초는 하나님의 불편부당하신 공의다. 심판의 유예기간은 길다. 길이 참으시는 하나님의 사랑 때문이다. 아무리 길어도 참으시는 시간은 한계점이 있다. 한계에 이르면 긍휼의 햇빛이 거두어지면서 심판의 먹구름이 천지를 뒤덮는다. 한번 심판이 시작되면 끝까지 간다. 홍수 심판은 세상이 물에 잠겨 노아의 여덟 식구를 제외한 모든 생명이 죽기까지 지속되었다. 소돔과 고모라에 내린 불도도시와 사람을 완전히 소멸하기까지 계속되었다. 마지막 심판도 하나님의 진노가 잠잠하기까지 완벽히 이루어질 것이다. 그래서 일곱 인에 이어 일곱 나팔이, 일곱 나팔에 이어 일곱 대접이 바짝 그 뒤를 따랐다. 한나가 하나님을 '땅 끝까지 심판을 베푸시는 분'이라고 묘사한 것은 완전한 심판을 행하시는 하나님을 바로 이해했다는 증거다. '땅 끝까지'는 공간적인 의미와 함께 빈틈이 없는 완전함을 나타낸다.

종교적 잣대를 들이대면서 자연 재해나 세계적 재앙에 대해 하나님의 심판 운운하는 것은 조심해야 할 자세다. 성도들에게 경각심을 불러일으키기 위해 목회적으로 적용할 수는 있겠지만 소위 재앙에 담긴 하나님의 뜻을 판별할 수 없는 입장에서의 그런 해석은 반대 여론만 불러일으킬 뿐이다. 실로암의 망대에 치어 죽은 열여덟 사람은 예루살렘의 거주자들보다 악하지 않았다. 지금도 자연 재해나 불의의 사고로 세상을 떠나는 이들이 즐비하다. 그들은 우리보다 악하지 않으며, 우리는 그들보다 선하지 않다. 우리도 회개하지 않으면 재앙에 늘 열려 있다.

하나님은 분명히 역사의 현장에서 구원과 심판을 행하신다. 하나님의 사랑이 심판 의지로 돌변하심은 인간의 죄가 하나님의 사랑보다 크다는 뜻일까? 아니다. 죄보다 큰 것이 하나님의 사랑이 아닌가? 그것이 십자가의 의미가 아닌가? 우리는 자유의 율법대로 심판받을 자처럼 산다.

4장 전략적인 기도인가?

모든 기도와 간구로 하되 무시로 성령 안에서 기도하고 이를 위하여 깨어 구하기를 항상 힘쓰며 여러 성도를 위하여 구하고 또 나를 위하여 구할 것은 내게 말씀을 주사 나로 입을 벌려 복음의 비밀을 담대히 알리게 하옵소서 할 것이니 이 일을 위하여 내가 쇠사슬에 매인 사신이 된 것은 나로 이 일에 당연히 할 말을 담대히 하게 하려 하심이니라 (엡 6:18-20)

들어가는 말

> 기도는 하나님이 정하신 응답의 틀 속에서 진행된다. 전략은 기도를 그 틀 속에 넣는 것이다. 응답의 틀은 개인마다 사안마다 다를 수 있다.

기도는 영적 전쟁의 최일선이다. 전략이 불가피하다. 전략이란 '목표를 정해 놓고 어떻게 접근할 것인지 방향을 잡는 것'이다. 이에 비해 전술이란 전략을 세우고 실행하는 과정에서 부딪치는 여러 상황에 적절히 대응하는 것을 말한다. 전략은 목적을, 전술은 방법을 가르친다. 전술은 가변성이 높지만 전략은 오래간다. 전략을 세우면 전술적 응용이 뒤따른다. 기도는 영적 전쟁에서 매우 중요한 승리의 요인이므로 전술적 응용을 위해 전략 수립이 무엇보다 중요하다.

기도는 하나님이 정하신 응답의 틀 속에서 진행된다. 전략은 기도를 그 틀 속에 넣는 것이다. 응답의 틀은 개인마다 사안마다 다를 수 있다. 한 사람에게 적용된 응답 기도가 다른 사람에게는 작동하지 않을 수 있다. 더욱이 틀도 같고 기도의 내용이나 방법도 같지만, 시간이 오늘이냐 내일이냐에 따라 다른 결과를 가져올 수도 있다. 이것이 전략이 필요한 이유다.

물론 전략 없이도 얼마든지 기도할 수 있다. 전략적인 기도는 그러지 않은 기도에 비해 분명히 다른 이점과 강점을 지닌다. 기도를 방해하고 응답을 가로막으려 애쓰는 사탄은 당연히 전략적으로 임한다. 사탄은 매우 영적이고 지혜가 많은 존재로서 인간의 본능을 잘 알고 각 사람의 장단점을 손바닥 들여다 보듯 파악한다. 기도가 하나의 목표 설정이라면, 나아갈 방향과 함께 보폭과 속도의 결정은 매우 중요하다. 기도를 경건 생활의 차원이 아니라 영적 전쟁의 관점에서 이해한다면 전략 수립은 불가피하다. 선교에 전략이 필요하다면 말씀 통달에도 전략이 필요하며, 기도 생활에도 전략이 반드시 필요하다.

믿음의 기도는 무작정의 기도를 의미하지 않는다. 확신에 찬 기도일수록 전략적이다. 송사리 떼와 싸우면서 어뢰를 사용할 필요가 없듯이, 대어를 낚으려면 그에 걸맞는 미끼를 준비해야 한다. 전쟁의 여러 상황은 다양한 기도를 부른다.

금식 기도에 능력이 있다 하여 모든 문제에 금식으로 대응하지는 않는다. 응답의 속도가 빠르다 하여 모든 상황에서 철야 기도하지는 않는다. 발바닥을 담글 정도의 기도가 있고, 무릎을 적실 기도가 있으며, 허리까지 잠가야 할 기도가 있다. 아주 드문 경우에 전신을 물속에 담가두어야 하는 기도도 있다.

본격적으로 기도에 들어가기 전에 기도자는 기도할 제목이 지닌 문제의 강도와 기도의 방식을 정해야 한다. 이를 위해서는 고도의 분별력과 통찰력이 요구된다. 주위를 부지런히 살피면서 적정을 파악하고, 자신의 능력을 가늠하며 정공, 협공, 역공의 여부를 결정한다. 때로는 기도할 시간이나 장소도 의외의 복병으로 작용하므로 기도 시간과 장소를 정하는 일도 신중을 기해야 한다. 구체적인 일자를 정하여 기도하는 것은 기도에 긴장감을 더하고 기도에 임하는 자세를 굳히는 데 도움이 된다. 사탄에게는 선전 포고요, 하나님께는 보고가 된다.

1. 아군과 적군을 식별하라!

은혜 안에서 전체는 하나를 위하고, 하나는 전체를 위하여야 한다. 아군을 적군으로 여기는 순간 나는 사탄의 간자가 된다. 내가 적군에 투항해서가 아니라 아군을 적으로 돌리는 순간 나는 적의 앞잡이다.

긴박한 전투 현장에서는 아군에 의한 오발과 오폭(friendly fire)이 잦다. 이런 피해는 황당하고 심리적인 압박감도 높다. 영적 전쟁의 현실에서는 이보다 더 잔인한 상황이 전개된다. 본질적인 싸움이 아닌 주변적인 일에 휘말려 피아 식별을 하지 못하는 경우가 많다. 하나님의 뜻이 아니라 사람의 뜻을 좇다 보면, 자신이 어느새 사탄의 하수인 노릇을 하고 있음도 모르고 설치게 된다. 영적인 관점이 아니라 세상적인 안목으로 하나님의 뜻을 재단하여 욕심을 결부시킨다. 이럴 경우에는 아군이 적으로 돌변하여 오인 사격이 아니라 저격에 확인 사살까지 서슴지 않는다.

근거 없는 십자군 정신은 영적 전쟁에서 자주 흉기로 돌변한다. 십자가를 앞세우고 성경을 들이대며 총칼을 난사하는 것을 어찌 설명할 수 있을 것인가? 엉뚱한 피해를 줄이려면 피아 식별을 위한 기도의 기본기를 익혀야 한다. 적은 애처로워도 적이고, 아군은 미워도 아군이다.

사탄과 졸개들이 설치는 전투 현장에서 우리는 눈을 감고 적전 교란에 빠져버린다. 주적을 앞에 두고 아군끼리 감정싸움에 도끼날 썩는 줄도 모른다. 고린도 교회는 영적 전쟁의 용사로 부름 받았으나, 분열과 파당으로 인해 그 풍성한 영적 자원을 제대로 활용하지 못했다. 강력했던 교회의 영적 능력은 내홍(內訌)으로 소진되고, 원수의 집중 포화를 맞는 처지에 놓이게 되었다. 다른 팀에 이적했던 바울이 구원 투수로 등장하여 패색이 짙었던 고린도 교회를 살려냈다.

우리도 지금 그들처럼 무모한 싸움을 싸우고 있다. 그리스도와 예수가 싸우고 칼빈과 웨슬리가 싸운다. 보수와 진보가 힘겨루기를 하고 근본주의와 복음주의가 자존심 대결에 안간힘을 쓴다. 천사들은 가슴을 치고 사탄과 그의 졸개들은 볼거리를 즐기며 선수들을 계속 자극한다. 승리의 원동력인 성령은 집안싸움에 정신없는 교회가 제자리를 잡을 때까지 아무 일도 하지 못한다.

우리는 적군이 아니라 아군이다. 한 피 받아 한 몸 이룬 형제다. 그리스도의 보혈과 그리스도의 지체 됨 앞에서 우리는 갈릴 수 없는 하나다. 교리로 갈리고 신학적 견해 차이로 나뉘는 것은 재앙이다. 사탄의 결집력은 대단하다. 사탄은 전 세계를 거미줄처럼 연결하여 파괴 공작을 일삼는 데 일사불란하다. 한 영혼을 지옥으로 끌고 가기 위해 벌이는 사탄 집단의 영혼 사냥은 대대적이며 조직적이다. 웬만해서는 당해내지 못한다. 힘을 합해도 힘들 것인데 사분오열되니 패배는 불을 보듯 뻔하다.

우리는 복음으로 돌아가야 한다. 성경이 보여주는 하나 됨의 길로 모여야 한다. 진리 아닌 모든 것을 내려놓고 그리스도의 깃대를 둘러싸야 한다. 은혜 안에서 전체는 하나를 위하고, 하나는 전체를 위하여야 한다. 아군을 적군으로 여기는 순간 나는 사탄의 간자가 된다. 내가 적군에 투항해서가 아니라, 아군을 적으로 돌리는 순간 나는 적의 앞잡이다.

아군은 못나도 아군이요, 적군은 잘나도 적군이다. 아무리 감정적으로 받아들일 수 없다 해도 믿음의 의지로 받아들여야 한다. 기브온 거민이 전략적으로 투항하여 이스라엘에 편입된 후에 그들이 아모리의 다섯 왕의 협공을 받자, 한때 적군이었다가 아군이 된 그들을 위해 여호수아는 군사를 이끌고 강적과 싸웠다. 달을 멈추게 했던 여호수아의 기도는 그때 일어난 사건이다. 일단 받았으면 공동체의 일원이다.

하나님이 과연 우리를 받으셨는가? 하나님의 기준으로 우리 각자를 재단한다면 비스듬히 설 수조차 없을 것이다. 그런데 하나님이 주님 안에서 우리 모두를 받으셨다. 나를 받으신 하나님이 그도 받으셨다. 이것이 우리가 서로 받아야 할 근거다. 심정적으로 거부감이 일어도 하나님이 받으신 자를 내치는 것은 하나님을 내침과 같다. 아군은 끝까지 한 배에 탄 동료다. 총구는 적진을 겨누어야 하고, 창검은 적을 겨냥해야 한다.

1) 중보자 성령과 그리스도

중보는 일종의 영적 부채의식이다. 스스로 사랑의 빚을 지고 누군가를 위해서 마음을 쏟는 일이다. 신실하지 않고는 지속할 수 없고 긍휼 없이는 단 한 번의 중보도 불가능하다.

우리에게는 막강한 후견 세력이 있다. 성경은 그들을 중보자라 부른다. 인간 중보자들도 큰 힘이 되지만, 하나님이 중보자로 자처하심은 놀라운 일이다. 중보란 둘 사이에 있어 한쪽을 위해 변호하는 행위를 말한다. 중재란 의미로 이해하면 양쪽 편을 위해 화해를 목적으로 애쓰는 행위가 된다. 중보 기도를 제대로 이해하려면 대원칙 하나를 명심해야 한다. 바울이 말한 "하나님은 한 분이시요 또 하나님과 사람 사이에 중보도 한 분이시니 곧 사람이신 그리스도 예수"(딤전 2:5)라는 사실이다.

사람이 되신 그리스도 예수만이 하나님 앞에서 사람을 위해 중보하실 수 있다. 중세 천 년의 암흑기를 조장했던 가톨릭은 하나님의 대리자로 교황을 인정하여 그에게 중보자의 기능을 수여했다. 어떤 성직자나 성인도 하나님과 사람 사이에 중보자가 될 수 없다. 하나님과 인간 사이의 중보는 완전한 하나님이시요 완전한 인간이신 예수 그리스도만 가능하다.

중보는 오직 그리스도뿐이라 말했음에도 불구하고, 인간 중보를 말한 것이 타당한 일인가? 원칙적으로 불가하지만 성경은 중보에 임했던 특별한 사람들의 예를 보여주고 있다. 하나님의 사람 또는 그리스도인은 하나님과 그리스도께 속한 자로서 중보 사역에 임할 수 있다. 인간 중보의 가능성은 중보자 그리스도가 그리스도인들 안에 있으며 그들 속에 또한 자신의 영을 두어 중보하신다는 사실에 근거한다. 우리를 위한 보좌 우편에서의 중보와 심령 속에서의 중보가 없다면 땅과 하늘을 이을 중보 사역은 우리의 것이 될 수 없다.

성자와 성령의 중보가 중보의 근거다. 성자와 성령의 중보 사역을 자신에게서 느낄 수 없는 사람이 중보에 임한다는 것은 모순이다. 일반적으로 중보 사역자 하면 기도의 강자려니 여긴다. 그럴 수도 있지만 기도의 강약과 중보 사역과는 무관하다. 인간 중보자는 성자와 성령의 중보 사역에 이음새 역할을 할 뿐이다.

성자와 성령은 우리를 위해 중보하심에 있어 달리 역사하지 않으신다. 일치와 연합으로 한 뜻이 되어 성부의 의지에 따라 중보하신다. 영적 전쟁에서 막강한 중보자의 존재는 우리의 기도를 더욱 강력하고 견고케 한다. 막강한 중보자란 신실함과 긍휼함이 탁월한 기도자를 뜻한다. 중보는 일종의 영적 부채 의식이다. 스스로 사랑의 빚을 지고 누군가를 위해서 마음을 쏟는 일이다. 신실하지 않고는 지속할 수 없고, 긍휼 없이는 단 한 번의 중보도 불가능하다. 기도자는 성자와 성령의 중보 현실을 늘 염두에 두어야 한다.

우리의 영적 전쟁은 승리를 획득하기 위한 싸움이 아니라, 이미 십자가에서 쟁취하신 승리를 마지막 날까지 보전하는 것임을 명심해야 한다. 기도 전략을 세우고 영적 전투를 격렬히 치르면서도 우리가 지치지 않고 늘 승승장구할 수 있음은 이런 영적 배경이 확실하기 때문이다. 중보자의 배경을 가짐은 매우 전략적이다.

(1) 성령

기도에 전심전력해도 집중되지 않을 때, 최선과 차선 사이에서 결정하지 못해 혼란스러워할 때 성령께서 기도로 후원하신다. 깨달음으로 이끄시고 방전된 기도를 충전시키시고 곤한 영을 격려하신다.

성령이 중보자 되심은 얼마나 큰 위로와 축복인지 모른다. 성령은 하나님의 깊은 것까지도 통달하신다. 성령은 하나님의 뜻대로 간구하신다. 성령이 하나님의 뜻을 스쳐 지나가거나 앞지르는 경우는 단 한 번도 없다. 성령이 기도하면 그것이 곧 하나님의 뜻이다. 이런 성령이 믿는 자 안에 거하시며 기도를 돕고 기도자가 알지 못하는 중에도 그 영혼을 위해 중보하신다.

> "이와 같이 성령도 우리 연약함을 도우시나니 우리가 마땅히 빌 바를 알지 못하나 오직 성령이 말할 수 없는 탄식으로 우리를 위하여 간구하시느니라"(롬 8:26).

성령은 우리 대신에 우리를 위해 간구하신다. 기도할 힘을 잃어버리고 기도의 전선에서 패잔병이 되어 자책의 눈물을 머금고 있을 때 성령은 연약해진 기도자를 어루만지며 하나님의 중보 안에서 쉬기를 권하신다. 성령이 위로하실 때 자책하는 것은 오히려 성령을 근심되게 한다. 보혜사 성령은 중보의 능력이다.

하나님은 성령의 생각을 아시고 성령은 하나님의 뜻을 아신다. 성령은 보혜사요 위로자이신데 기도에서도 성령의 본성적 사역은 계속된다. 그것이 중보다. 성령이 중보자로 임하시기 때문에 우리는 중보의 영을 받아 중보 사역을 감당할 수 있다. 우리 가운데 중보 사역을 머뭇거리며 왈가왈부하는 사이에 하나님과 사람 사이에 필요한 중재자(사 59:16)가 줄어든다. 중보가 있어야 할 자리에, 중보가 절실한 때에 중보자가 없음은 이상한 일이다.

사탄은 중보 세력이 많은데 교회 안에서 중보 세력이 현격히 줄어듦은 우려할 일이다. 다행히 인간 중보자가 사라져도 성령 하나님은 중보 사역을 계속하신다. 더 깊은 탄식과 강렬함으로 중보 드린다. 중보의 영이신 성령은 우리가 미처 드리지 못하는 기도를 우리 대신에, 우리를 위해 하나님께 드린다. 전적으로 기도자를 돕기 위해 중단 없이 사역하시는 중보의 성령은 찬양받기에 합당하시다.

기도의 영적 현실에서 성령은 성도를 위해 중보 기도를 드린다. 성령은 중보의 영으로서 우리가 중보 기도 할 수 있는 근거가 된다. 중보자이신 그리스도의 영으로서 성령은 중보의 영을 기도하는 심령마다 부어주신다. 성령은 우리에게 기도할 힘을 주시고 기도를 이끄실 뿐 아니라 친히 우리를 위해 기도하신다. 성령의 기도는 매우 실제적이며 유익하다. 우리가 기도하지 않는 순간에도 성령의 중보는 계속된다. 우리의 기도가 설익어도 성령의 중보는 무르익은 기도로 이끄신다. 성령의 중보는 성령이 우리의 모든 기도에 우리를 대신해서 기도드린다는 의미가 아니다.

기도는 당연히 우리의 몫인데, 성령께서 우리의 기도를 도우신다. 기도에 전심전력해도 집중되지 않을 때, 최선과 차선 사이에서 결정하지 못해 혼란스러워할 때 성령께서 기도로 후원하신다. 깨달음으로 이끄시고, 방전된 기도를 충전시키시고, 곤한 영을 격려하신다.

(2) 그리스도

 그리스도의 중보자 되심은 그분이 메시아로서 왕과 선지자와 제사장으로서의 중보 사역을 모두 감당하심을 의미한다.

주님은 생전에도 중보 사역을 간과하지 않으셨다. 사탄이 밀 까부르듯 하려고 제자들을 청구했을 때 제자들은 이런 영적 현상을 알지 못했으나, 주님은 베드로의 믿음이 떨어지지 않기를 위해 중보하셨다(눅 22:31-32). 베드로는 넘어졌으나 다시 일어섰다. 중보 기도의 결과였다. 주님은 대제사장적 중보 기도에서 제자들을 위해 간구하셨다(요 17장). 그들의 하나 됨을 위해, 악에서의 보전을 위해, 상호 사랑을 위해 아버지께 탄원하셨다. 주님이 멸망당할 예루살렘 성을 내려다보며 눈물의 기도를 드리심도 중보자의 긍휼하심을 보여준다(마 23:37-39).

> "누가 정죄하리요 죽으실 뿐 아니라 다시 살아나신 이는 그리스도 예수시니 그는 하나님 우편에 계신 자요 우리를 위하여 간구하시는 자시니라"(롬 8:34).

주님은 승천하신 후부터 시작된 본격적인 중보 사역을 지금도 계속하신다. 영광의 보좌를 버리고 세상에 임하셨던 주님이 이제 보좌에서 중보하신다.

성령의 중보 사역이 지금 우리 안에서 이루어지고 있다면 주님의 중보 사역은 천상의 보좌에서 계속 진행 중이다. 전능하신 중보의 이중 막에 덮여 있는 성도의 삶은 안전하고 특별하다. 하늘과 땅에서 그리스도와 성령이 각자의 영혼을 위해 중보 기도 드림은 신비로운 사랑 외에 달리 표현할 길이 없다. 성자와 성령이 성부 하나님께 드리는 기도는 삼위일체의 신비 안에서 한 뜻을 이루고 성도를 위해 역사한다. 영화로우신 주님께서 우리의 대언자가 되어 아버지께 우리를 위해 끝없이 변호하신다.

"만일 누가 죄를 범하면 아버지 앞에서 우리에게 대언자가 있으니 곧 의로우신 예수 그리스도시라"(요일 2:1).

대언의 사역은 오로지 우리의 죄 문제 처리를 위함이다. 주님의 대언은 십자가에서 죽으신 대속의 능력에 근거한다. 아론이 모세의 대언자였듯, 주님이 우리를 위해 대언하신다. 우리도 중보로 누군가의 대언자가 될 수 있다. 놀랍다.

그리스도의 중보자 되심은 그분이 메시아로서 왕과 선지자와 제사장으로서의 중보 사역을 모두 감당하심을 의미한다. 모세와 같은 선지자이신 주님은 선지자로서 하나님의 뜻을 전하는 중보의 사역을 행하셨다. 이것은 지상 사역의 전부다. 멜기세덱의 반차를 좇은 제사장으로서 주님은 영원한 화목제를 드림으로 중보의 사역을 행하셨다. 이것은 지상 사역의 막바지인 십자가다.

메시아 왕국의 왕으로서 주님은 하나님의 통치를 보여주심으로 중보 사역을 행하실 것이다. 주님은 왕 중의 왕이시다. 지금 보좌 우편에서 행하시는 주님의 중보 사역은 대속의 능력에 근거하여 우리를 위해 변호하시는 것이다. 주님의 이런 대언 사역으로 인하여 우리는 사죄를 얻고, 율법의 정죄와 마귀의 참소로부터 영원히 자유롭다. 예수 그리스도의 중보는 성도에게 높은 산성과 영원한 방패가 됨을 의미한다. 중보의 산성은 사탄이 쉬 범접하지 못하며, 중보의 방패는 마귀의 창검이 뚫지 못한다.

2) 사탄과 각종 시험거리들

 사탄은 중상자요 대적자일 뿐 아니라 시험하는 자다. 그는 시험의 명수다. 그의 적중률은 매우 높고 살상력 또한 대단하다.

사탄은 상상 속의 존재가 아니라 가장 현실적인 실체다. 사탄은 영적 존재이기에 우리의 눈에 보이지 않는다. 우리가 깨어 기도할 이유도 사탄의 존재와 그가 벌이는 각종 시험거리들 때문이다. 주님 생전에 40일 금식을 마쳐 육신은 주려도 영이 최고조의 상태에 있을 때, 사탄이 감히 주님을 시험했다. 그는 실패했으나 도주하지 않고 잠시 주님을 떠났을 뿐이다(눅 4:13). 하나님의 아들에게도 이 정도이니 보통 사람들의 경우에는 어떠하겠는가?

사탄은 십자가에서 결정적인 패배를 당해서 머리통이 으깨졌지만 결단코 만만히 볼 상대가 아니다. 오히려 자신의 한시적 운명을 인식한 사탄은 자신의 남은 때를 교회의 박멸과 성도들의 타락에 전력투구한다. 사탄에게는 그럴 만한 힘이 남아 있고 하나님도 그의 준동을 허락하셨다. 사탄이 소유한 반역의 기술은 초절정이며, 시험의 크고 작음에 상관없이 헤쳐 나가기가 상당히 교묘하고 까다롭다.

특히 사탄은 성령의 역사와 관련하여 영적 현상의 경계 지역에서 활발하게 암약한다. 유행처럼 한국 교회를 휩쓸고 지나갔으나 여전히 막강한 영향력을 행사하고 있는 각종 은사 집회나 치유 집회는 사탄이 활개를 치는 온상이라고 할 수 있다. 그런 집회에서 성령의 나타남을 통해 성도들에게 유익을 끼치긴 하지만 부작용도 만만치 않다. 영 분별의 은사가 없다면 파악하기가 힘들 정도로 교묘한 현상들이 성도들을 미혹시킨다. 성경이 말하지 않는 영적 능력의 주장이나 강조는 금물이다. 기적이 나타나고 신비한 일들이 일어나도 성경이 침묵하면 내버려야 할 쓰레기에 불과하다. 은사는 귀해도 은혜 안에서 통제되어야 하고, 신유는 놀랍지만 구원에 별 상관이 없다. 특정 은사, 예를 들어 방언과 방언 통역, 예언과 신유에 의지하면 신앙의 균형을 잃는다. 인위적인 모든 시도는 위험하다. 영적 흐름을 잘 살피지 않으면 어둠으로 휩쓸린다.

사탄은 여러 가지 시험을 만들어 성도들의 영혼을 곤고하게 만든다. 사탄은 중상자요 대적자일 뿐 아니라 시험하는 자다. 그는 시험의 명수다. 그의 적중률은 매우 높고 살상력 또한 대단하다. 영혼을 타깃으로 정하면 온갖 술수와 능력을 총동원해서 집중적으로 공략한다. 사탄은 능력자를 무력하게 하고, 기도의 강자를 약자로 돌변시키는 데 특별한 재주가 있다. 교회 역사를 통해 쓰러지고 넘어져 다시 일어나지 못한 별과 같은 인물이 얼마나 많은지를 우리는 잘 알고 있다. 이런 연유로 기도자는 어떤 상황에서도 시험을 경시해서는 안 된다.

아무리 작고 보잘것없어도 사탄이 주는 시험이라면 경계해야 한다. 사탄은 유효한 미끼를 사용해 각 사람을 시험에 빠지게 하며 파멸로 이끈다. 우리는 기도하는 자로서 시험의 배후에 있는 사탄의 흉계를 늘 잊지 말고 경계해야 한다. 방심하면 허를 찔린다. 작은 시험거리일수록 정신 차려야 한다.

(1) 호흡 곤란, 소통 장애

기도는 쉴 수 없는 호흡이요, 중단해선 안 될 기본적 소통이다. 안타깝게도 우리의 영적 현실은 기도를 자주 쉼으로 수없이 혼절하고 하나님 앞에서 침묵을 계속한다.

사탄은 기도의 최대 방해꾼이다. 사탄의 최대 목표는 인간이 구원의 길에서 멀어짐으로 하나님으로부터 격리시키기 위한 것이다. 즉 하나님께 속한 인간의 고귀한 영혼을 자신의 소유로 만들려는 것이다. 인간 영혼의 파멸을 위해서라면 사탄이 못할 짓이란 아무것도 없다. 사탄은 성도가 기도를 지속하지 못하도록 환경을 조작하고, 일이 너무 안 되거나 잘되어 기도에 집중하지 않도록 애쓴다.

  호흡의 비유를 적용하자면, 성도가 기도하지 않으면 금방 호흡 곤란 증세가 생긴다. 처음에 숨 막히는 고통을 당하면 놀라 금방 조처를 취한다. 그런데 자주 그런 증세에 빠지고 심각한 상태만 아니면 그냥 넘어간다. 기도 쉬는 것도 일상이 되면 그러려니 한다. 수면 장애의 일종인 무호흡증을 방치하면 뇌졸중이나 사망에까지 이른다. 현실 세계에서는 호흡이 중단되면 얼마 있지 않아 죽어버리지만, 영적 세계에서는 기도의 호흡이 한참 중단되어도 말짱하다.

  기도는 하나님과의 은밀한 대화다. 사탄은 성도가 하나님과 친밀한 관계에 거함을 아주 싫어한다. 사탄은 죄로 인해 하나님과 인간 사이에 대화가 단절된 것도 알고 믿음으로 하나님과의 관계가 회복된 사실도 익히 알고 있다. 성도가 기도를 배우면서 하나님과의 관계가 친밀함을 더해가는 것을 사탄은 아주 불편해한다. 사탄은 기도 생활을 훼방함으로 영적 친밀감의 돈독을 방지하려고 무진 애를 쓴다. 불통 관계가 해소되기를 위해 사탄은 적극적으로 기도하지 못할 주변 환경을 최대한 조성시킨다. 소통이 이루어졌다 해도 어떡해서든 소통 장애를 일으키려 몸부림 치고, 원만한 소통에 이르지 못하도록 결사 항전한다. 우리 자신도 모르는 사이에 사탄은 결사적이 된다. 사실 하나님과의 친밀감에 이상이 생기면 가장 먼저 나타나는 현상이 기도 생활이다. 기도가 뜸해지고 열기도 식는다. 기도를 방해하는 모든 요인 뒤에는 사탄이 있다.

  호흡이 곤란해서 어려움을 겪은 사람은 안다. 숨이 막혀 침상에서 몸을 벌떡 일으키기를 수십 번 하고 나면 생사의 경계가 그리 멀지 않다. 수년 전에 49일간이나 잠이 들자마자 몸을 벌떡 일으켜야 했던 것은 숨을 쉴 수 없는 몸에 대한 본능적 반응이었다. 죽지 않기 위해 그 기간 동안 온통 뜬눈으로 밤을 밝혔다. 주님의 은혜로 증상에서 벗어나면서 한 번도 깊이 생각하지 않던 숨쉬기의 고마움을 절감했다. 기도를 쉬면 숨쉬기를 중단하는 행위다. 숨쉬기를 멈추면 죽는다. 호흡 장애가 지속되면 치명적이다. 산소 공급의 부족으로 뇌에 손상을 입히고 의학적 처리를 받지 않으면 목숨을 잃는다. 소통 장애가 대화 단절로 이어지면 가까운 사이일수록 느끼는 자괴감은 크다.

기도는 쉴 수 없는 호흡이요, 중단해선 안 될 기본적 소통이다. 안타깝게도 우리의 영적 현실은 기도를 자주 쉼으로 수없이 혼절하고 하나님 앞에서 침묵을 계속한다.

(2) **불신, 의심, 욕심**

모래알 하나의 불신이 태산처럼 쌓은 기도의 산을 허물 수 있다. 영혼의 불신 상태를 걷어내고 확신으로 재포장하여 기도의 너른 벌판을 달리게 해야 한다.

사탄은 기도하는 사람을 기도하지 못하도록 붙잡아두지 못하면 다음 단계로 들어간다. 기도를 하게 내버려두면서 불신의 씨앗을 심는다. 확신으로 기도드릴 때 가라지를 살짝 흩뿌린다. 믿음의 기도가 놀라운 역사를 일으키는 것을 알고 있지만, 불신이 그런 역사를 사전에 차단할 수 있음도 안다. 불신은 험

상긋은 얼굴로 우리를 덮치지 않는다. 봄바람처럼 따스하고 가을비처럼 운치 있게 우리의 마음에 살포시 내려앉는다. 때로는 공작새처럼 현란한 옷차림으로 영혼을 가린다. 불신은 기도하지 않게 하는 주적이지만, 기도하더라도 응답을 봉쇄하는 원흉이다. 우리가 기도할 때 불신의 잡초는 반드시 제거해야 한다. 많은 기도를 드리는 것보다 불신의 잔재를 씻어내는 것이 우선이다. 모래알 하나의 불신이 태산처럼 쌓은 기도의 산을 허물 수 있다. 영혼의 불신 상태를 걷어내고 확신으로 재포장하여 기도의 너른 벌판을 달리게 해야 한다.

불신과 더불어 사탄이 기도하는 성도들에게 반드시 사용하는 무기는 의심과 욕심이다. 의심은 불신의 이복형제로서 마음을 갈라지게 만드는 기술이 탁월하다. 의심에 사로잡히면 그 즉시로 기도는 물거품이다. 두 마음으로 나뉜 기도에는 사탄의 간식용이란 딱지가 붙고, 하나님의 응답은 눈길조차 주지 않는다.

모든 종류의 탐심은 우상 숭배다. 그것은 하나님 섬김의 길에서 가장 멀리 있다. 아무리 가까이에서 하나님을 섬기고 쉼 없이 예배를 드려도 매번 그 섬김과 예배가 욕심으로 얼룩지면 하나님의 임재에서 한참 멀어진다. 욕심 섞인 기도에는 응답이 없다. 착시 현상처럼 응답의 도래를 보아도 이내 옆으로 지나친다. 갈증 때문에 응답의 오아시스를 보지만 신기루일 뿐이다. 욕심은 인간의 이기심을 타고 침투한다. 세상을 따르는 정욕은 은혜 밖에서 사람의 내면을 통제한다. 욕심에 싸인 기도는 돼지에게 진주처럼 어울리지 않고 가장 추하다.

기도하는 사람은 마음이 불신으로 인해 완악해지지 않기를 주의해야 한다. 기도자로서 갖추어야 할 기본 소양은 최소한의 믿음이다. 새로 건조된 배는 한 번 항해를 마치고 돌아오면 바다 이끼를 비롯하여 이물질들이 배 밑바닥이나 스크루에 달라붙는다. 순전한 영혼이 되어 믿음의 항해를 지속하려면 자주 그 이끼와 불순물들을 제거해야 한다.

믿음이 강해야 기도도 강하다. 의심은 믿음이 약할 때 침투하는 세력이다. 욕심은 의심이 실패했을 때 사탄이 우리의 영혼에 저격하여 박힌 탄환과 같다. 불신보다 의심에서 벗어나기가 어렵고, 의심을 벗어나기보다 욕심을 내버리기가 더욱 힘들다. 물론 믿음의 강약을 무론하고 사탄은 이 무기들을 모든 상태의 영혼들에게 사용해 우리로 하여금 기도의 실패자가 되게 한다. 확신만이 더러운 세 영을 물리친다. 믿음의 강도는 순전함으로 측정되며 이는 불신과 의심이 제거되었을 때의 모습이다.

2. 우선순위를 꼭 기억하라!

하나님이 정하신 대로 사는 것이 중요하다. 기도의 우선순위에 따라 사는 사람은 늘 안정적이다. 급변에 처해 흔들리지 않고 위기상황에서 지혜가 번득인다.

기도에서 중요한 것은 우선순위의 정립이다. 모든 것을 기도해야 하지만 먼저 구할 것이 있고 나중에 구할 것이 있다. 우선순위가 뒤바뀌면 혼란이 야기된다. 작은 응답에 연연하느라 큰 응답의 호기를 놓친다.

사사시대에 이스라엘과 베냐민 지파 사이에 분쟁이 생겼을 때 이스라엘은 하나님께 물어 전쟁에 먼저 나갈 지파가 누가 될 것인지를 물었다. 공동체가 분쟁 중일 때는 전쟁을 삼가야 한다. 제 마음을 다스리지 못하고 적의 산성을 취하는 자는 용사가 아니다. 더욱이 상대가 형제라면 더욱 그렇다. 상대를 굴복시켜도 공동체에 균열이 생기는 것은 그것 자체로 패배다. 하나님께 물었지만 그들의 태도는 절반의 진실, 절반의 믿음, 절반의 기도에 불과했다. 기도한 것은 옳았지만, 싸운 것은 틀렸다. 그들은 갈등의 봉합을 위해 먼저 기도해야 했다. 그들은 전쟁에서 이겼지만 이내 한 지파가 이지러질 수 있는 현실을 후회했다.

우선순위는 성도의 삶에서 매우 중요한 원리다. 앞뒤가 아니라 순위만 뒤바뀌어도 하나님의 역사는 차질을 빚는다. 물론 하나님은 인간의 차선을 최선으로 바꾸실 수 있다. 실제로 그렇게 하신다. 그럼에도 불구하고 우리는 최선으로 하나님의 섭리와 보조를 맞출 필요가 있다. 그것은 우리가 보일 수 있는 최소한의 영적 책무다.

처음부터 차선책을 붙들고 씨름하는 것은 옳지 않다. 언제나 최선책을 붙들고 씨름해야 한다. 최선과 차선의 골이 깊어 최선이 불가능한 선택이라 여겨지는 순간에도 올곧게 최선을 지향하는 마음을 주님이 기뻐하신다. 지혜는 그 차이를 보게 하고, 믿음은 그 차이를 인정하게 하며, 기도는 그 차이를 극복하게 한다. 하나님의 햇빛에 우리는 정직한 반사체로서의 정체성을 지녀야 한다. 하나님이 앞서면 우리는 뒤에서 하나님의 발자취를 그대로 밟아가는 것이 따름의 원리다. 말씀으로 우선순위를 알아야 한다.

우선순위가 중요한 것은 그것이 하나님의 가치 평가 기준을 따름이기 때문이다. 하나님은 기도에 있어 중요도에 따라 차서(次序)를 정하셨다. 기도의 무릎을 꿇었다 해서 누구나 기도의 사람이 되는 것은 아니다. 하나님 앞에 자신과 관련된 모든 것을 올려드리기 위해서는 자신에 대해 모든 것을 내려놓을 수 있어야 한다. 기도의 사람은 하나님의 뜻에 자신의 뜻을 굴복시킬 줄 아는 사람이다. 주님보다 앞서지 않고 하나님보다 한참 뒤지지도 않는다. 주님의 음성을 듣고 행동하기에 좋은 거리를 유지하며 주님의 뒤를 바짝 따른다. 인간의 필요보다 하나님의 영광, 땅에 속한 것보다 하늘에 속한 것, 자신을 위한 것보다 남을 위한 것, 개인의 소용보다 공동체의 유익을 위한 것이 늘 우선순위에서 앞선다. 자신과 자신에 속한 것들이 뒷자리를 차지해도 아무런 불평 없이 진정 평온한 마음으로 삶과 사역에 진력한다. 그는 순서를 알고 지킨다.

하나님의 시간표에 따라 삶의 우선순위를 매기는 사람은 궁극적인 선의 열매를 맺는다. 나중에 출발해도 먼저 달린 사람보다 앞선다. 마치 왕보다 앞서 달렸던 엘리야의 경험으로 살아간다. 주님 안에서는 얼마든지 먼저 된 자가 나중 되고 나중 된 자가 먼저 된다. 삶과 사역에서 세상의 기준에 따라 앞선 자와 뒤처진 자의 경험을 할 수 있지만, 기도자는 늘 하나님의 관점에 서야 한다.

기도는 선취권을 하나님께 드리는 것이다. 하나님이 정하신 대로 사는 것이 중요하다. 기도의 우선순위에 따라 사는 사람은 늘 안정적이다. 급변에 처해 흔들리지 않고 위기 상황에서 지혜가 번득인다. 하나님의 섭리를 믿는 믿음과 함께 만사를 섭리의 안경으로 바라보기에 초조하거나 안달복달하지 않는다. 그에게 중요한 것은 응답 자체보다 하나님의 때다. 늦고 이르고는 사람 편에서의 느낌일 뿐, 하나님의 시간표에 따른 응답은 늦지도 이르지도 않다.

1) 하나님의 나라와 의

많은 이들이 하나님의 나라를 그토록 동경하지만 우리가 생각하고 기대하는 이상으로 훨씬 적은 수가 될 것이다.

삶의 우선순위는 삶 자체가 아니라 기도다.

"너희는 먼저 그의 나라와 그의 의를 구하라 그리하면 이 모든 것을 너희에게 더하시리라"(마 6:33).

주님은 염려를 앞뒤에서 다루며 그 사이에서 이 말씀을 하셨다. 하나님의 나라와 하나님의 의를 구함이 염려에서 벗어난 기도임을 가리키는 대목이다. 삶의 우선순위는 기도요, 기도의 우선순위는 하나님의 나라와 그분의 의다. 우리는 삶의 필요를 위해 기도하지 않는다. 그것은 우리가 기도하지 않아도 되는 것들이다. 의식주를 위한 기도가 잘못된 것은 아니지만 우리에게는 그것보다 우선적으로 드릴 기도가 있다. 일상의 삶을 위한 기도는 우리가 드리지 않아도 주님께서 기도한 것처럼 채워주신다. 물론 하나님의 나라와 그의 의를 먼저 구한다는 전제 조건 아래서다. 성경의 가르침은 분명하다. 먼저 구할 것을 구하면 나머지는 하나님이 더하신다. 우리는 하나님을 모르는 이방인들과 다르다.

하나님의 나라는 하나님의 통치가 실현되는 곳이다. 공간적 의미에서 하나님 나라는 분명히 특정한 영역을 의미한다. 세상의 어느 공간이 아닌 저 하늘 어딘가에 있을 천국은 분명히 실재한다. 그것이 수십 차원의 세계일지, 물질세계가 아닌 곳일지도 지금은 모른다. 천국도 하나님의 나라요, 메시아 왕국도 하나님의 나라요, 하나님의 통치 질서인 교회도 하나님의 나라요, 우리 마음에 이루어진 하나님의 통치 현실도 하나님의 나라다.

시간적으로 하나님의 나라는 '이미'와 '아직'의 긴장에 있다. 주님의 오심으로 하나님의 나라는 이미 시작되었고, 종국적인 완성으로서의 하나님의 나라는 아직 이루어지지 않았다. 지금도 하나님의 나라는 쉼 없이 침노를 당하고 하나님의 궁극적 실현을 보이는 왕국의 그림자가 교회를 중심으로 어른거린다. 왕국의 문은 열렸고, 왕궁에 진입하는 파루시아는 도상에 있다. 주님의 왕권이 곧 하나님의 나라다.

의는 하나님의 나라의 초석이다. 의는 믿음으로 얻는 칭의요, 근원적으로는 하나님의 의다. 하나님의 의가 없는 하나님의 나라는 상상할 수 없다. 물론 이것은 하나님의 사랑으로 완성되는 의다. 순서상 하나님의 나라가 의보다 앞섰다 해서 의가 뒤에 있는 것은 아니다. 둘은 동시에 존재한다. 하나 없이 다른 것은 존재하지 못한다. 하나님의 나라와 의를 구해야 되는 것은 그것이 구한다 해서 반드시 얻어지는 것도 아니기 때문이다. 구해도 얻기 힘든 것이라면 구하지 않을 때 얻지 못함은 불문가지(不問可知)다.

하나님의 나라에 이르는 길은 협착(狹窄)하고 문은 좁다. 들어가기를 힘써도 얻지 못할 자가 많으리라는 주님의 말씀을 기억해야 한다. 많은 이들이 하나님의 나라를 그토록 동경하지만 우리가 생각하고 기대하는 이상으로 훨씬 적은 수가 될 것이다. 불로 공력(功力)을 밝힐 때 구원받는 자는 마치 불 가운데서 얻은 것 같다(고전 3:15).

(1) 하나님의 나라는 의와 평강과 희락

하나님의 나라를 위해 사는 우리가 하나님의 나라에서 가장 멀 수 있다는 실제적 가능성이 우리를 더욱 기도로 긴장시킨다.

우리가 구해야 할 하나님의 나라는 대체 무엇을 말하는 것일까? 천국, 메시아 왕국, 교회, 심령이라면 어느 것을 구해야 옳을까? 사도 바울은 하나님의 나라가 무엇인지 구체적으로 설명했다.

> "하나님의 나라는 먹는 것과 마시는 것이 아니요 오직 성령 안에서 의와 평강과 희락이라"(롬 14:17).

산상 수훈에서 주님이 말씀하신 하나님의 나라와 의 부분에서도 의식주의 염려를 다룬 바 있다. 바울 역시 의식주 문제를 상기시킨다. 이는 하나님 나라의 현실에서 인간의 의식주 문제가 걸림돌이 됨을 반영한다. 먹고 마시는 것은 하나님의 나라에 정면 배치된다. 주님이 천국을 마치 먹고 마시며 즐기는 잔치에 비유하셨음(마 22:2; 막 14:25; 눅 22:18)은 그것 자체가 아니라 그로 인한 즐거움을 강조하신 것이다. 본질적으로 하나님의 나라는 먹고 마심이 아니며, 속성상 육적이지도 않다. 하나님의 나라는 천상의 장소이기에 앞서 내면의 영적 질서다.

성령 안에서의 의란 뭘까? 믿음으로 얻는 의니 믿음이 이루어진 곳을 말한다. 이는 영원한 의를 말함이 아니다. 오히려 성령 안에서의 역동적인 의를 말한다. 믿음의 행함으로 의의 열매를 이루는 그런 의다. 성령 안에서의 평강이란 뭘까? 역시 성령 안에서 형성되어 역사하는 역동적인 평강이니 하나님의 자녀가 지닌 화목의 능력을 뜻한다. 성령 안에서의 희락이란 뭘까? 역동적인 희락으로서 삶이 뒤죽박죽된 상황에서도 기쁨이 샘솟듯 하는 희락이니 곧 성령의 열매 맺음이다. 믿음과 화목과 기쁨이 온전히 성취된 상태가 하나님 나라의 실상이다. 하나님의 나라는 말에 있지 않고 능력에 있다(고전 4:20). 믿음의 능력, 화목의 능력, 기쁨의 능력이 드러나야 하나님의 나라가 구현되는 것이다. 하나님의 공의를 나타내지 못하고, 모든 사람과 더불어 화평함을 좇지 못하고, 희락을 펼치는 삶에 실패한다면 우리는 하나님 나라에서 아직 멀다.

사후에 우리의 영원한 안식처인 천국이 있다. 천국은 성도의 영원한 안식처로서 세상에서 끝까지 믿음을 지킬 수 있게 만드는 원동력이다. 영적인 관점에서 바울이 의미한 하나님의 나라는 우리의 마음에 이루어진 성령 정권을 묘사한다. 의와 평강과 희락은 영혼이 은혜 안에서 누리는 통치의 흔적이다. 큰 그릇 안에 담긴 작은 그릇을 물로 채우면 안에 담긴 작은 그릇에 물이 찰 때 자연히 큰 그릇으로 흘러넘치듯, 심령에 새겨진 성령 통치의 흔적은 삶에 그대로 반영된다. 그러므로 삶과 사역에서 성경이 규정한 의와 평강과 희락의 열매를 맺지 못하면 우리의 영적 정체성을 재확인할 필요가 있다.

어쩌면 하나님의 나라를 위해 사는 우리가 하나님의 나라에서 가장 멀 수 있다는 실제적 가능성이 우리를 더욱 기도로 긴장시킨다. 우리가 기도로 구하며 실천으로 추구할 신앙과 사역의 지상 목표는 의와 평강과 희락의 하나님 나라 실현이다.

(2) 하나님의 의는 믿음

> 사탄이 우리의 범과를 지적하면서 정죄의 도끼질을 해도 주님이 덮어주신 하나님의 의는 모든 정죄를 물리치기에 넉넉한 방패가 된다.

의는 오직 하나님께 속했다. 사랑과 함께 의는 하나님의 대표적인 속성이다. 하나님은 의에 이르는 도구로 율법을 주셨지만 인간은 율법의 행위로 의에 도달하는 일에 실패했다. 또한 율법의 준수를 돕기 위해 제사의 상징을 제정해 주셨지만 제사 정신이 사라진 제사 예법들은 하나님 앞에서 어떤 의도 이루지 못했다. 하나님은 예언자들을 파송하여 시시때때로 그들을 경각시키셨지만 잠깐의 각성 후에 긴 영적 동면이 이어졌다. 율법 외에 다른 의가 우리에게 나타났다. 하나님이 그리스도를 보내셨다. 그것이 믿음으로 얻는 의다.

그리스도께서 십자가에 죽으심으로 율법의 의를 이루시고 완성시키셨다. 이제 그리스도를 믿는 자는 주님께서 이루신 의를 전가받아 의(imputed righteousness)에 머물 수 있게 된다. 나아가 성화의 과정에서 성령의 은혜로 말미암아 의를 행할 수 있는 능력을 부여받는다(imparted righteousness). 믿음에 의한 칭의는 완전하다.

우리는 본성적으로 의로울 수 없다. '사함 받은 죄인'이란 정체성은 우리가 그 나라에 이르기까지 지닐 표범의 반점 같은 표식이다. 인간은 죄인이어도 그리스도 안에서 사함 받으며, 사함 받아도 성도는 여전히 육체 가운데서 죄인이다. '사함 받은 죄인'은 하나님께 용납된 우리가 지니고 있는 의다. 하나님 앞에서 그렇게 간주된 의는 믿음으로 시작해서 믿음으로 끝까지 유지된다. 한 번 믿음으로 획득한 칭의는 영원히 그 상태에 머무르지 않는다. 칭의는 완료된 경험보다 완성되어 가는 상태다.

칭의를 유지하며 더 나은 단계로 성숙시키는 것은 우리의 철석같은 믿음이다. 매 순간 믿음이 요구된다. 칭의를 통한 구원은 우리가 현실에서 이루어 가야 할 부분이다. 이것이 우리에게 성화가 필요한 이유다. 주님의 구원은 완전하다. 우리를 구속하기에 전혀 부족함이 없다. 경험상 믿음은 지속적이다. 이 믿음이 칭의를 지속적이게 한다.

믿음 안에서 인간이 의로 인정받음은 놀랍고 신비한 체험이다. 이 체험은 우리의 느낌(feeling)을 넘어선 사실(fact)의 문제다. 죄의 본성이 여전히 육체 안에 거하고 늘 허물과 죄의 가능성에 열린 존재이면서 담대히 하나님 앞에 설 수 있음은 우리에게 있는 그리스도를 통한 의 때문이다. 사탄이 우리의 범과를 지적하면서 정죄의 도끼질을 해도 주님이 덮어주신 하나님의 의는 모든 정죄를 물리치기에 넉넉한 방패가 된다. 이미 성취된 사실을 와 닿지 않는 느낌과 화해시키는 것이 우리의 믿음이다. 믿음이 의를 이루기에 의를 구함은 우선적으로 믿음을 구하는 것이다.

우리에게는 그리스도의 구속 사역으로 말미암아 '전가된'(imputed) 의만이 아니라 성령 안에서 성숙을 경험하면서 '분여

된'(imparted) 의도 요구된다. 의는 더 낫고 완전한 의로 나아간다. 성결은 인간의 완전을 의미하지는 않지만 하나님의 절대 완전에 상대적으로 근사한 상태다.

2) 하나님의 영광

인간이 갈취한 영광의 끝자락에는 탐욕과 수치가 잡초처럼 군락을 이룬다. 지옥이 따로 없다.

주님의 대제사장적 기도는 이렇게 시작된다.

> "아버지여 때가 이르렀사오니 아들을 영화롭게 하사 아들로 아버지를 영화롭게 하옵소서"(요 17:1).

주님의 지상 생활을 한마디로 요약하라면 아버지의 영광이다. 주님은 아버지를 영화롭게 하기 위해 세상에 오셨다. 공적인 사역도, 개인적인 기도 생활의 초점도 오로지 아버지의 영광에 맞추어졌다. 하나님이 약속을 지킨 증거로서 기도 응답은 하나님께 영광이 된다. 우리가 기도하면 하나님과 나눈 영광의 경험을 소중히 간직할 수 있다. 위기와 낙심의 환경에서 이전에 기도 속에서 교감을 나누었던 하나님을 회상할 수 있음은 크나큰 위로가 된다. 사람들은 응답을 주신 하나님께 영광 돌리는 것을 깜박한다. 이는 기도의 중심에 자아가 있었다는 증거다. 우리가 영광을 하나님께만 속한 것으로 인식하고, 실제로 자신의 영광을 거절하면서 하나님의 빛 속에 있으면 영광의 기억이 우리를 풍성케 한다.

　기도의 동기가 겨우 자신의 현안 처리를 위한 수단 정도로 취급된다면 이는 기도에 대한 모욕이다. 기도는 하나님의 크고 위대하심을 드러내는 도구다. 기도자는 기도의 시초부터 마지막까지 하나님의 영광을 잊지 말아야 한다. 기도의 자세와 내용도 영광에 집중되어야 하지만 기도자 자신이 하나님의 영광이 되어야 한다. 영광 의식이 없다면 기도가 아무리 강력하고 응답이 엄청나도 별 유익이 없다. 모든 기도에는 하나님의 영광이 나타나야 하고, 아버지의 이름에 합당한 영광을 돌려야 한다.

　문제의 해답을 추구하기보다 아버지의 영광을 추구하는 기도가 올바르다. 하나님의 영광을 부단히 추구하는 기도자를 하나님은 영화롭게 하시고 그를 통해 영광 받으신다. 기도자가 능력의 기도나 응답의 탁월함으로 인해 스스로 영광을 받으면 하나님을 모독하는 것이다. 영광이 하나님께로만 향해야 기도자의 영혼이 은혜로 빛나고 기도에 활력이 넘친다.

　탁월한 기도의 사람도 위기에 빠진다. 자신도 모르는 사이에 하나님의 영광을 가로채는 경우다. 기도 이전의 절망적인 상황보다 더 위험하고 파괴적인 것은 영광을 스스로 취하는 것이다. 빛나던 영광도 하나님이 아닌 자신에게로 몰리면 이내 추한 빛으로 바뀐다. 인간이 갈취한 영광의 끝자락에는 탐욕과 수치가 잡초처럼 군락을 이룬다. 지옥이 따로 없다. 주님은 아버지의 영광을 지키기 위해 사탄이 제안한 세상의 영광을 일언지하에 거절하셨다.

하나님은 자신의 영광을 아무에게도 빼앗기지 않으신다. 기도하는 사람에게는 기도자의 영광이 있다. 면류관을 벗어던지는 보좌 주위의 네 영물과 이십사 장로들처럼, 기도 속에서 바른 기도의 사람은 모든 영광을 아버지께로 돌린다. 기도의 능력이란 화관도, 응답의 찬란한 면류관도 하나님께 벗어드린다. 우리의 모든 기도를 다양하게 응답해 주시는 주 하나님은 정녕 영광 받기에 합당하시다.

(1) 아들의 영광

> 십자가에 달리심은 높임 받으실 주님의 영광을 위한 밑그림이다. 주님의 가시관은 하나님께 영광의 면류관이다. 우리의 고통과 실패는 하나님의 영광이 되는가?

사람에게서 어떤 영광도 취하지 않으신 주님도 아버지께로부터 오는 영광은 구하셨다. 그것은 아들이 창세 전부터 아버지와 함께 가졌던 영광이었다. 영광이 계시될 때를 기다리셨던 주님은 아버지의 작정하신 때가 이르자 자신에게 주어진 영광을 요청하셨다. 주님이 아버지께 영광을 구하시는 목적은 분명했다. 영화롭게 된 자신을 통해 아버지께 영광 돌리기 위함이었다. 아들의 영광은 독생자로 강림하신 모습에서 절정을 이루었다.

독생자의 영광은 충만한 은혜와 진리로 드러났다. 변화산에서 주님은 영광 중에 계셨으며, 고난을 받아 영광과 존귀로 관을 쓰셨다. 십자가의 고난과 죽으심만을 묵상하는 것은 십자가의 한 면만 응시하는 것이다. 십자가 자체가 하나님의 영광이다. 십자가에 달리심은 높임 받으실 주님의 영광을 위한 밑그림이다. 주님의 가시관은 하나님께 영광의 면류관이다. 우리의 고통과 실패는 하나님의 영광이 되는가?

아들은 하나님의 영광의 광채시다. 천군천사의 모든 영광으로도 잴 수 없는 깊이와 높이의 영광이 주님께 있다. 하나님이 우리를 구속하신 목적도 아들의 영광에 이르도록 함에 있다(고후 3:18). 십자가에 초승달처럼 걸렸던 하나님의 영광은 부활로 말미암아 만월 같은 영광에 이르렀다. 영광을 받으신 아들은 장차 영광 중에 강림하시어 메시아 왕국을 다스리신다. 아들은 마지막 백보좌 심판의 심판주로서 형언할 수 없는 영광의 모습을 만민 가운데 드러내실 것이다.

우리가 드리는 모든 기도는 주님의 이름으로 끝맺는데, 이는 응답의 영광이 주님께 돌려져야 함을 뜻한다. 나사로가 죽었다는 소식을 접했을 때 주님은 그것이 하나님께 영광이요, 그로 말미암아 자신에게 영광이 될 것을 아셨다. 때로 우리의 죽음이나 죽음 같은 고통이 하나님의 영광을 나타내는 도구가 된다. 영광의 아들과 하나를 이룬 지체들의 모든 것이 영광의 재료가 된다.

구약에는 아들의 영광이 제사 예법과 인물들과 예언자의 글 속에 감춰져 있다. 모세는 하나님을 대면한 후에 얼굴의 광채를 인해 얼굴을 수건으로 가렸다. 영광을 감추기 위해서였다. 그것은 자만하기 쉬운 모세 자신과 인간을 신성시하기 쉬운 백성들을 위한 안전 장치였다. 구약의 수건을 벗고 나타난 것이

성육신이다. 성육신은 감추어졌던 영광이 계시된 사건이었다. 영광을 드러내신 그리스도를 바로 보려면 얼굴의 수건만 아니라 눈의 비늘도 제거해야 한다. 그리스도인에게는 그리스도에게서 반사된 영광이 있다. 주님은 아버지에게서 받은 영광을 제자들에게 주셨다. 이 영광이 주님의 제자 된 우리에게 있다.

그리스도인이 그리스도의 영광을 세상에 제대로 반사하면 주님이 영광을 얻으시고, 이는 곧 아버지의 영광이 된다. 영광은 이런 연결고리를 지녔다. 교회는 머리이신 주님의 영광이다. 교회가 영광의 매체가 되지 못하면 재앙이다.

(2) 아버지의 영광

 우리가 하나님의 영광이 되지 못하면 이가봇이 출생한다. 기도는 하나님의 영광을 드러낼 호기이지만, 응답 이후의 관리를 잘못해 이가봇을 불러들이는 경우가 많다.

예수 그리스도의 하나님은 영광의 아버지시다. 영원하신 아들이 아버지의 영광을 위해 성육신하셨다. 하나님은 아들의 탄생이 아버지의 영광임을 천사들의 찬양을 통해 알리셨다. 빌립에게 아들을 본 자가 아버지를 보았다고 말씀하셨을 때 그것은 아들의 얼굴에 나타난 아버지의 영광이었다. 주님은 움직이는 하나님의 영광이었다. 구약 시대에는 법궤가 하나님의 현존하는 영광이었고, 성막에 하나님의 영광이 자주 나타나곤 했다. 가룟 유다가 주님을 팔기 위해 배신의 발걸음을 옮겼을 때 주님은 영광을 받으셨고, 대속의 죽음을 거부하지 않은 아들을 통해 아버지도 영광을 받으셨다(요 13:31).

하늘 아버지는 우리가 주님의 이름으로 선을 행할 때 영광 받으신다. 선행 중에 가장 영적인 성격을 담고 있는 것이 기도다. 기도의 초점은 아버지의 영광이어야 한다. 기도의 전후에 하나님의 영광으로 포진케 하려면 자기 영광을 버려야 한다.

이스라엘에서 하나님의 영광이 떠났을 때 이가봇이 태어났다. 하나님의 영광을 상징한 법궤를 원수인 블레셋에게 빼앗겼을 때 하나님의 영광은 이스라엘을 떠났고 그에 대한 뼈아픈 상징으로 이가봇이 출현했다. 이가봇의 출생은 어미의 생명을 앗아갔고, 법궤의 상실은 엘리의 목숨을 거두어갔다. 우리가 하나님의 영광이 되지 못하면 이가봇이 출생한다. 기도는 하나님의 영광을 드러낼 호기이지만, 응답 이후의 관리를 잘못해 이가봇을 불러들이는 경우가 많다. 이가봇의 씨가 잉태되지 않도록 주님의 영광에 거해야 한다. 우리를 아들 삼으신 하나님은 맏아들이신 예수를 통해 영광 받으신 것처럼, 우리를 통해 영광 받기를 원하신다.

우리는 주님을 모신 영광의 그릇이다. 우리가 믿으면 하나님의 영광을 본다. 마르다에게 하신 이 말씀은 우리 모두에게 적용된다. 주님이 가르치신 기도의 결어처럼 성도를 통한 모든 영광은 아버지께 영원히 귀속된다.

아들은 아버지의 영광을 구한다. 아버지의 영광을 구하지 않으면 아들이 아니다. 영광이란 하나님의 하나님 되심이 드러나는 것이다. 아버지의 아버지 되심이 드러나려면 아들이 아들다움을 먼저 드러내야 한다. 이런 제자리 잡기는 하나님이 하나님의 위치에 계시고, 인간이 인간의 위치에서 하나님과 원래의 영적인 관계를 회복하는 것이다. 자든지 깨든지, 먹든지 마시든지, 살든지 죽든지 우리의 우선적인 관심과 최대의 사명은 하나님의 영광이어야 한다. 우리의 삶과 사역을 통해서 하나님의 영광이 드러나지 않는다면 우리는 부끄러운 자녀다. 하나님의 영광을 구하는 것은 매사에 그분의 이름을 높이고 그분을 영원히 기뻐하는 것이다. 영광 추구가 아들 된 표식이다. 자녀에게 자녀의 권세가 있듯, 영광은 사랑받는 아들의 증표다. 기도로 인해 하나님의 영광을 가리고, 가로채고, 좀먹는 일이 우리 가운데 남아 있음은 부끄럽고 통탄스런 일이다.

3. 기도의 대가를 지불하라!

영광에 이르는 길은 가파르다. 하나님의 사람들은 하나님이 예비하신 영광의 자리에 이르기 위해 고난과 역경의 대가를 지불했다.

기도는 자신과의 외로운 싸움이다. 기도의 격렬한 전쟁터를 지나지 않고는 기도의 삶을 산다고 말할 수 없다. 기도의 외로운 밤을 많이 지난 사람일수록 기도의 내공이 깊다. 기도는 많은 희생을 요구한다. 시간을 바쳐야 하고, 자신을 죽여야 하고, 신앙의 칼을 수시로 날 서게 별러야 한다. 대가를 치르지 않고는 기도의 능선을 넘기 어렵다. 기도의 정상에 이르기 위해 고지를 향했던 무수한 기도자들이 꼭짓점에 서지 못하고 불귀의 객이 되었다. 요처마다 매복해 있던 사탄의 급습에 허를 찔렸기 때문이다. 그래서 골짜기에는 늘 뼈들이 수북이 쌓여 있다. 골짜기마다 뒹구는 뼈들은 기도의 순례에 나섰다 길을 잃어 목숨을 잃은 자들, 지름길을 찾다 미로에 빠진 자들이다.

깊은 기도가 성인의 도라 하지만 질러가는 길은 어디에도 없다. 걷는 거리만큼 발자국을 남긴다. 함께 기도의 동아리가 되기도 하지만, 결국 기도는 혼자서 걷는 외길이다.

금보다 귀한 믿음은 시련의 불을 통과한다. 하나님의 나라에 들어가려면 핍박을 견뎌야 한다. 내 몸에 하나님의 은혜를 머물게 하려면 육체의 가시를 감수해야 한다. 요셉은 꿈의 성취를 위해 값비싼 대가를 지불했다. 다니엘의 세 친구는 하나님을 향한 순전함을 지키고자 불속에 그을려졌고, 다니엘은 사자들의 먹잇감으로 던져졌다. 대가를 지불하기 거절하면 응답은 그림의 떡이다. 주님은 부활의 영광을 위해 십자가의 희생을 치르셨다.

기도의 내공은 하루아침에 쌓이는 것이 아니다. 오랜 시간에 걸쳐 훈련하고 기도의 관절 꺾기를 숱하게 거친 결과다. 나중의 영광을 원한다면 지금의 고난을 달게 받아야 한다. 응답을 원한다면 그에 합당한 기도의 몸부림이 반드시 따라야 한다. 음식 먹기를 거절하고 기도드리는 금식이나 잠자기를 거절하고 온 밤을 기도로 지새우는 것은 생명을 저당 잡히는 결단의 표시다. 응답은 희생의 열매다.

사람들은 대가를 치르기를 원치 않는다. 응답은 좋은 것이지만 그 열매를 따기까지 바쳐야 할 노고와 희생을 꺼린다. 얻기 위한 잃음을 꺼려하고 살기 위한 죽음을 회피한다. 쉬운 길만을 모색한다. 이전 시대의 성도들은 값비싼 희생을 치르며 영의 고귀한 것을 얻고자 했다. 지금의 그리스도인들에게는 그런 패기와 용기가 없다. 너무 계산적이고 유약해진 모습이다. 영성이라 부르는 것도 너무 가볍고 얇다. 거친 파도가 싫어 연안에서의 고기잡이에 만족한다. 큰 물고기를 잡으려면 깊은 바다로 나가야 한다.

하나님의 사람들은 예외 없이 대가를 지불하여 응답의 우물을 팠다. 기도의 사람들이라면 누구나 대가를 지불하는 데 망설임이 없었다. 값비싼 대가의 지불이야말로 값싼 은총의 위험을 벗어나게 만든다. 설혹 큰 희생의 대가로 지극히 작은 것을 얻는다 해도 그것이 하나님께로부터 임한 응답이라면 기도를 아는 이는 기뻐한다.

거저 받은 은혜 가운데 사는 성도는 거저 오는 기도 응답을 기대하지 않는다. 어떤 기도에도 흘릴 땀방울과 눈물의 적정량이 있다. 눈물의 파종 없이는 수확의 기쁨도 없다. 물건을 구입하려면 매겨진 값을 지불해야 한다. 어떤 결과를 위해서 정당한 대가가 지불되어야 함은 우주의 법칙이며 인간 만사의 철칙이다. 부흥을 원하면 그에 상당한 대가를 치러야 한다. 도약해서 이를 수 없는 높이라면 단을 높이 쌓든지 날개를 얻어 비상하든지 둘 중의 하나다. 어떤 경우에도 예외는 없다. 영적인 일일수록 원칙만이 빛난다.

영광에 이르는 길은 가파르다. 하나님의 사람들은 하나님이 예비하신 영광의 자리에 이르기 위해 고난과 역경의 대가를 지불했다. 엘리야가 하늘에서 불을 내리기 위해서는 생명처럼 소중한 물을 도랑에 쏟아 부어야 했다. 오병이어의 기적이 배고픈 군중들을 위해 역사되기 위해서는 어린아이의 희생이 불가피했다.

1) 얍복의 밤을 지나면 브니엘의 아침이다

힘겨운 씨름과 위골된 환도뼈는 야곱이 이스라엘 되고 얍복 나루터가 브니엘 되기 위해서 치러야 했던 값비싼 대가였다.

야곱은 20년 피난살이를 끝내고 귀향의 여정에 올랐다. 간계로 외삼촌의 실한 양을 독차지한 야곱은 예전 같지 않은 외삼촌의 태도와 고향을 그리는 마음이 겹쳐 어느 날 도주했다. 라반의 추격을 받았으나 하나님이 개입하셔서 야곱은 큰 재물과 가축 떼를 이끌고 길을 재촉했다. 마하나임에서 하나님의 군대를 만났지만, 에서와 400인이 목전에 있었다. 마음이 답답해진 야곱은 에서에게 바칠 재물과 만약을 대비하여 가축을 두 떼로 나누어 진행했다. 그는 가족과 모든 가축 떼를 이끌고 얍복 나루터를 건너게 한 후 홀로 남았으며, 그 밤을 기도로 보냈다. 위기를 당할 때마다 간지와 술수로 벗어나곤 했던 야곱도 막다른 골목과 같은 귀향길의 위기 앞에서는 아무런 대책도 세우지 못했다. 절체절명의 순간에 야곱은 필사적이 되었다. 이제 그는 혼자의 몸도 아니었다. 수많은 가족들과 종들의 안위가 그의 양 어깨에 걸려 있었다.

야곱은 정체 불명의 씨름꾼과 온 밤을 겨루었다. 상대는 승산이 없자 잔기술에 능한 야곱이 의지했던 환도뼈를 가격했다. 편법의 달인이었던 야곱이 처참하게 내려앉는 순간이었다. 상대의 편법에 아무 항거를 하지 못하고 야곱은 위골된 뼈로 버텼다. 막강한 상대에게 가격을 당하면서도 야곱은 포기하지 않았다. 떠날 시간이 되어도 끈덕지게 자신의 허벅지를 붙든 손을 풀지 않자 천사가 야곱의 이름을 물었다. '도둑놈', '사기꾼', '발꿈치를 문 자'로 평생을 살아왔던 야곱이 자신의 이름을 고했다.

천사는 그에게 하나님과 싸워 이겼다는, 그래서 하나님의 황태자가 되었다는 놀라운 새 이름을 허락했다. 죽을 각오로 싸우면 살 길이 열린다. 이 밤에 벌어진 야곱과 천사와의 씨름은 기도가 곧 하나님과의 씨름임을 알려준다. 기도는 거룩한 투쟁이다. 야곱은 밤새워 싸웠던 상대가 하나님임을 깨닫고 그곳의 이름을 브니엘이라고 불렀다.

하나님의 얼굴을 보고 생명이 보전됨을 기념한 브니엘에서 새롭게 변화된 야곱은 떠오르는 아침 해를 맞이했다. 환경이나 형편이 달라진 것은 없었다. 에서의 위협은 여전했지만 이제 야곱의 세월은 가고 이스라엘의 미래가 열리는 순간이었다. 역사적인 하루였다. 생명을 건 필사적인 몸부림으로 이길 수 없는 상대를 이긴 위대한 역사가 짧은 밤 사이에 일어났다. 밤이 되고 아침이 되니 이스라엘에게 첫 날이 되었다. 얍복의 밤이 없으면 브니엘의 아침도 없다. 힘겨운 씨름과 위골된 환도뼈는 야곱이 이스라엘 되고, 얍복 나루터가 브니엘 되기 위해서 치러야 했던 값비싼 대가였다. 야곱은 그 대가를 치렀다.

누가 감히 하나님과 다투어 그분을 굴복시키며 하나님과 싸워 승리를 쟁취할 수 있겠는가? 온 인류가 영겁에 걸쳐 다투고 싸워도 이길 확률은 제로다. 그런데 기도가 그 불가능한 꿈을 가능케 한다. 기도는 승리의 서곡이다.

(1) 얍복의 밤

얍복은 야곱의 일생을 통해 단 한 번 이기고도 자신의 패배를 인정한 이상한 싸움터였다.

얍복의 밤은 깊고 외로웠다. 얍복 시내를 건널 때 야곱은 흐르는 시냇물에서 자신의 어두운 얼굴을 보았다. 달빛에 비쳐 시냇물에 흔들리며 변형되는 자신의 모습을 보며 지난 삶이 주마등처럼 지나갔다. 길쭉했다, 납작했다, 둥글었다, 깨지고 비틀리는 물속의 형체에서 불완전한 자신의 진면목을 보았다. 팥죽 사건, 도주와 벧엘에서의 신비로운 꿈, 서원, 밧단아람에서의 20년 피난살이, 무임 노동 6년과 두 아내를 얻기 위한 14년의 노역, 야곱(간계)과 라반(술수)의 충돌, 그리고 자신의 고달픈 삶의 단초였던 형 에서를 외나무다리에서 마주쳐야 하는 위험천만한 순간이었다. 에서의 칼날을 환영처럼 보면서 야곱은 두려움에 떨었다. 낯선 침입자는 그 황망한 순간에 야곱에게 나타났다. 다짜고짜 싸움을 청하며 자신의 허벅지를 틀어쥐는 상대를 향해 야곱도 싸울 채비를 했다. 일찍 찾아온 얍복의 밤은 이전의 많은 밤들과 달리 천천히 지나갔다.

초행길에 마하나임에서 하나님의 사자들을 마주쳤던 야곱은 여행 막바지에 하나님의 사자를 다시 만났다. 자신의 환도뼈를 부러뜨린 상대는 자신이 결코 이길 수 없는 하나님이셨다. 천사의 모습으로, 다시 인간의 모습으로 그에게 다가오신 하나님은 호승심으로 똘똘 뭉친 지상의 싸움꾼과 마주 섰다. 얍복은 야곱의 일생을 통해 단 한 번 이기고도 자신의 패배를 인정한 이상한 싸움터였다. 그 한 번의 패배는 야곱이 이룩했던 지금까지의 모든 승리와 바꾸어도 아깝지 않을 값어치가 있었다.

야곱은 무너졌으나 전혀 새롭게 조성되었다. 육체는 깨지고 영이 소생했다. 부끄러운 과거를 매장하고 비석을 세웠다. 인간적인 간계가 바닥난 그 자리에서 야곱은 지팡이를 의지하고 일어났다. 야곱은 임종 직전 자식들을 축복하고 지팡이 머리에 의지하여 하나님을 경배했다. 얍복의 밤은 의지의 사람 야곱을 하나님을 의지하는 자로 변화시켰다.

얍복은 '흐르다', '넘치다'의 뜻이다. 얍복은 두 세계를 가르는 경계다. 두 아내와 열한 아들을 건너게 하고, 그 밤에 야곱은 홀로 남았다. 세상이 좁다 할 만큼 자신만만하게 휘젓고 살던 사람도 생사의 기로에 서면 경계가 갈린다. 패배를 거부하는 승리 일색의 삶과 패배를 통해 승리에 이르는 삶으로 갈린다. 하나님을 등지고 살던 음지의 삶과 하나님 앞에서 남은 삶의 터전을 일구는 양지의 삶이다.

이 홀로의 경험은 20년 전 형의 분노를 피해 피난길에 올랐을 때 벧엘에서 보냈던 밤과 비슷한 상황이었다. 그때는 혈혈단신이었지만, 지금은 많은 가족들과 수많은 가축 떼를 이끌고 있었다. 그때는 에서 혼자였지만, 지금은 에서의 곁에 400인이 동행하고 있었다. 이 절체절명의 상황은 간지와 술수로 삶을 꾸려왔던 그를 깨뜨리는 호기였다. 낯선 침입자와의 격투가 시작되었고, 야곱은 끈질기게 버텼다. 결국 그는 무너졌고 변화되었다.

(2) 브니엘의 아침

밤에 변장하신 하나님을 만나면 아침에 하나님의 얼굴을 간직한 사람으로 일어선다. 브니엘을 경험한 야곱의 눈에 비친 것은 원수 에서가 아니라 하나님이었다. 세상에서 절름발이가 되어야 하나님의 지팡이를 의지하게 된다.

얍복의 무수한 밤이 지나고 새날을 맞았지만 야곱이 그 밤을 맞이하기까지 얍복은 다만 얍복이었다. 얍복의 물길은 변치 않고 어제처럼 사납게 흘러갔다. 뼈를 깎는 듯한 고통과 단말마처럼 부르짖는 간구의 깊은 밤을 보내자 얍복의 밤은 영원히 사라지고, 브니엘의 새 아침을 맞았다. 모든 사람에게 얍복은 여전히 얍복으로 남겠지만, 이스라엘이 된 야곱에겐 더 이상 얍복이 아닌 브니엘이었다.

야곱은 흐르는 얍복의 시냇물에 자신의 과거를 실어 보냈다. 얍복의 밤과 함께 야곱에게 속했던 옛사람의 모든 것을 장사지내고 이제는 이스라엘로서 브니엘의 첫 아침을 열었다. 천사의 허벅지를 쥔 손에 힘을 풀지 않으면 하나님의 얼굴을 본다. 인간의 간계를 단 한 방에 날려버린 하나님의 가격은 일품이었다. 하나님께 맞는 것은 저주가 아닌 축복이다. 우리가 생생하면 때로 하나님이 우리의 환도뼈를 치신다. 아파도 아플 수가 없다.

하나님의 얼굴을 보면 누구든 살지 못한다. 은총의 사람 모세도 하나님의 등을 볼 뿐이었다. 어두운 밤이긴 했지만 야곱은 천사로 나타나신 하나님과 씨름하면서 얼굴의 윤곽을 보았다. 희미하지만 결코 지울 수 없는 잔상(殘像)이 그의 마음에 뚜렷이 각인되었다. 벧엘에서 꿈을 꾸고 난 후에 그곳이 바로 하나님의 전임을 자각했던 야곱은 자신이 하나님을 대면하고도 생존한 감격에 그곳을 브니엘이라고 불렀다.

흐르는 곳에서 흘러 보내야 할 것을 흘러 보내면 하나님의 얼굴을 본다. 환경에서 하나님을 보아야 원수의 얼굴에서도 하나님을 볼 수 있다. 기도하면 밤의 방문객을 얻는다. 그는 도적이 아닌 씨름꾼이다. 밤에 변장하신 하나님을 만나면 아침에 하나님의 얼굴을 간직한 사람으로 일어선다. 브니엘을 경험한 야곱의 눈에 비친 것은 원수 에서가 아니라 하나님이었다. 세상에서 절름발이가 되어야 하나님의 지팡이를 의지하게 된다.

야곱이 이스라엘 되었을 때 얍복의 밤은 사라지고 브니엘의 아침이 다가왔다. 많은 사람들이 인생의 얍복을 지나지만 새날을 단지 어제의 얍복으로 맞이한다. 그들은 치열한 싸움을 겪지 않았기에 불편해도 견딜 만한 밤을 보낸다. 그렇게 맞이하고 보내기를 숱하게 반복하면서 삶은 무의미하게 존재의 사멸로 향한다. 또 다른 얍복을 맞이할 수 없을 만큼 새롭게 얍복을 받아들이지 못하면 삶과 사역의 경사도나 기울기의 각도는 변하지 않는다. 변해야 사는 길이 열린다. 존재의 변화가 없으면 환경의 변화를 맞이하지 못한다. 다음날도 또 그다음 날도 여전히 얍복의 밤을 맞이하고 얍복의 아침을 맞는다. 처절하리만치 격렬한 몸부림이 없으면 환골탈태(換骨奪胎)는 이루어지지 않는다.

> "저녁에는 울음이 기숙할지라도 아침에는 기쁨이 오리로다"(시 30:5).

브니엘의 아침이 밝아야 우리의 삶은 새로운 차원으로 이동한다. 울어 밤을 밝혀라!

2) 영혼을 말씀으로 채워야 응답이 이른다

 우리는 말씀을 떠나 기도드릴 수 있지만 말씀을 떠난 모든 기도는 황당한 것이다.

기도와 말씀은 불가분리의 관계다. 기도가 바늘이라면 말씀은 실이다. 기도로 문제의 정곡을 찌르면 말씀이 필요한 만큼 길게 이어지는 실처럼 기도의 내용에 공급된다. 우리가 기도할 수 있는 근거는 하나님의 약속이다. 모든 약속은 말씀 속에 명시되어 있다. 우리는 말씀을 떠나 기도드릴 수 있지만, 말씀을 떠난 모든 기도는 황당한 것이다. 말씀 안에서라면 어떤 기도도 가능하다. 말씀은 우리가 어떤 기도라도 드릴 수 있을 정도로 크고 넓고 깊다. 심지어 주님보다 큰일을 하리라던 주님의 말씀처럼 엄청난 기도도 할 수 있다. 말씀 밖에서 응답은 영원히 저 건너편에 있다.

은혜 밖에서 영혼은 죽는다. 은혜 안에서 소생된 인간 영혼은 말씀의 자양분을 공급받지 못하면 이내 시들해지고 만다. 탁월한 응답은 탁월한 기도에 있고, 탁월한 기도는 탁월한 말씀에 있다. 기도도 말씀의 자양분을 먹어야 자란다. 말씀을 거름 삼아 기도드려라!

기도는 항상 말씀을 필요로 한다. 기도가 말씀으로 채움 받지 못하면 기력을 잃는다. 확신의 기도도 말씀이 근거요, 간절하고 담대하며 끈질긴 기도도 말씀을 밑받침하기에 가능하다. 많은 경우에 기도 응답은 말씀을 통해 온다. 말씀을 통한 응답은 가장 안전하고 확실한 루트다. 눈으로 보고 귀로 듣는 감각적인 응답의 형태에 비해 말씀에 의한 응답은 신비롭고 든든하다. 사람들이 응답에 목을 매달면서도 말씀을 등한시함은 이해하기 어렵다. 그것은 말씀을 통한 응답이 가시적인 응답들에 비해 덜 극적이기 때문이다. 기도는 드라마가 아니라 실제를 사는 삶이다. 말씀은 실로 인간이 경험하는 실제적 삶의 모든 내용보다 진하고 무거우며 확실하다.

하나님의 응답은 우리 영혼에 간직된 말씀의 관을 통해 온다. 관의 크기나 굵기가 응답의 크기나 굵기임은 두말할 나위 없다. 돌 항아리의 아귀까지 물을 채우자 물이 포도주가 되었다.

말씀을 모르는데 특정한 말씀이 응답으로 주어지는 경우도 있지만 흔한 것은 아니다. 그리고 그런 특이한 경험을 일상적인 것으로 숙달하려면 올무에 쉽게 빠진다. 말씀의 확실한 응답을 원한다면 말씀에 푹 젖어야 한다. 말씀이 충만해야 기도가 강력하다. 기도를 한 시간 드리면 말씀도 한 시간 보아야 한다. 기도와 말씀은 하나님의 일을 이루는 두 수레바퀴와 같다. 외바퀴로도 전진할 수 있지만 오래가지 못한다. 기도 응답의 삶을 오래 누리려면 꾸준히 말씀과 함께 거룩한 동행을 이루어야 한다. 거룩한 훈련이 반복되다 보면 말씀과의 합일이 이루어진다. 그러면 문제 자체를 놓고 기도드리기보다 말씀으로 기도드린다. 말씀으로 기도하여 말씀으로 응답을 받는다. 말씀에 정통하면 응답의 폭이 충분히 넓어진다. 기도드리며 문제에다 적절한 말씀을 갖다 붙이던 데서 말씀으로 문제를 기도에 담는 데까지 나아간다. 기도의 도약이다.

⑴ 말씀의 임재

아무것도 염려하지 말고 구하라고 하셨는데, 우리는 아무것도 구하지 않으면서 염려하기를 매양 반복한다. 그러면서 응답이 없으신 하나님을 향해 입을 비쭉거린다.

말씀이 임재한 곳에 응답이 소용돌이친다. 천사가 가끔 못에 내려와 물이 동하면 어떤 병이든지 낫는다는 베데스다의 전설은 말씀이신 주님의 현존 앞에서 무색해졌다. 물이 동하지 않았지만 38년 된 병자는 마음의 소원을 이룰 수 있었다. 연못의 동한 물이 아니라 주님의 살아있는 말씀이 그를 일어나 걷게 했다. 말씀은 살았고 운동력이 있어 기도자의 영혼에 저축된 말씀이 때에 알맞은 응답으로 역사한다.

"너희가 내 안에 거하고 내 말이 너희 안에 거하면 무엇이든지 원하는 대로 구하라 그리하면 이루리라"(요 15:7).

응답의 기대에 앞서 말씀의 임재가 먼저다. 많은 사람들이 오늘도 베데스다(교회)를 찾아 물이 동하기를 마냥 기다린다. 성가대의 찬양이나 설교를 통해 물의 동함을 느끼려 한다. 그렇게 매주 교회를 찾고 일주일에 수차례 교회를 들락거린다. 이보다 급한 일은 이미 말씀으로 오신 하나님의 동작을 음미하는 것이다.

주님은 "내 안에 거하라. 나도 너희 안에 거하리라"고 말씀하셨다. 다시 "내 말이 너희 안에 거하면"이라고 부연하셨다. 그러면 무엇이든지 구하면 그대로 이루어질 것을 약속하셨다. "나"와 "내 말"이 동일시되었다. 주님이 곧 말씀이기에 이런 동일시가 가능하다. 기도가 만능이 아니라 말씀 임재의 기도가 만능이다. 요한은 기도 내용에 아무 제한도 두지 않았다.

"무엇이든지"는 백지수표다. 얼마나 놀라운 약속이며 특권인가? 그런데 우리는 무엇이든지 구하지 않는다. 큰 것만 골라가며 구하든지 너무 큰 것은 아예 구할 엄두도 내지 않는다. 무엇이 문제인가? 하나님의 응답 능력인가? 아니면 약속 자체인가? 문제는 기도하는 우리 마음속에 말씀이 충만히 거하지 않기 때문이다. 아무것도 염려하지 말고 구하라고 하셨는데, 우리는 아무것도 구하지 않으면서 염려하기를 매양 반복한다. 그러면서 응답이 없으신 하나님을 향해 입을 비쭉거린다.

영혼에 말씀이 가득 채워진 사람은 기도에서 큰 위력을 발휘한다. 영혼에 말씀이 가득한 사람은 말씀을 머리에 채워 지식적으로 뛰어난 사람이 아니라 말씀을 마음에 새기고 영혼에 흡수시킨 사람을 말한다. 다시 말해서, 말씀에 통제되고, 말씀에 주장되며, 말씀에 제어되고, 말씀에 장악된 상태를 의미한다. 이런 경지의 사람에게는 말씀이 주체가 되고 말씀의 신비한 능력이 수시로 역사한다.

그러면 말씀이 언제나 마음의 왕좌를 차지하고, 기도자는 늘 내주하시는 말씀의 수종을 든다. 기도 없이 말씀은 건조하기 쉽고 말씀 없이는 기도가 영계의 너른 세계를 유랑하기 쉽다. 탁월한 기도의 사람을 받쳐주는 것은 견고한 말씀이다. 우리가 말씀 안에 거하고 말씀이 우리 안에 거하면 상승이다. 상호 임재의 말씀이 기도와 결합되면 영적 내공은 상승 곡선을 긋고, 말 그대로 기적을 상식처럼 경험하는 삶과 사역의 주인공이 된다. 둘은 서로를 세운다.

(2) 사랑의 임재

 계명 준수를 통한 사랑의 임재가 응답의 길이다. 상호 임재의 다른 표현인 말씀 임재가 응답의 길이다.

말씀이 우리 안에 거함으로 주님의 임재가 확실하다. 그러면 어떻게 우리가 하나님 안에 거할 수 있는가? 믿음으로 거함을 알고 있고 그런 믿음을 고백했지만, 무엇이든지 구하지 못하고 구한 것마저 응답되지 못하는 것은 어떤 이유에서일까? 주님 안의 임재가 확실한데 기도 생활에서 실제로 진가를 발휘하지 못함은 왜일까? 요한은 다시 주님 안에 거함이 어떻게 이루어지는지 알려준다.

> "아버지께서 나를 사랑하신 것같이 나도 너희를 사랑하였으니 나의 사랑 안에 거하라 내가 아버지의 계명을 지켜 그의 사랑 안에 거하는 것같이 너희도 내 계명을 지키면 내 사랑 안에 거하리라"(요 15:9-10).

주님과의 상호 임재는 사랑의 임재로 나타나야 한다. 이 사랑의 임재는 형이상학적인 것이 아니라 철저히 현실적이다. 사랑의 임재는 계명의 준수로 증명되어야 한다. 상호 임재로 응답에 이르게 하는 사랑의 임재는 주님의 계명을 준수함으로 가능하다.

주님도 아버지의 계명을 지킴으로 아버지의 사랑 안에 거하신다. 달리 대안은 없다. 우리도 주님의 계명을 지킴으로 주님의 사랑 안에 거한다. 이는 공식이다. 주님의 계명은 '서로 사랑하는 것'이다. 이는 너무도 단순해서 잊기 쉬운 명령이다. 주님이 우리를 사랑하는 자인 친구로 택하신 이유도 과실을 맺고 그 과실이 항상 있어 아버지께 무엇을 구하든지 다 받게 하기 위함이다. 사랑의 임재를 통한 기도 응답의 약속이 말씀 임재를 통한 기도 응답과 "무엇이든지"에서 일치를 이룬다. 계명 준수를 통한 사랑의 임재가 응답의 길이다. 상호 임재의 다른 표현인 말씀 임재가 응답의 길이다.

말씀을 행하여 사랑을 실천하면 주님의 사랑 안에 거하며 하나님의 사랑이 부은 바 된다. 계명 준수와 말씀 임재는 서로 다르지 않다. 결국 상호 임재나 사랑의 임재나 말씀의 임재가 모두 똑같이 주님과 우리 사이에 형성되어야 할 은혜 경험이다.

우리가 주님을 사랑하는 것은 만사를 주님의 유익에 따라 구함으로 확인된다. 모든 것을 가리지 말고 구할 수 있어야 한다. 자신의 유익이 아니라 주님의 영광을 위해 구해야 한다. 주님은 말씀이시므로 우리가 주님을 사랑한다면 말씀 준수는 필연적이다. 어떤 이유나 핑계가 필요치 않다. 사랑의 관계에서는 계명이나 부탁의 구분이 따로 없다. 계명은 결코 족쇄가 아니며, 부탁은 분명히 부담이 아니다. 사랑하는 자에게 상대의 요구나 매뉴얼은 무겁거나 귀찮지 않다. 사랑하는 자의 말에 대해서는 단지 완벽한 수용이 있을 뿐이다. 주님의 말씀이 부담으로 작용한다면 내 안에 예수 사랑이 없다. 성경 말씀의 어느 부분이 마음에 걸린다면 사랑의 관계에 오작동이 생긴 것이다.

말씀을 지키는 것은 성도의 기쁨이다. 시편 119편은 말씀을 사모하고 사랑하는 자의 고백이 아름답고 다양한 묘사로 그려졌다. 사랑의 임재 속에 기도의 꽃이 만개하고 향기도 짙다.

4. 탁월한 영성을 발휘하라!

기도는 실전이다. 피 터지고 알 박이는 실전이다. 영적 전투에서의 진검 승부다. 각고의 노력 없이는 기도의 대가가 될 수 없다.

지금은 영성의 홍수시대다. 사사기는 이런 멘트로 책장을 덮는다.

"그때에 이스라엘에 왕이 없으므로 사람이 각각 그 소견에 옳은 대로 행하였더라"(삿 21:25).

왕이 있으면 백성들의 삶이 단아하고 정돈된다. 탁월한 지도자는 백성들의 영화다. 교회에 바른 영성이 없기에 사람들은 웬만한 것에 죄다 영성을 갖다 붙인다. 교회에 바른 영성이 있다면 지금처럼 영성에 대해 요란하게 나팔 불지 않아도 될 것이다. 사방 천지가 영성의 늪지대다. 발 디딜 틈이 없을 정도로 영성이 켜켜이 쌓였다. 실로 영성이 혼란의 극을 달린다 해도 과언이 아니다. 영성의 사전적 정의는 매우 광범위하고 애매모호하다. 일단 영성은 기본적으로 비물질적이고 비육신적인 것을 전제한다. 기독교 세계에서는 경건과 연관된 삶이나 신비적인 체험 등을 영성이란 말로 표현하기도 한다. 간단히 말해, 영성은 믿음의 본질로서 '그리스도를 닮음'이다. 이 영성이 있는가?

'그리스도를 닮고 본받음'이 영성이라면 결국 하나님 체험이 그 주를 이룬다. 영성 생활은 자연히 하나님과의 교제를 통한 친밀감에 집중되고, 그런 생활이 가능하도록 수련하는 것을 영성 훈련이라고 말할 수 있다. 하나님 체험에서 으뜸가는 두 개의 축은 역시 기도와 말씀이다. 기도와 말씀에 탁월한 자가 탁월한 영성의 소유자다. 영성을 외친다고 영성이 인정되는 것도 아니요, 영성 훈련의 코스를 수백 번 이수해도 영성과는 무관할 수 있다.

영성은 영혼에 일대 변혁을 일으킨 자에게서 느끼는 거룩한 기운이다. 부흥의 물결에 휩쓸려 사도로서의 본무를 잠시 망각했던 사도들은 교회가 직면한 문제를 보면서 자신들의 사역에서 주객이 뒤바뀐 것을 감지했다. 성령의 사람들답게 그들은 즉각적으로 돌이켰고 기도와 말씀에 전무하는 삶을 붙들었다. 그들은 활발한 사역 때문에 뒤처졌던 기도와 말씀을 앞세우며 침체했던 영성에 불을 지폈다.

탁월한 영성을 원하면 말씀에 통달해야 한다. 이름을 그렇게 표현할 수 있다면 '영성의 대가'는 피나는 수련 끝에 자기만의 고유한 검법을 터득한다. 처절하게 부르짖고 치열하게 말씀에 집중 몰입하는 것은 영적 검법의 고수에 이르기 위함이다. 이것이 바울에게는 "내 복음"으로 나타났다. 말씀의 고수요 기도의 달인인 바울이 이룬 말씀과 기도의 내공은 대단했다. 여기서는 기도만 다룬다. 기도의 영성이 분명해지려면 수많은 기도의 밤낮을 보내야 한다. 많이 기도하고 오래 기도하는 훈련을 게을리 말아야 한다. 기도의 영성을 너무 가볍게 취급하는 현대의 풍조는 잘못된 것이다.

기도는 실전이다. 피 터지고 알 박이는 실전이다. 영적 전투에서의 진검 승부다. 각고의 노력 없이는 기도의 대가가 될 수 없다. 아침부터 저녁까지, 그것도 부족해서 꿈속에서까지, 날 때부터 죽을 때까지, 그것도 부족해서 무덤에서까지 기도자는 울부짖는다.

기도는 기적의 산실이다. 영적인 측면에서 기적은 당연히 상식이다. 기도가 응답되고, 병자가 고침 받고, 죽은 자가 살아나고, 마귀의 종이 하나님의 자녀가 되는 것은 모두 믿음 안에서 상식이지 기적이 아니다. 이런 상식이 세상적인 안목에서는 기적이다. 그런데 이런 기적이 세상에서는 보이지 않는다. 우리에게서 멀어졌다. 마치 열차의 기적 소리처럼 아련한 추억 속으로 숨어버렸다. 완전히 멸종되지 않았지만 희귀종이 되었다. 우리의 삶에 기적이 흔치 않음은 우리의 기도가 기적을 낳는 씨앗이 되지 못하기 때문이다. 산이 들려 바다에 빠진 역사를 인류는 경험하지 못했다. 주님이 말씀하신 이후로 비유가 아닌 그 말씀의 현실화가 없음은 아직도 우리의 기도가 부족한 증거다. 우리의 기도가 약하진 않으나 충분히 강하지 못하다. 우리가 진정 기적을 상식처럼 경험하려면 능력의 하나님이 친히 역사하시도록 영성의 탁월함을 이루어야 한다.

1) 하늘과 땅을 진동시키는 기도

교회는 기도의 동력을 상실한 지 오래다.……기도하는 각종 모임이 넘치고 엄청난 인파가 몰려들어 부르짖는 함성이 땅을 진동시켜도 하늘은 꿈쩍하지 않는다.

천지개벽하던 시기가 있었다. 지금도 천지는 개벽한다. 기도가 하늘과 땅을 진동시킨다. 히브리서 기자의 말씀을 읽고 묵상하면서 기도의 광대무변한 힘을 배웠다.

"그때에는 그 소리가 땅을 진동하였거니와 이제는 약속하여 가라사대 내가 또 한 번 땅만 아니라 하늘도 진동하리라 하셨느니라 이 또 한 번이라 하심은 진동치 아니하는 것을 영존케 하기 위하여 진동할 것들 곧 만든 것들의 변동될 것을 나타내심이라"(히 12:26-27).

광야에 말씀이 임했을 때 땅이 진동했다. 시내산에 나타나신 영광의 현현에는 모세의 40일 기도가 뒤따랐다. 진동은 멈추었지만, 모세가 드린 기도의 울림은 꽤 오래갔다. 말씀으로 땅을 진동시켰다면 이제 기도로 하늘까지 진동시켜야 한다. 심판의 우렛소리가 천지를 진동하는 마지막 시대일수록 하늘과 땅을 진동시키는 기도 소리가 그립다. 마지막 나팔 소리가 가까울수록 기도 소리 또한 높아야 한다.

진동치 아니하는 것은 기도자의 마음이다. 기도의 영성이며 열정이다. 우리는 진동치 않을 나라를 유업으로 받은 자들이다. 우리 안에는 부동의 주님이 반석으로 계신다. 요동하는 세상의 풍조 속에서도 흔들리지 않는 태도를 견지하는 것은 기도의 힘이다. 피조된 것들은 변동된다. 변동되는 것들은 진동한다. 이에 비해 기도자의 마음은 진동치 않는다. 잠시 흔들려도 금세 무게 중심으로 이동한다. 기도자의 마음이 진동하면, 세상은 불안에 떤다. 부동의 마음으로 기도자는 땅을 울린 기도에서 한 발짝 더 나가 하늘까지 진동시키는 기도를 드려야 한다.

교회는 기도의 동력을 상실한 지 오래다. 기도에 전념치 않아 거대한 공룡들의 썩는 냄새만 천지를 진동시킨다. 기도하는 각종 모임이 넘치고 엄청난 인파가 몰려들어 부르짖는 함성이 땅을 진동시켜도 하늘은 꿈쩍하지 않는다. 바알에게 무릎 꿇지 않았던 7천 인의 무리가 나타나야 한다.

왠지 고함 소리가 큰 만큼 허한 느낌을 지울 수 없다. 세계 기도 대회를 개최한다면 한국 교회가 금식 기도, 철야 기도, 새벽 기도 등 어느 분야에서도 우승하여 전 종목 석권은 불을 보듯 뻔하다. 그런데 한국 교회의 영적 현실과 한국 사회의 모습은 참담하기 짝이 없다. 겉만 화려하지 내실은 튼실하지 못하다. 시늉만은 챔프 급이지만, 기도의 내적 능력은 오리무중이다. 신실한 설교자들은 화려한 조명에 길들인 말쟁이와 어울리지 못해 어딘가로 가버렸다. 조작된 스타 군단들이 주님의 몸을 더럽히고 영적 질서를 어지럽힌다.

말없이 무릎 꿇던 기도의 사람들은 다 어디로 갔는가? 그들의 뜨거운 눈물과 애절한 부르짖음이 그립다. 조국 교회에 기도의 불 바람이 재우쳐 불지 않는다면, 진동치 않는 하늘로 인해 무너지는 것은 땅이 될 것이다. 바벨론만 무너지는 것이 아니다. 교회도 무너진다. 교회가 새로워지지 않으면 교회가 곧 무너질 바벨론이다.

(1) 여호수아

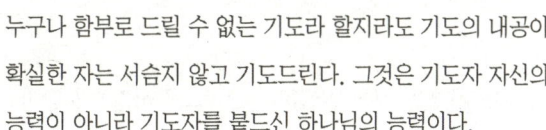
누구나 함부로 드릴 수 없는 기도라 할지라도 기도의 내공이 확실한 자는 서슴지 않고 기도드린다. 그것은 기도자 자신의 능력이 아니라 기도자를 붙드신 하나님의 능력이다.

모세의 시종 여호수아는 그림자처럼 모세를 옹위했다. 모세가 회막을 떠날 때에도 그는 회막을 기도로 지켰다. 엘리 제사장이 집에서 편안한 잠을 자고 있을 때 성소의 불을 밝히던 사무엘과 비슷했다. 여호수아는 숨은 기도의 용사였다. 아모리와의 전쟁 와중에도 여호수아는 이스라엘의 목전에서 여호와께 부르짖었다.

> "……태양아 너는 기브온 위에 머무르라 달아 너도 아얄론 골짜기에 그리할지어다 하매 태양이 머물고 달이 그치기를 백성이 그 대적에게 원수를 갚도록 하였느니라……"(수 10:12-13).

이것은 차라리 명령에 가깝다. 천체를 향하여 명령을 내릴 만큼 여호수아의 기도에는 절세의 내공이 깃들어 있었다. 여호수아는 전무후무한 기도 응답의 주인공이 되었다. 누구나 함부로 드릴 수 없는 기도라 할지라도, 기도의 내공이 확실한 자는 서슴지 않고 기도드린다. 그것은 기도자 자신의 능력이 아니라 기도자를 붙드신 하나님의 능력이다.

여호수아는 하나님이 주신 승세를 몰아 주저 없이 기도했다. 그는 전인미답(前人未踏)의 기도 영역에 최초로 발을 들여놓았다. 사람의 발길이 한 번도 닿지 않은 기도의 처녀림을 그가 밟았다.

"여호와의 눈은 온 땅을 두루 감찰하사 전심으로 자기에게 향하는 자를 위하여 능력을 베푸시나니"(대하 16:9).

이 말씀이 사실이라면 여호수아는 하나님의 눈에 찬 사람이었다. 하늘의 창을 열고 시대마다 곳곳마다 사람들을 살펴보시던 하나님께 여호수아는 하나님을 향한 전심으로 인해 발탁되었다. 정밀한 천문학적 계산에 따르면 규칙적인 지구의 운동에 비추어 볼 때 24시간이 차이가 나는 것이 발견되었다. 낮의 길이가 23시간 20분 늘어났다는 보고인데, 나머지 40분은 히스기야의 기도로 인한 일영표 10도(40분에 해당)의 후퇴니 놀랍다. 우주가 창조되고 난 이후로 늦어진 하루는 기도로 인한 것이었다. 하늘의 천체도 믿음의 기도에 복종했다.

천체의 운행을 잠시 중단시킬 마음은 어떻게 들었을까? 이전에 드려보지 않았던 기도, 누구도 드리지 않았던 기도를 올릴 때 여호수아는 과연 무슨 생각을 하고 있었을까? 하나님의 백성을 괴롭히는 원수를 진멸시키려는 열망과 의지가 그의 마음과 생각에 가득했을 것이다. 창조의 하나님, 구원의 하나님이 창조의 능력으로 새로운 구원의 역사를 이루실 것이라는 믿음이 한순간 그를 기도의 밀실로 몰아넣었을 것이다. 아무도 들어갈 수 없는 그곳, 일 년에 한 차례 대제사장만 백성의 속죄를 위해 들어가던 지성소의 경우처럼 여호수아는 홀로 기도의 지성소에 들어갔다. 거기서 여호수아는 불가능한 기도를 드렸고, 그 기도는 하늘의 달을 잠시 멈추게 했으며 땅의 아모리 사람을 진멸시켰다. 원수였다가 자신의 품속에 뛰어든 기브온 족속을 위한 싸움에 여호수아는 진심전력을 다했다. 담력 넘치는 그의 기도가 하늘과 땅을 진동시켰다.

(2) 히스기야

평범함을 뛰어넘어 비범한 기도를 드리게 하는 것은 우리의 탁월한 섬김이다. 진동치 않을 나라를 마음에 품은 자의 기도가 천지를 진동시킨다.

히스기야는 믿음이 탁월한 왕이었다. 그의 여호와 의지의 삶은 유다의 전후 모든 왕 중에서 전무후무할 정도였다(왕하 18:5). 그는 강력한 종교개혁을 단행했고, 군사적으로도 유능함을 보였다. 그런 히스기야가 이사야 선지자에게서 임박한 죽음을 통고받았을 때 그는 당황하지 않았다. 기다렸다는 듯 히스기야는 즉시로 낯을 벽으로 향하고 여호와께 기도했다. 마치 연습이라도 한 것처럼 기도의 동작을 보인 것은 그의 영성이 평소에 잘 닦여져 있었음을 가리킨다. 평소에 다져졌던 기도의 삶이 갑작스런 환경에도 놀라지 않고 기도의 무릎을 꿇게 하였다. 그것은 급작스런 변에 대처한 임시 방편이 아니었다. 기도자에게 보인 영적 조건 반사였다. 그는 느헤미야처럼 자신이 행했던 선한 일을 하나님께 회상시키면서 통곡하고 부르짖었다. 히스기야의 통곡 기도는 기도를 위한 울부짖음이 아니라, 삶이 뒷받침된 기도였기에 이내 들으심을 얻었다.

하나님은 히스기야의 기도와 심한 통곡을 듣고 보셨다. 그래서 성문 밖을 향해 발길을 옮기던 이사야 선지자를 급히 돌려 세우셨다. 이사야는 무화과 반죽을 종기가 난 곳에 붙여 병을 낫게 했다. 히스기야는 자신이 완쾌해서 사흘 뒤에 집무를 볼 수 있는 여부를 알기 위해 하나님께 징조를 구했다. 일영표의 해가 뒤로 10도 물러가는 무리한 간청이었다. 하나님은 그의 기도에 바로 응답하셨다. 이유는 평소 여호와께 연합하여 떠날 줄을 몰랐던 그, 하나님의 계명 준수에 철두철미했던 그의 영성이 동시대인들만이 아니라 유다의 전후 모든 왕들에 비해 탁월했기 때문이다. 응답이 주어졌음에도 징조를 구한 것은 그의 신중한 성품 탓이기도 하겠지만, 이미 작정된 하나님의 섭리에 변화를 가하는 문제가 중요한 만큼 그의 징조 요청은 결코 무리한 것이 아니었다. 하나님 섬김에 탁월함을 보이면 평범하지 않은 기도의 영역이 새롭게 개간된다.

천체의 운행과 연관하여 히스기야는 여호수아의 기도와 맥을 같이한다. 응답의 여파로 볼 때 히스기야는 여호수아보다 더 어려운 기도를 드렸다. 여호수아는 천체를 잠깐 머물게 했지만, 히스기야는 이미 진행된 천체의 운동을 거꾸로 되돌렸다. 그것이 천체에 어떤 영향을 미쳤는지 알 수 없지만 우주의 크기와 일사불란한 운행에 비추어볼 때 상상 불가, 형언 불가다. 그의 하나님 섬김이 전무후무했듯, 그의 천지를 진동시키는 믿음도 전무후무한 것이었다. 천체의 진행과 관련한 비범한 기도는 신·구약을 통틀어 여호수아와 히스기야 둘뿐이다.

우리도 이에 견줄 만한 기도를 드릴 수 있다. 지옥의 자식을 하나님의 자녀로 바꾸는 기도, 마귀의 통치 영역을 하나님의 통치 영역으로 뒤바꾸는 기도 등이다. 평범함을 뛰어넘어 비범한 기도를 드리게 하는 것은 우리의 탁월한 섬김이다. 진동치 않을 나라를 마음에 품은 자의 기도가 천지를 진동시킨다.

2) 하나님을 감동시키는 기도

 하나님을 감동시키는 사람은 예나 지금이나 기도의 사람이다. 하나님은 기도의 언어가 아니라 꿇은 무릎에 감동하신다. 매끄러운 기도의 상투어보다 투박한 굳은살을 보고 감동하신다.

하나님은 사람을 감동시키신다. 찬양과 감사는 하나님의 감동을 받은 사람들의 반응이다. 사람이 하나님을 감동시킬 수 있을까? 대답은 "예스"다. 사람의 기도가 하나님을 감동시킨다. 히스기야가 앗수르 왕 산헤립의 침공을 받고 항복을 권유하는 편지를 받았을 때 그는 편지를 편 채로 하나님 앞에 올려놓고 기도드렸다. 천하만국에 주만 여호와이심을 알게 해달라는 히스기야의 기도는 하나님을 감동시켰다.

하나님은 이사야를 보내 기도보다 두 배에 가까울 만큼의 긴 응답을 전했다. 하나님의 응답은 "네가 산헤립의 일로 내게 기도하였도다"로 시작하였다. 우리의 삶과 사역에도 산헤립의 대군이 밀려와 항복을 강요할 때 우리는 그 내용 때문에 얼마나 고심하며 속병을 앓는가? 히스기야는 피가 뚝뚝 떨어지는 것처럼 편지가 펴진 그대로 하나님께 올려놓고 기도드렸다. 당시의 장면을 주의 깊게 회상해 보라! 그렇게 감동적일 수 없다.

하나님을 감동시키는 사람은 예나 지금이나 기도의 사람이다. 하나님은 기도의 언어가 아니라 꿇은 무릎에 감동하신다. 매끄러운 기도의 상투어보다 투박한 굳은살을 보고 감동하신다. 기도가 정열적이고 진솔하며 삶이 그 기도를 뒷받침하는 사람에게서 감동 받으신다. 아나니아가 박해자 사울 찾기를 주저했을 때 하나님이 강권하시며 사울에 대해 증언하셨다.

"저가 기도하는 중이다"(행 9:11).

희대의 박해자가 사흘 동안 식음을 전폐하면서 자신이 박해하던 교회의 머리 되신 주님께 기도함이 하나님을 감동시켰다. 과연 바울은 하나님을 만난 이후부터 끝까지 기도의 사람으로 남았다. 우리가 하나님 앞에 무릎 꿇었을 때 하나님은 뭐라 증언하시는가? 우리도 "저가 기도하는 중이다"라는 증언을 듣고 있는가? 사람들의 증언이 아니라 기도를 듣고 응답하실 하나님께서 증언하시는 소리를 듣고 있는가? 우리는 과연 기도하는 중인가?

하나님은 세리의 겸손한 기도에 감동하시고 화려한 바리새인의 기도를 외면하셨다. 모세의 생명을 내건 기도에 감동하시고 이스라엘을 멸할 뜻을 돌이키셨다. 사무엘의 기도에 감동하시고 우레를 내리셨다. 엘리야의 간절한 기도에 감동하시고 불과 비를 내리셨다. 에스라의 통곡 기도에 감동하시고 민족적 갱신을 일으키셨다. 죽을 각오로 스코틀랜드를 달라고 부르짖은 존 녹스의 기도에 하나님은 감동하시고 그를 개혁의 천둥번개로 삼으셨다.

하나님을 감동시키는 기도는 겸손한 기도, 죽을 각오로 생명을 담보한 기도, 영혼의 짐을 지는 기도, 간절한 기도, 통곡 기도다. 우리도 인용된 사람들처럼 그렇게 기도드리는가? 우리는 기도로 하나님을 감동시킨 적이 있는가? 비슷한 기도를 드리면서 아직도 하나님을 감동시킨 기도를 드리지 못했다면 그 이유는 무엇인가? 기도로 하나님을 감동시킨 성경의 인물 중에 두 사람을 따로 천거했다.

(1) 솔로몬

> 우리의 소원이 하나님께 감동이 될 만큼 단순하고 진지하게 기도하는 것은 우리가 할 일이다. 우리가 예배로 하나님을 감동시킬 때 우리를 감동시킬 제안이 주어진다.

다윗의 뒤를 이어 이스라엘을 다스리게 된 솔로몬은 아직 나이가 어리고 경험도 일천했다. 솔로몬은 일천 번제로 하나님께 희생 제사를 드렸다. 하나님이 꿈에 나타나서 그에게 물으셨다. "내가 네게 무엇을 줄꼬? 너는 구하라!"

솔로몬은 이것저것 생각하지 않았다. 땅의 티끌같이 많은 하나님의 백성을 다스릴 통치자로서 솔로몬은 선택의 여지가 없었다. 그는 당연하지만 누구나 유일한 소원으로 삼기에 어려운 기도를 택했다.

> "주는 이제 내게 지혜와 지식을 주사 이 백성 앞에서 출입하게 하옵소서 이렇게 많은 주의 백성을 누가 능히 재판하리이까"(대하 1:10).

만일 우리가 솔로몬의 일천 번제처럼 완전한 섬김에 거하면 솔로몬의 경우처럼 하나님으로부터 뜻밖의 제안을 받을 수도 있다. 만일 우리에게도 하나님이 나타나셔서 "무엇을 줄까? 한 가지 소원을 말해 보라!" 하시면 주저하지 않고 아뢸 그런 소원이 있는가? 이는 평생의 소원을 뜻한다.

하나님은 솔로몬의 선택을 기뻐하셨다. 솔로몬의 단순하고 진지한 기도에 감동하신 하나님은 그가 구한 지혜와 지식을 줄 뿐 아니라 구하지 않은 부와 재물과 존영도 주어 그로 전무후무한 영광 가운데 거하게 하셨다. 우리는 우리가 드리는 매일의 기도를 통해 필생의 소원이 무엇인지 아뢸 수 있어야 한다. 솔로몬처럼 응답과 함께 덤의 축복을 얻기 위해서가 아니다. 우리의 소원이 하나님께 감동이 될 만큼 단순하고 진지하게 기도하는 것은 우리가 할 일이다. 우리가 예배로 하나님을 감동시킬 때 우리를 감동시킬 제안이 주어진다.

"무엇을 줄꼬? 너는 구하라!"

우리에겐 솔로몬의 꿈과 비교할 수 없을 엄청난 약속들이 이미 말씀으로 주어졌다. 문제는 우리가 드리는 기도의 핵심이다. 모든 것을 다 버리고 하나를 택해야 할 때 서슴지 않고 택할 수 있는 그런 기도의 알맹이가 있는가 하는 점이다. 하나님의 관점에서 구하는 것이 바로 그 열쇠다.

어린 솔로몬이 어떻게 그런 기도를 드릴 수 있었을까? 부와 존영이 뭔지 몰라 그랬을 수도 있다. 그러나 그 나이에 걸맞지 않게 통치자의 통치 능력과 직결되는 재판의 지혜를 구한 것은 참으로 놀라운 일이다. 솔로몬의 감동적인 기도는 우리에게 하나님을 감동시키는 기도가 무엇인지 알려준다. 의식주의 공급이나 문제 해결과 같은 통속적인 기도로부터 벗어나 대국적인 견지에서 통 큰 기도를 드려야 한다. 의식주를 위한 기도는 필요한 것이지만, 하나님은 우리의 기도 생활이 그런 육적인 패턴을 따라 돌게 되는 것을 원치 않으신다. 하나님은 하나님의 뜻에 맞춘 대범한 기도를 드리기를 원하신다.

우리도 뭇 영혼을 다스려 주님께로 이끌 수 있는 영적 판별력을 위해 기도드릴 수 있다. 바울은 지혜와 계시의 영을 언급했다. 영혼 구원과 연관된 하늘의 지혜는 평생의 소원을 걸고 기도할 만한 내용이다. 많은 기도 중에 어떤 기도는 하나님을 감동시킨다!

(2) 다니엘

 우리가 하나님께 기도드리는 근거는 우리의 의가 아니라 주님의 긍휼이다. 주님의 긍휼이 임해야 은총을 입는다. 주님의 긍휼이 없다면 우리의 기도도 없다.

솔로몬과는 처지가 달랐지만 다니엘도 하나님 앞에 간구하기로 결심하고 무릎을 꿇었다. 그가 그런 결심을 하게 된 배경은 예레미야의 서책에서 발견한 칠십 이레에 관한 비밀이었다. 그는 하나님이 손수 선택하셨던 자기 백성을 버릴 수밖에 없었고 바벨론의 종살이를 시켜야 했던 이유를 말씀 속에서 찾아냈다. 그것은 패역과 행악과 반역으로 뒤범벅된 범죄, 하나님의 말씀을 버린 죄악이었다.

자기 백성을 위한 하나님의 구속 계획을 간파한 다니엘은 민족의 죄악을 스스로 걸머쥐고 나직이 엎드렸다. 죄는 조상들이 지었지만, 이를 자신의 것으로 간주하여 엎드렸다. 원래 하나님 신앙에 탁월함을 보였던 다니엘은 중보의 용사로 변신 중이었다. 그는 금식하며 베옷을 입고 재를 무릅쓰고 간구했다. 그의 기도에는 민족 사랑의 열정과 헌신이 묻어났다. 기도의 끝부분은 다니엘의 기도에서 그 절정에 해당한다. 이 기도가 하나님을 감동시켰다.

> "나의 하나님이여 귀를 기울여 들으시며 눈을 떠서 우리의 황폐된 상황과 주의 이름으로 일컫는 성을 보옵소서 우리가 주의 앞에 간구하옵는 것은 우리의 의를 의지하여 하는 것이 아니요 주의 큰 긍휼을 의지하여 함이오니 주여 들으소서 주여 용서하소서 주여 들으시고 행하소서 지체치 마옵소서 나의 하나님이여 주 자신을 위하여 하시옵소서"(단 9:18-19).

'주여!' 삼창 기도의 원조라 할 수 있는 다니엘의 부르짖음에는 거역할 수 없는 몸부림이 있다. 다니엘의 기도에 감동하신 하나님은 그를 통하여 세상 끝 날에 일어날 비밀한 일들을 알려주셨다. 다니엘의 기도 결론에서처럼 우리가 하나님께 기도드려야 할 이유는 우리 자신의 삶과 사역이 황폐되었기 때문이다. 우리가 하나님께 기도드리는 근거는 우리의 의가 아니라 주님의 긍휼이다. 주님의 긍휼이 임해야 은총을 입는다. 주님의 긍휼이 없다면 우리의 기도도 없다.

다니엘은 포로 신세였으나 뜻을 정하여 자신의 거룩함을 지키고자 왕의 진미를 거절했다. 그는 하나님의 특별하신 섭리로 이방 땅에서 영향력 있는 존재가 되었다. 방대한 나라를 다스리던 세 사람의 총리 중에서도 수석 총리가 그의 공식 직함이었다. 그는 왕의 극진한 총애를 받았다. 기도의 사람 다니엘을 처단하기 위해 바벨론의 모든 정치 세력이 단합하여 왕의 조서를 만들어 금령을 공포했다. 어인이 찍힌 조서의 지엄함을 알았지만 목숨 걸고 예루살렘을 향해 하루 세 번씩 무릎 꿇고 기도하던 다니엘이다. 그의 기도 생활은 그 이전부터 계속되던 일상이었다. 이로 인해 다니엘은 사자굴 속에 던져졌으나 하나님의 능력으로 보호되었다.

다니엘은 평생 기도의 사람이었다. '다니엘 기도'가 성행하지만 안타깝게도 오늘 우리가 드리는 다니엘 기도는 다니엘의 기도가 전혀 아니다. 다니엘의 간절함과 희생과 거룩한 자기 동일시가 없다.

5. 중보의 능력을 함양하라!

중보 기도자는 드러나지 않고 기도에 자신을 숨긴다. 자신을 드러내는 기도는 중보의 실패다.

중보 기도는 남을 위한 기도다. 하나님과 상대의 사이에 들어가서 그를 위해 구하는 것이다.

> "이 땅을 위하여 성을 쌓으며 성 무너진 데를 막아서서 나로 멸하지 못할 사람을 내가 그 가운데서 찾다가 얻지 못한 고로"(겔 22:30).

중보자는 하나님과 사람 사이에 벌어진 틈새를 이으려는 사람이다. 하나님과 사람 사이에 생긴 틈은 타락 이후 균열이 간 이후로 지금껏 계속되고 있다. 하나님과 기도가 필요한 사람 사이에는 이런 틈이 항상 존재한다. 그것은 인간이 떨쳐버리기 어려운, 그래서 찰거머리처럼 착 달라붙는 불신, 의심, 욕심 같은 이물질들이다. 중보자는 이 틈 사이에 서서 하나님의 진노를 막으려 한다. 하나님이 매를 드시면 기도하는 영혼을 위해 대신 맞을 각오를 하고 엎드린다. 이것은 대단한 일이다. 중보자는 남을 위한 주님의 마음과 성령의 감동 없이는 불가하다.

스스로 중보자를 자처하고 나서는 것은 무익한 일이다.

원칙적으로 중보 기도는 영적 우위에 있는 자가 열악한 영적 환경에 놓여 있는 자를 위해 섬기는 사역이지만 그렇다고 하여 중보 기도가 영적 우월의 잣대가 되어서는 곤란하다. 중보 기도는 성격상 이타적인데 사랑의 은사 없이는 불가능하다. 사랑이 토대가 되고 동기가 된 그런 중보 기도에는 탐욕과 허영, 자기 과신이나 교만이 뿌리를 내릴 수 없다. 중보 기도는 기도로 가시화된 사랑의 실천이다. 물론 사랑 없이도 중보 기도를 드릴 수 있다. 그럴 경우 중보 기도는 기도자 자신을 만족시키는 영적 치장일 뿐 하나님께 영광이 되지 않는다.

교회 안에는 중보 기도로 인한 폐해가 적지 않다. 전문적 중보 기도자가 간혹 언급되는데, 이는 우려할 일이다. 중보에 전념한다 하여 중보 기도를 기도에 특별한 은사를 지닌 사람의 자격증처럼 여기는 것은 잘못이다. 중보 기도자는 드러나지 않고 기도에 자신을 숨긴다. 자신을 드러내는 기도는 중보의 실패다.

교회에 주어진 중보의 기능상 기도자는 성도를 위해, 그리고 사역자를 위해 중보할 수 있다. 그 이상도 이하도 아니다. 중보자는 사람이신 그리스도 한 분뿐이다. 중보의 사역은 주님과 성령께 속한 일이다. 우리는 겸손한 가운데 자신이 과연 남을 위해 중보드릴 만한 상태인지를 늘 점검해야 한다. 우리는 단지 중보자이신 그리스도께 속한 자로, 성경에 우뚝 솟은 중보 기도자들의 섬김을 본받아 기도로 섬길 뿐이다.

중보자가 빠지기 쉬운 영적 자만심과 우월 의식은 허접쓰레기다. 개인이나 교회에 문제가 있을 때 전문적 중보자를 찾는 것은 위험 신호다. 사역자에게 중보를 부탁하라! 평소에 형성된 기도 동지들에게 특별한 기도 지원을 호소하라! 주님 외에 인간 중보자는 없단 말도 맞고, 모든 그리스도인이 중보자라는 말도 맞다. 두 사람이 주님의 이름으로 합심해서 무언가 구하면 하나님이 이루게 하신다. 중보는 합심하는 영이다.

우리는 중보 기도로 하나님과 동역한다. 삼겹줄처럼 기도를 필요로 하는 대상과 기도를 들으시는 대상 사이에 중보자가 있다. 하나님은 기도가 필요한 대상을 위해 뭔가 행하신다. 그것이 구원이든 심판이든 작정하신 대로 행하신다. 이때 중보자는 하나님의 계획을 앞당기거나 철회시킨다. 구원과 응답이면 앞당기게 하고 심판과 외면이면 철회하도록 기도로 몸부림친다. 이것은 중보자의 능력이기에 앞서 하나님의 원래 마음이다.

중보 기도는 하나님의 뜻하신 바를 가부간 명료하게 만든다. 어떤 현안을 두고 기도할 때 강력한 기도가 후원되면 하나님의 뜻이 더욱 선명히 드러난다. 이런 뜻에서 중보 기도는 하나님과의 동역이다. 중보로 하나님과 동역하는 사람들 곁에는 중보 기도로 섬기는 사람들이 모여든다. 하나님이 모으신다. 사람의 뜻대로 모인 기도 모임은 흥하나 망한다. 하나님이 모으시면 하나님이 헤치시기 전에는 흩어지지 않는다.

1) 중보자에게 중보자가 붙는다

 말없이 무릎 꿇은 한 사람 한 사람이 영적 매듭을 따라 종과 횡으로 연결될 때 중보 연합은 힘을 발휘한다.

중보 기도가 성도로서 남을 섬길 수 있는 특권이라면 이는 아름다운 일이다. 중보자는 누군가를 위해 기도함으로써 기도의 짐에 눌린 그 사람의 영적 부담을 떠안는다. 그 대신 아파하고, 그 대신 오열하며, 그 대신 부르짖음에 우월함이나 교만이 있을 수 없다. 만일 중보 기도를 하면서 중보 기도 대상자에 대해 베푸는 자의 심정을 갖는다면, 이는 출발부터 잘못이다.

중보 기도는 기도의 능력이나 효험을 상대적으로 기도가 약한 자를 위해 나누어 주는 것이 아니다. 여러 기도자가 있고 특별한 중보자가 있는 것이 아니다. 모두가 중보 기도에 참여한다. 가장 좋은 모습은 신실한 중보자에게 신실한 중보의 사람들이 모이는 것이다. 바울은 에베소 교회 성도들을 위해 중보했고, 그들에게 자신을 위한 중보를 부탁했다. 바울은 교회를 위해, 교회는 바울을 위해 중보 기도 하였다. 중보의 출발은 '누군가를 위해 어떤 이가'이기보다 서로를 위해 기도하는 것이다.

> "우리를 위하여 기도하라 우리가 모든 일에 선하게 행하려 하므로 우리에게 선한 양심이 있는 줄을 확신하노니 내가 더 속히 너희에게 돌아가기를 위하여 너희 기도함을 더욱 원하노라"(히 13:18-19).

히브리서 기자는 중보 기도의 효용을 잘 알아 성도들에게 자신을 위해 계속적인 중보 기도를 부탁했다. 성도와의 방문은 정해졌고 조속한 방문이 성사되기 위해 성도들의 기도가 필요하다. 중보자는 홀로가 아니다. 중보자는 중보 대상자를 위해 많이 기도하고, 중보 대상자도 중보자를 위해 열심히 기도한다.

중보 기도는 상보적이다. 내가 누군가를 위해 틈을 막아서서 기도하면 나를 위한 중보자가 형성된다. 누군가 날 위해 기도함은 크나큰 위로다. 응답의 역사는 누군가를 위해 기도할 때 막강하다. 누군가를 위해 기도할 수 있음은 주님의 중보 사역에 동참하는 특권과 기쁨을 누리게 한다. 중보자에게 쏟으시는 주님의 사랑 또한 지극하다.

중보 기도는 자석과 같다. 합칠 수 없는 극단의 사람들을 기도로 통합하여 연결시킨다. 중보 연합이란 말이 유행이다. 인위적인 시도가 아니었으면 좋겠다. 중보 기도가 조직의 성격을 띠게 되면 영의 흐름이 차단되기 쉽고 사탄의 공격을 받을 빌미만 늘어난다. 중보 기도자들의 연락과 상합은 자연스럽게 이루어져야 한다. 마치 여러 지류를 따라 흐르던 물이 커다란 강을 이루고 다시 하나의 대양으로 흘러가듯 그런 맺어짐이 되어야 한다. 행사에 매이거나 과시용이 되어서는 곤란하다.

중보의 영은 드러나는 것을 싫어한다. 말없이 무릎 꿇은 한 사람 한 사람이 영적 매듭을 따라 종과 횡으로 연결될 때 중보 연합은 힘을 발휘한다. 말없이 연결된다. 수원지의 물은 여러 지류로 갈라지기도 하지만 갈라졌던 여러 물길이 결국에는 넓은 바다에서 만난다. 말없이 연결되어 누룩처럼 번져가는 중보의 연합에는 성령에 의한 상승 작용이 거세다.

(1) 모세

 중보를 아무리 많이 하고 자주 해도 자신의 성을 쌓는 것 같은 영적 치기는 금물이다. 나누어 주는 자로서의 시혜 의식은 중보 기도자에게 무척 해롭다.

모세는 노령에 부름 받아 이스라엘 민족의 해방 사역을 잘 감당했다. 완악한 이스라엘 백성과 거룩하신 하나님의 틈 사이에서 모세는 자주 중보의 무릎을 꿇었다. 모세의 중보 기도는 그의 파격적인 기도로 잘 알려져 있다.

"그러나 합의하시면 이제 그들의 죄를 사하시옵소서 그렇지 않사오면 원컨대 주의 기록하신 책에서 내 이름을 지워버려 주옵소서"(출 32:32).

이것이 가당키나 한 기도인가? 반역하고 배은망덕한 회중들을 위해 자신의 영혼을 멸망시키려는 의지는 아무리 사랑의 극진한 표현이라고 하지만 쉽지 않다. 생각만 해도 진저리나는 대상을 대신해서 천국 가는 것을 포기하겠다는 의지의 표명은 함부로 할 수 없는 기도다. 모세는 그들을 아끼시는 하나님의 뜻을 알았다. 모세는 하나님의 뜻을 위한 기도에 자신의 모든 것을 함몰시켰다. 그에게 임한 중보의 영은 하나님 사랑의 표현이었다. 그렇다 해도 쉽지 않은 결정이다.

"합의하시면"이란 모세가 자신의 의지보다 하나님의 뜻에 맡겼음을 분명하게 보여준다. 중보는 아무리 남을 위한 기도라 할지라도 자신의 뜻이 관철되기를 주장하면 그릇된 것이다. 중보를 아무리 많이 하고 자주 해도 자신의 성을 쌓는 것 같은 영적 치기는 금물이다. 나누어 주는 자로서의 시혜 의식은 중보 기도자에게 무척 해롭다. 이런 증상을 발견하면 즉시로 중보를 멈추고 자신을 위한 기도에 몰입해야 한다. 정작 중보 기도가 필요한 것은 자신이기 때문이다. 이를 무시하고 계속 중보 기도를 드리면 상대에게 해롭고 자신의 영혼도 몇 갑절로 죽는다. 중보 기도자는 중보의 대상을 위해 스스로 빚진 자로 자처한다. 빚진 자가 상대에게 빚을 갚는 것은 당연한 일이지 자랑할 일이 아니다. 모세는 늘 빚진 자의 자세로 이스라엘을 위해 빌고 또 빌었다. 중보에 한해 그는 항상 낮은 자였다. 이것이 그를 중보자이신 주님의 예표가 되게 했다.

　사랑하는 후배를 통한 주님의 사역을 위해서라면 내 생명을 십 년 그에게 옮겨 사역의 지경을 더욱 넓혀 달라는 기도를 공적으로 딱 한 번 한 적이 있다. 당시로서는 진심이었으나 감정의 자극이었지 의지의 산물이 아니었음을 고백한다. 왜냐하면 상대의 변화에 따라 변하는 내 마음을 보았기 때문이다. 그래서 부끄럽다.

　우리의 영웅인 모세는 경이롭다. 그의 극적인 생애가 경이롭고, 그의 사역이 경이롭고 그의 기도, 특히 중보 기도가 경이롭다. 본받고 싶어도 본받을 수 없는 높이와 깊이의 세계를 그는 개척했다. 그는 여러 번 회중들로부터 집단적인 따돌림을 받고 배신을 당했지만 그들을 위한 중보 기도만은 물리지 않았다. 그의 중보 정신을 자주 인용하고 전하며 강조하는 우리지만 우린 단지 그가 걸었던 중보의 험로에서 출발선을 지나쳤을 뿐이다. 아, 세상은 여전한 흑암 중에 있는데 중보의 길은 멀고 험하며 자신은 너무 약하다.

(2) 아론과 훌

 오늘 우리에게 아론과 훌이 없음도 문제지만, 아론과 훌만을 기다릴 뿐 쉬 지칠 아론과 훌을 위한 중보 기도자가 없음은 더욱 안타까운 일이다.

여호수아가 아말렉과의 최전선에서 칼을 휘두르고 있을 때 모세는 산에 올라 이스라엘을 위해 중보했다. 모세가 손을 들어 기도하면 이스라엘이 이기고 피곤해서 손이 내려오면 아말렉이 우세했다. 모세는 상황을 파악하고 양 팔을 높이 쳐들고 기도했다. 오래 기도하자 더 이상 팔을 들고 있을 수 없는 지경이 되었다. 도저히 견디지 못해 팔이 내려올 때 곁에 있던 아론과 훌이 그에게로 달려가 양쪽에서 모세의 팔을 부축해 들린 자세를 유지시켰다. 이에 힘입어 여호수아는 아말렉을 진멸했다(출 17:11-13).

위대한 중보자 모세에게 신실한 중보자인 아론과 훌이 함께했다. 그들은 중보 팀을 이루어 중요한 싸움에서 이스라엘에게 승리를 안겼다. 여호수아의 승리는 모세의 기도 때문에 가능했고, 모세의 기도는 아론과 훌의 중보로 인해 빛났다. 두 사람은 환상의 복식조처럼 기도의 핑퐁에서 사탄을 이겼다. 아론과 훌은 모세 곁에서 중보했다.

여호와 닛시의 놀라운 영적 업적은 전선의 여호수아와 후방의 모세 일행, 중보 기도의 모세와 협력자 아론과 훌, 그리고 전체적으로 하나님과 신실한 사역자들과의 역할 분담으로 이루어진 열매였다. 능력의 하나님은 무력한 인간과 함께 일하신다. 기도에 강한 사람은 상대적으로 약한 사람과 함께 중보 팀을 이룬다. 연약한 자도 얼마든지 강한 중보자의 위기를 도와 중보할 수 있다.

아론과 훌이 모세보다 중보 기도의 능력에서 부족했을지라도 이 상황에선 가장 든든한 지원군이었다. 아론과 훌이 양손으로 모세의 한편 손을 맡긴 했지만, 장시간 그런 자세로 있는 것도 결코 쉬운 일은 아니었다. 중보 기도가 아름다운 결실을 얻으려면 이런 상호 협력과 서로를 세워주는 영성이 돋보여야 한다. 각자가 제 몫을 할 때 승리의 영광이 하나님께 돌아간다. 누가 모세에 해당하고 누가 아론과 훌인지는 별로 중요한 일이 아니다. 모두가 중보의 핵이다.

사람들은 모세가 되기를 원하지 아론과 훌이 되기를 달가워하지 않는다. 주연과 조연으로 나누기 좋아하는 우리의 못된 본성 때문이다. 기도 세계에는 주연과 조연이 없다. 주연이 있다면 성령과 주님이시며, 우리는 다만 조연일 뿐이다. 굳이 하나님을 제외하고 인간 세계에서 주연을 따지자면 모든 중보 기도자가 주연이다. 우리 각자는 세상에 버금가는 존귀한 존재다. 아론과 훌 없는 모세는 없다. 중보 기도를 통한 영적 전쟁에서의 승리나 기도 응답은 합작품이다. 어울리고 더불어 서로가 기도의 한 울타리 안에서 함께 땀 흘리며 눈물 뿌렸기에 얻은 공동의 수확이다. 아론과 훌은 모세보다 더욱더 중보가 필요한 존재들이다.

오늘 우리에게 아론과 훌이 없음도 문제지만, 아론과 훌만을 기다릴 뿐 쉬 지칠 아론과 훌을 위한 중보 기도자가 없음은 더욱 안타까운 일이다. 엘리야 외에 7천 인이 남았던 것처럼 말없는 다수의 기도자가 귀하다.

2) 중보의 모본자들을 기억한다

 지금 우리에게 필요한 것은 중보 기도를 이론적으로 배우고 임상적으로 실험하는 차원이 아니라 실제적인 무릎 꿇음이다.

성경에는 중보의 모본자들이 많다. 구약에만 해도 아브라함, 모세, 사무엘, 예레미야, 다니엘 등이 있다. 중보의 능력을 키우려면 위대한 중보자들을 기억해야 한다. 그들의 삶과 기도 생활을 잊지 말아야 한다. 성경적 모본자들에 대해서는 더 자세히 연구하고 모범의 실례로 자신의 기도 생활에 적극적으로 활용해야 한다. 모든 중보자를 모본 삼기 힘들다면 한두 명이라도 좋을 것이다. 성경에서 서술하고 있는 그들의 기도 생활을 자주 읽고 계속 묵상하면서 서로를 묶고 있는 중보의 영을 발견할 수 있어야 한다.

어느 시대의 중보자들을 연구해도 서로를 관통하는 어떤 흐름이 있다. 각 시대의 위대한 중보자를 여러 자료들을 통해 만나서 영적으로 교감할 수 있음은 축복이다. 중보의 내용이 약간씩 달라도 남을 위한 기도라는 중보 정신에서 모든 중보자는 같다. 이 시대에도 이름 없는 기도의 강자들이 중보의 자리에 엎드려 기도의 불빛을 밝힌다.

중보 기도 학교에 대해서는 솔직히 조심스럽다. 개체 교회에서 사역자의 책임하에 운영되지 않고 전문화되는 것은 위태롭다. 기도는 배워야 하지만 주님이 가르치신 기도와 성령의 양육으로 충분하다. 더욱이 중보 기도를 배우고 가르침은 그리 내키지 않는 일이며 권장하고 싶지도 않다. 누가 누구를 가르친다는 말인가? 중보 기도를 가르칠 만한 기도의 스승이라고 누가 인정했는가? 중보자라는 교회의 공인을 받았는가?

물론 중보 기도에 대한 세미나나 가르침은 유익하다. 그러나 중보 기도 자체를 가르침은 백번 고쳐 생각해도 껄끄럽다. 중보 기도 역시 호흡이고 대화라면, 특별히 배우지 않아도 자연히 습득된다. 우리는 호흡이나 식사를 따로 배우지 않는다. 본능이기에 저절로 습득한다. 더 나은 중보자가 되기 위해 성경적 중보 기도의 모본자들을 발굴하여 정리해서 중보 기도를 위한 지침서를 만드는 것이 오히려 의의가 있고 실익도 많다.

한국 교회에는 중보 기도 전문가가 너무 많다. 성경에 나오는 중보 기도자들은 중보 기도에 대해 아무에게도 가르치지 않았다. 기도를 가르친 예도 세례 요한과 주님에만 국한된다. 주님도 중보 기도를 가르치지 않으셨다. 중보 기도에는 기술적인 가르침보다 엎드려 기도하는 기도자들의 현장이 있을 뿐이다. 한 해에도 수많은 수강생들이 중보 기도 학교를 거쳐 중보자로 나서지만, 교회의 현실은 더욱 암담하고 중보의 결실이라고 할 만한 것도 찾아보기 힘들다.

기드온은 300명의 헌신된 무리들과 함께 위대한 구원의 역사를 이루었는데, 지금 한국 교회에 산재한 중보 기도자들은 300명의 용사 이전에 추리고 다시 추려야 할 대상에 가깝다. 지금 우리에게 필요한 것은 중보 기도를 이론적으로 배우고 임상적으로 실험하는 차원이 아니라 실제적인 무릎 꿇음이다. 스스로 중보의 사역에 부름 받았다 느끼고 중보의 은사가 있다 생각된다면 중보해야 옳다.

(1) 주님

기도를 쉬지 말아야 한다면 중보도 중단되어서는 안 된다.
어떤 이유에서라도 중도에 중보를 그만두는 것은 잘못이다.
중보는 끝이 없다. 경험상 중보는 시작만 있지 끝은 없다.

주님은 참되고 유일하신 중보자이시다. 영광 받으신 후 하늘 보좌에서 중보의 사역을 계속하시는 주님은 지상에 계실 때 중보자의 모습을 보여주셨다. 요한복음 17장은 중보 기도자로서의 주님의 기도 모습과 중보의 내용이 고스란히 담겨져 있다. 전체의 내용을 읽고 또 읽어보아도 주님의 기도는 전적으로 제자들을 위한 중보다. 17장 전체를 '대제사장적 기도'라고 이름 붙인 이유도 알 것 같다. 영원한 대제사장으로서 주님은 제자들의 온전한 구원을 위해 다방면에서 다채롭게 기도하셨다.

"내가 비옵는 것은 저희를 세상에서 데려가시기를 위함이 아니요 오직 악에 빠지지 않게 보전하시기를 위함이니이다"(요 17:15).

주님은 비교적 긴 중보 기도에서 "내가 비옵는 것은"이란 표현을 세 번이나 사용하셨다. 중보 기도의 핵심적인 내용은 아버지께 소유됨, 악에서의 보전 그리고 상호 일치를 통한 세상 사람의 구원, 곧 관계와 성결과 사역이었다.

주님의 중보 기도는 당시의 제자들만이 아니라 그들을 통해 주님을 영접하게 될 모든 성도들을 위한 기도였다. 시대를 뛰어넘어 어떡하든지 사람들을 믿게 함으로 구원에 이르게 하려는 주님의 영혼 사랑이 돋보이는 대목이다. 보좌에서 드리시는 중보는 우리의 변호를 위함이다. 구원받았지만 우리는 매번 쓰러지고 넘어진다. 우리가 범죄하고 말씀을 어길 때마다 사탄은 보란 듯이 정죄의 화살을 쏘아댄다. 하늘 법정에서 피고의 영혼을 두고 대제사장 여호수아를 대적하듯이, 허물과 죄의 목록을 나열할 때 주님은 자신의 손과 발과 옆구리의 상처를 보이며 대속의 사랑을 증언하실 것이다. 이것이 천상에서의 중보다.

지금도 중단 없이 계속되는 천상의 중보가 없다면 우리는 단 한 순간도 하나님 앞에 설 수 없다. 우리가 중보 기도 사역에 동참하고 기도자의 삶을 살 수 있음도 주님의 중보 사역이 지금도 진행 중이기 때문에 가능하다.

주님이 수행하셨던 지상에서의 중보 사역과 천상에서 지금도 진행 중인 중보 사역은 모든 중보 기도자들에게 영감을 준다. 진정한 중보자는 중보의 호흡을 시작하고 난 이후부터 줄곧 중보의 숨을 쉬어야 하고, 숨 떨어지는 마지막 순간까지 중보의 호흡을 이어가야 한다. 기도를 쉬지 말아야 한다면 중보도 중단되어서는 안 된다. 어떤 이유에서라도 중도에 중보를 그만두는 것은 잘못이다.

중보는 끝이 없다. 경험상 중보는 시작만 있지 끝은 없다. 평생 중보를 외쳤던 사무엘은 이 사실을 벌써 인식했던 것이다. 주님이 진정 내 속에 영으로 실재하신다면 우리는 주님의 중보로 인한 탄식을 어느 정도 느낄 수 있어야 한다. 때때로 우리 자신을 위해 중보하시는 성령의 신음 소리를 들을 수 있어야 한다. 그것이 아니라면 우리의 중보 기도는 주님과 성령의 중보와 무관한 것이 된다. 하나님과 무관한 중보 기도가 과연 중보 기도일 수 있을까?

(2) 바울

이것이 중보의 정수다. 자신을 십자가에 못 박고 죽음의 자리에 내주지 않고서는 중보의 외로운 길을 개척할 수 없다.

바울은 로마서에서 중요한 교리 문제를 다루다 갑자기 이스라엘의 구원 문제를 들고 나왔다(롬 9-11장). 이 문제를 본격적으로 다루기 전에 바울은 서론 부분에서 저 유명한 중보자의 고백을 남겼다.

> "나의 형제 곧 골육의 친척을 위하여 내 자신이 저주를 받아 그리스도에게서 끊어질지라도 원하는 바로라"(롬 9:3).

바울도 모세처럼 자신의 영혼을 내걸 만큼 뜨거운 민족 사랑을 보여주었다. 내용적으로는 모세보다 더욱 급진적이고 극단에 가깝다. 한 사람의 영원한 희생을 통해 영혼을 구원할 수 있음은 바울의 바람일 뿐이지 가능한 것은 아니다. 왜냐하면 대속의 능력은 오직 그리스도만이 하실 수 있는 사역이기 때문이다. 바울이 일백 번을 고쳐 죽어도 한 영혼인들 건져낼 수 없는 게 현실이다. 바울의 기도에서 우리가 눈여겨봐야 할 대목은 그의 철두철미한 민족 사랑이며 영혼에 대한 애끓는 사랑이다. 그 원형이 바로 주님의 십자가다.

바울의 고백이 화려미를 더한 것은 아니다. 당시의 바울로서 민족 구원의 문제는 구약의 언약 신학적 측면에서 매우 중요한 이슈였다. 유대인의 버림과 이방인의 구원을 통해 다시 유대인을 구원의 길로 이끄시는 하나님의 오묘한 섭리를 바울은 믿고 있었다. 자신도 모세처럼 할 수만 있다면 그렇게라도 해서 하나님의 진노를 돌이키고 싶었다. 그만큼 유대인의 구원 문제는 바울에게 절실했고, 그의 사역이 추구했던 방향이었다. 그가 이방인의 사도로 죽기까지 헌신했던 것도 그를 통해 동족을 구원으로 이끌기 위함이었다. 이것이 중보의 정수다.

자신을 십자가에 못 박고 죽음의 자리에 내주지 않고서는 중보의 외로운 길을 개척할 수 없다. 오늘날 중보 기도를 각양 은사처럼 영적 현상과 결부시켜 선지자 노릇하려는 시도와 사뭇 다르다. 중보는 사선을 오가는 기도다. 목숨 걸지 않으면 중보에 열매가 없다. 순교 정신이 없으면 중보는 맥빠진다.

바울은 외골수의 성격처럼 중보 기도에서도 주님을 제외하고는 신약의 독보적인 존재다. 구약의 바울이 모세라면 신약의 모세는 바울이다. 그만큼 중보 기도에 있어 영혼을 담보로 할 만큼 두 사람은 대범했고 특출했다. 그런 바울이 신약의 거의 절반에 해당하는 저술을 남기고 기도에 관한 교훈들을 우리에게 남겼음은 다행이다. 그의 기도 교훈은 경험적이고 실제적이어서 우리에게 올바른 방향과 지침을 제공한다. 자신이 무시로 성령 안에서 기도하지 않고 교회를 향해 그런 기도 생활을 권했을 리 만무다.

"무시로"의 기도는 "모든 상황과 경우에 따른 온갖 종류의 기도와 간청"(Pray in the Spirit on all occasions with all kinds of prayers and requests, 엡 6:18)을 말한다. 영어 번역이 "무시로"의 의미를 잘 풀어준다. 중보 기도자는 무시로의 기도자다. 기도 대상자의 모든 상황과 경우를 살피고 그에 걸맞는 기도를 전략적으로 드린다. 쉼 없이 드린다.

에필로그

    기도의 묵상은 끝나고 이제 우리의 기도에 변화를 꾀할 때다. 하나님은 우리의 기도 듣기를 원하신다. 우리의 사정을 모두 아시지만 우리의 입술로 아버지께 아뢰기를 바라신다. 하나님은 소통에 목말라하신다. 죄가 순식간에 아담과의 소통을 단절시켰을 때 하나님의 답답했던 마음을 어찌 헤아릴 수 있겠는가? 제사 예법을 통한 소통 제도도 완벽한 장치는 되지 못했다. 그것은 제사 제도의 결함이 아니라 제사 드리는 사람들의 불완전함 때문이었다.

    하나님은 예언자들을 통해 자기 백성들과 소통의 벽을 트려 하셨지만, 거의 일방적인 선포에 그쳐야 했다. 예언의 말씀은 능력 있고 완전했지만, 청중들의 반응이 걸림돌이었다. 이스라엘 백성의 순종은 짧았고, 불순종은 길었다. 예언자들은 자신들이 받은 말씀을 곧이곧대로 전했지만, 반짝 효과 외에 그들을 하나님께로 온전히 돌이키게 하는 데는 역부족이었다. 소통을 거부한 그들은 패역했다.

    전체가 패역의 길에 서지는 않았다. 그나마 하나님의 사람들이 경건한 기도 생활을 통해 하나님과의 대화를 익혀 갔고, 하나님은 그들의 기도에 기쁨으로 응답하셨다. 이 기도자의 작은 불빛 하나가 하나님과의 소통을 끈질기게 이어왔다. 주님께서 갈보리의 십자가로 막힌 곳을 뚫기까지 하나님은 마냥 기다리셨다. 주님의 죽으심은 단절의 벽을 허물고 기도의 물꼬를 트게 한 대사건이었다. 기도는 거룩한 소통의 도구다. 이 기도 때문에 우리는 하나님과의 친밀함을 삶에서 경험한다.

하나님은 기도를 들으시는 분이요 응답하시는 분이다. 다니엘의 통찰처럼 우리가 주님 앞에 엎드릴 때마다 우리 자신의 의로 하나님께 나아간 적은 한 번도 없다. 주님의 크신 긍휼을 의지하여 우리는 하나님께 기도드린다. 허물이 있음에도 우리를 기도자로 맞아주시는 것은 주님의 긍휼이다. 예전 시대나 지금이나 주님의 긍휼에 기대어 기도드림은 매한가지다.

이 책에 인용된 사람들은 한결같이 기도의 용사들이다. 그들은 불꽃 같은 생애와 진지한 기도로 위대한 발자취를 남겼고, 후세의 성도들로 하여금 안심하고 따라갈 수 있는 기도의 오솔길을 안전하게 닦았다. 굳이 기도를 세 번이나 반복해서 이 책의 제목을 《기도, 기도, 기도》라 했음은, 기도밖에 우리가 할 수 있는 일이 없음을 표현한 말이다. 한편으로 우리는 스스로 아무것도 할 수 없어 기도하며, 다른 한편으로 우리는 기도로 모든 것을 할 수 있기에 기도드린다.

이 땅에 다시 한 번 기도의 열풍이 휘몰아치기를 원한다. 너와 내가 기도의 작은 불씨로 세상 도처에 던져지기를 바란다. 그래서 기도의 강한 불꽃을 일으키고, 그 불꽃들이 다시 거센 불길이 되어 세상의 들녘을 향해 세차게 번져가기를 소원한다. 모두가 한마음으로 만유의 대주재이신 하나님께 엎드려 부르짖기를 열망한다. 기도를 들으시고 응답하시는 주님만을 찬양한다.

| 판 권 |
| 소 유 |

기도, 기도, 기도

2014년 8월 25일 인쇄
2014년 8월 30일 발행

지은이 | 한명철
발행인 | 이형규
발행처 | 쿰란출판사

주소 | 서울시 종로구 이화장길6
TEL | 745-1007, 745-1301~2, 747-1212, 743-1300
영업부 | 747-1004, FAX/745-8490
본사평생전화번호 | 0502-756-1004
홈페이지 | http://www.qumran.co.kr
E-mail | qrbooks@daum.net
　　　　　qrbooks@gmail.com
한글인터넷주소 | 쿰란, 쿰란출판사

등록 | 제1-670호(1988.2.27)

책임교열 | 김신영·송은주

값 12,000원

ISBN 978-89-6562-655-8 03230

*이 출판물은 저작권법에 의해 보호를 받는 저작물이므로 무단 복제할 수 없습니다.
*잘못된 책은 교환해 드립니다.